Markgraf · Wend
Erlaubt? Verboten?

Udo Markgraf · Hermann Friedrich Wend

# Erlaubt?
# Verboten?

**Schulungsfragen für den Elektroinstallateur zu den wichtigsten Vorschriften und Normen DIN VDE, TAB, AVBEltV, Elex-V, GBN u. a.**

15., überarbeitete und ergänzte Auflage

Hüthig Buch Verlag Heidelberg

*Dipl.-Ing. Udo Markgraf*, Jg. 1954, Lehre als Elektromechaniker, Studium an der FH Darmstadt. Seit 1978 Mitarbeiter der Hessischen Elektrizitäts-AG, Darmstadt. Seit 1986 Leiter des Sachgebietes technisch-wissenschaftliches Rechnen, Normen und Fachbücher. Aufgabengebiete: Rechnerprogramme zur Meßdatenauswertung in Energieversorgungsnetzen, Netzrückwirkungen, Normung. Regelmäßige Lehrtätigkeit bei Seminaren der Vereinigung Deutscher Elektrizitätswerke (VDEW), ehrenamtliche Tätigkeit im VDE-Bezirksverein Frankfurt sowie im Redaktionsbeirat der Fachzeitschrift „EVU-Betriebspraxis".

*Oberingenieur Hermann Friedrich Wend*, Jg. 1912, Lehre als Elektrofeinmechaniker, Studium an TH Darmstadt und Ingenieurschule Mannheim. Nach 1945 Aufbau der Abteilung Hochspannungsnetzüberwachung bei der Hessischen Elektrizitäts-AG, Darmstadt. Dozent an der Darmstädter Ingenieurschule. Ausbilder der Netzmeister und 2. Vorsitzender im Prüfungsausschuß. Ernennung zum Oberingenieur in Anerkennung seiner Tätigkeit auf dem Gebiet der Aus- und Weiterbildung. Autor zahlreicher Fachbücher.

**Die Deutsche Bibliothek – CIP-Einheitsaufnahme**

**Markgraf, Udo:**
Erlaubt? Verboten? : Schulungsfragen für den Elektroinstallateur zu den wichtigsten Vorschriften und Normen DIN VDE, TAB, AVBEltV, Elex-V, GBN u. a. / von Udo Markgraf und Hermann Fr. Wend. – 15., überarb. und erg. Aufl. – Heidelberg : Hüthig, 1994
   ISBN 3-7785-2241-8
NE: Wend, Hermann Fr.:

© 1994 Hüthig Buch Verlag GmbH Heidelberg
Printed in Germany
Satz: Lichtsatz Michael Glaese GmbH, 69502 Hemsbach
Druck und Bindung: Präzis-Druck GmbH, 76199 Karlsruhe

# Vorwort zur 15. Auflage

Die vorliegende Auflage von „Erlaubt? – Verboten?" wurde früher als erwartet erforderlich. Wie schon in den vorangegangenen Auflagen waren auch diesmal die Fragen und Antworten dem aktuellen Stand der Normen anzupassen und wo nötig zu überarbeiten. Neuerungen gab es insbesondere durch den Einfluß der europäischen Normung, u. a. wurden

- EN 60529 (VDE 0470 Teil 1) Schutzarten durch Gehäuse (IP-Code) und
- EN 60439-4 (VDE 0660 Teil 501) Niederspannungs-Schaltgerätekombinationen; Besondere Anforderungen an Baustromverteiler (BV)

berücksichtigt. Bei den Entwürfen zu DIN-VDE-Normen zeichnen sich schon jetzt weiterreichende Änderungen ab. Aufgrund der teilweise langen Entwurfslaufzeiten bis zur endgültigen Bearbeitung durch alle Normengremien konnten in dieser Auflage nicht alle künftigen Normen berücksichtigt werden.

Auch auf dem nationalen Normensektor hat sich einiges verändert, so z. B. bei

- DIN VDE 0100 Teil 430 Schutz von Kabeln und Leitungen bei Überstrom
- Teil 540 Erdung, Schutzleiter und Potentialausgleichsleiter
- Teil 705 Landwirtschaftliche und gartenbauliche Anwesen
- Teil 706 Leitfähige Bereiche mit begrenzter Bewegungsfreiheit
- Teil 725 Hilfsstromkreise
- Teil 732 Hausanschlüsse

- DIN 18015    Elektrische Anlagen in Wohngebäuden
- ElexV        Verordnung über elektrische Anlagen in explosionsgefährdeten Räumen
- VDEW         • Technische Anschlußbedingungen für den Anschluß an das Niederspannungsnetz (TAB)
               • Grundsätze für die Beurteilung von Netzrückwirkungen
               • Richtlinie für den Parallelbetrieb von Eigenerzeugungsanlagen mit dem Niederspannungsnetz des Elektrizitätsversorgungsunternehmens (EVU)
               • Richtlinie für den Anschluß von Aufzugsanlagen an das Niederspannungsnetz des Elektrizitätsversorgungsunternehmens (EVU).

Aber nicht nur neue Normen wurden eingearbeitet. In dieser Auflage konnten auch wesentliche Erweiterungen des Tabellenanhanges verwirklicht werden. So sind erstmals Anhaltswerte für

- Anschlußleistungen von Sondermaschinen, wie Schweißmaschinen, Röntgenanlagen, Laseranlagen, Schaustelleranlagen u. ä.,
- Festigkeitswerte zu Dübelbefestigungen,
- Kurzschlußleistungen an Ortsnetztransformatoren

enthalten. Bestehende Tabellen wurden den neuen Normen angepaßt, z. B. Absicherung von Hausanschlußkabeln, Aussparungen und Schlitze in Rezeptmauerwerk, IP-Schutzarten. Diese Angaben wurden teils aus Normen zusammengetragen und für die praktische Anwendung aufbereitet, teils stammen die Daten aus Herstellerblättern und -unterlagen.

Nicht geändert hat sich das Ziel des Buches, durch eine möglichst lebendige Formulierung der Fragen und Antworten, zusammen mit den zahlreichen Abbildungen, den allgemein häufig als „trocken" empfundenen Stoff der Normen etwas aufzulockern, um das Erarbeiten eines umfangreichen Fachwissens zu erleichtern. Ein sorgfältig erarbeitetes Stichwortverzeichnis, die Tabellen im Anhang und die genauen Quellenangaben bei den jeweiligen Antworten ermöglichen es, das Buch auch als umfassendes Nachschlagewerk zu verwenden. Somit ist „Erlaubt? – Verboten?" auch nach bestandener Prüfung zum Nachschlagen bei schwierigen Fragestellungen bestens geeignet und gibt auch „alten Hasen" wertvolle Tips, z. B. beim Umgang mit neuen Anlagen und Maschinen. Lesern, die sich darüber hinaus zu speziellen Problemen informieren möchten, stehen Literaturangaben sowie wichtige Anschriften von Behörden und Institutionen im Anhang zur Verfügung.

Auch zu dieser Auflage kamen wieder viele Anregungen von praxiserfahrenen Kollegen. Ihnen und allen Firmen, die mich freundlicherweise mit Datenmaterial und Unterlagen unterstützt haben, gilt mein besonderer Dank. Ich danke auch dem Lektorat für die redaktionelle Führung sowie den Mitarbeitern der Hessischen Elektrizitäts-AG für die fachliche Anregung und Förderung.

Einen herzlichen Gruß und Dank möchte ich an Herrn HERMANN FRIEDRICH WEND richten, der „Erlaubt? – Verboten?" mit der ersten Auflage 1967 ins Leben rief. Diese 15. Auflage widme ich ihm zu seinem 81. Geburtstag.

Zeilhard, im Herbst 1993                                          UDO MARKGRAF

# Inhaltsverzeichnis

# Verzeichnis der durchgearbeiteten Bestimmungen

| neue Bezeichnung | Titel | frühere Paragraphen |
|---|---|---|
| VDE 0024/11.88 | Satzung für das Prüf- und Zertifizierungswesen des Verbandes Deutscher Elektrotechniker (VDE) e. V. | |
| VDE 0100/05.73 | Bestimmungen für das Errichten von Starkstromanlagen mit Nennspannungen bis 1000 V | |
| VDE 0100g/07.76 | – Änderung zu VDE 0100/05.73 | |
| **DIN VDE 0100** | **Errichten von Starkstromanlagen mit Nennspannungen bis 1000 V** | |
| – Beiblatt 1/11.82 | – Entwicklungsgang der Errichtungsbestimmungen | |
| – Beiblatt 2/10.92 | – Verzeichnis der einschlägigen Normen | |
| – Beiblatt 3/03.83 | – Struktur der Normenreihe | |
| – Beiblatt 4/11.87 | – Stichwortverzeichnis | |
| **Gruppe 100** | **Anwendungsbereiche – Allgemeine Anforderungen** | |
| – Teil 100/05.82 | – Anwendungsbereich; Allgemeine Anforderungen | §§ 1 u. 2[1] |
| **Gruppe 200** | **Begriffe** | |
| – Teil 200/07.85 | – Allgemeingültige Begriffe | § 3 |
| **Gruppe 300** | **Allgemeine Angaben** | |
| – Teil 300/11.85 | – Allgemeine Angaben zur Planung elektrischer Anlagen | |

1 Der vorstehende Teil ersetzt die hier genannten Paragraphen der früheren VDE 0100.

Verzeichnis der durchgearbeiteten Bestimmungen

| neue Bezeichnung | Titel | frühere Paragraphen |
|---|---|---|
| **Gruppe 400** | **Schutzmaßnahmen** | |
| – Teil 410/11.83 | – Schutz gegen gefährliche Körperströme | §§ 4 bis 14 |
| – Teil 420/11.91 | – Schutz gegen thermische Einflüsse | |
| – Teil 430/11.91 | – Schutz von Kabeln und Leitungen bei Überstrom | § 41 |
| – Beiblatt 1 zu Teil 430/11.91 | – Empfohlene Werte für die Strombelastbarkeit $I_z$ und die Zuordnung von Überstrom-Schutzeinrichtungen zum Schutz bei Überlast | |
| – Teil 450/03.90 | – Schutz gegen Unterspannung | |
| – Teil 460/10.88 | – Trennen und Schalten | z. T. § 31 |
| – Teil 470/10.92 | – Schutzmaßnahmen; Anwendung der Schutzmaßnahmen | |
| – Teil 482/. . .82 Entwurf 1 | – Auswahl von Schutzmaßnahmen; Brandschutz | · |
| **Gruppe 500** | **Auswahl und Errichtung elektrischer Betriebsmittel** | |
| – Teil 510/06.87 | – Allgemeines | z. T. §§ 29, 40, 45 u. 48 |
| – Teil 520/11.85 | – Kabel, Leitungen und Stromschienen | |
| – Teil 530/. . .85 Entwurf | – Schaltgeräte und Steuergeräte | z. T. § 31 |
| – Teil 537/10.88 | – Geräte zum Trennen und Schalten | |
| – Teil 540/11.91 | – Erdung, Schutzleiter, Potentialausgleichsleiter | z. T. §§ 6, 10, 12, 20 u. 21 |
| – Teil 550/04.88 | – Steckvorrichtungen, Schalter und Installationsgeräte | |

Verzeichnis der durchgearbeiteten Bestimmungen

| neue Bezeichnung | Titel | frühere Paragraphen |
|---|---|---|
| – Teil 559/03.83 | – Leuchten und Beleuchtungsanlagen | z. T. § 32 |
| – Teil 560/11.84 | – Elektrische Anlagen für Sicherheitszwecke | z. T. § 53 |
| **Gruppe 600** | **Prüfungen** | |
| – Teil 600/11.87 | Erstprüfungen | §§ 22, 23, 24 |
| **Gruppe 700** | **Bestimmungen für Betriebsstätten, Räume und Anlagen besonderer Art** | |
| – Teil 701/05.84 | – Räume mit Badewanne oder Dusche | § 49 |
| – Teil 702/06.92 | – Überdachte Schwimmbäder (Schwimmhallen) und Schwimmbäder im Freien | § 49 |
| – Teil 703/06.92 | – Räume mit elektrischen Sauna-Heizgeräten | § 49 |
| – Teil 704/11.87 | – Baustellen | § 55 und 33 d |
| – Teil 705/10.92 | – Landwirtschaftliche und gartenbauliche Anwesen | § 56 |
| – Teil 706/06.92 | – Leitfähige Bereiche mit begrenzter Bewegungsfreiheit | § 32 a) |
| – Teil 720/03.83 | – Feuergefährdete Betriebsstätten | § 50 |
| – Teil 721/04.84 | – Caravans, Boote und Jachten sowie ihre Stromversorgung auf Camping- bzw. Liegeplätzen | |
| – Teil 722/05.84 | – Fliegende Bauten, Wagen und Wohnwagen nach Schaustellerart | § 57 |
| – Teil 723/11.90 | – Unterrichtsräume mit Experimentierständen | § 54 |

Verzeichnis der durchgearbeiteten Bestimmungen

| neue Bezeichnung | Titel | frühere Paragraphen |
|---|---|---|
| – Teil 724/06.80 | – Elektrische Anlagen in Möbeln und ähnlichen Einrichtungsgegenständen, z. B. Gardinenleisten, Dekorationsverkleidung | § 59 |
| – Teil 725/11.91 | – Hilfsstromkreise | § 60 |
| – Teil 726/03.90 | – Hebezeuge | § 28 |
| – Teil 728/03.90 | – Ersatzstromversorgungsanlagen | z. T. § 53 |
| – Teil 729/11.86 | – Aufstellen und Anschließen von Schaltanlagen und Verteilern | § 30 |
| – Teil 730/02.86 | – Verlegen von Leitungen in Hohlwänden sowie in Gebäuden aus vorwiegend brennbaren Baustoffen nach DIN 4102 | z. T. § 42 |
| – Teil 731/02.86 | – Elektrische Betriebsstätten und abgeschlossene elektrische Betriebsstätten | § 43 und § 44 |
| – Teil 732/11.90 | – Hausanschlüsse in öffentlichen Kabelnetzen | z. T. § 42 |
| – Teil 736/11.83 | – Niederspannungsstromkreise in Hochspannungsfeldern | § 51 |
| – Teil 737/11.90 | – Feuchte und nasse Bereiche und Räume; Anlagen im Freien | § 45 und § 48 |
| – Teil 738/04.88 | – Springbrunnen | |
| – Teil 739/06.89 | – Zusätzlicher Schutz bei direktem Berühren in Wohnungen durch Schutzeinrichtungen mit $I_{\Delta n} \leq 30$ mA in TN- und TT-Netzen | |
| DIN VDE 0105 Teil 1/07.83 | Betrieb von Starkstromanlagen, Teil 1 Allgemeine Festlegungen | |

14

| neue Bezeichnung | Titel | frühere Paragraphen |
|---|---|---|
| DIN VDE 0107/11.89 | Starkstromanlagen in Krankenhäusern und medizinisch genutzten Räumen außerhalb von Krankenhäusern | |
| – Beiblatt 1 zu DIN VDE 0107/11.89 | – Auszüge aus bau- und arbeitsschutzrechtlichen Regelungen | |
| DIN VDE 0108 | Starkstromanlagen und Sicherheitsstromversorgung in baulichen Anlagen für Menschenansammlungen | |
| – Teil 1/10.89 | – Allgemeines | |
| – Beiblatt 1 zu Teil 1/10.89 | – Baurechtliche Regelungen | |
| – Teil 2/10.89 | – Versammlungsstätten | |
| – Teil 3/10.89 | – Geschäftshäuser und Ausstellungsstätten | |
| – Teil 4/10.89 | – Hochhäuser | |
| – Teil 5/10.89 | – Gaststätten | |
| – Teil 6/10.89 | – Geschlossene Großgaragen | |
| – Teil 7/10.89 | – Arbeitsstätten | |
| – Teil 8/10.89 | – Fliegende Bauten als Versammlungsstätten, Verkaufsstätten, Ausstellungsstätten und Schank- und Speisewirtschaften | |
| DIN VDE 0128/06.81 | Errichten von Leuchtröhrenanlagen mit Nennspannungen über 1000 V [VDE-Bestimmung] | |
| DIN VDE 0131/04.84 | VDE-Bestimmung für die Errichtung und den Betrieb von Elektrozaunanlagen | |
| DIN VDE 0132/11.89 | Brandbekämpfung im Bereich elektrischer Anlagen | |
| DIN VDE 0165/02.91 | Errichten elektrischer Anlagen in explosionsgefährdeten Bereichen [VDE-Bestimmung] | |

Verzeichnis der durchgearbeiteten Bestimmungen

| neue Bezeichnung | Titel | frühere Paragraphen |
|---|---|---|
| DIN VDE 0185<br>– Teil 1/11.82<br>– Teil 2/11.82 | Blitzschutzanlage<br>– Allgemeines für das Errichten<br>– Errichten besonderer Anlagen | |
| DIN VDE 0293/01.90 | Aderkennzeichnung von Starkstromkabeln und isolierten Starkstromleitungen mit Nennspannungen bis 1000 V | |
| DIN VDE 0298 | Verwendung von Kabeln und isolierten Leitungen für Starkstromanlagen | |
| – Teil 1/11.82 | – Allgemeines für Kabel mit Nennspannungen $U_0/U$ bis 18/30 kV | |
| – Teil 2/11.79 | – Empfohlene Werte für die Strombelastbarkeit von Kabeln mit Nennspannungen $U_0/U$ bis 18/30 kV | |
| – Teil 3/08.83<br>– Teil 4/02.88 | – Allgemeines für Leitungen<br>– Empfohlene Werte für die Strombelastbarkeit von Leitungen | |
| – Teil 100/12.92 | Wirtschaftliche Optimierung der Leiterquerschnitte von Kabeln | |
| – Teil 300/03.91 | Leitlinie für harmonisierte Leitungen | |
| DIN VDE 0660<br>– Teil 501/02.92 | Niederspannung-Schaltgerätekombinationen; Besondere Anforderungen an Baustromverteiler | |
| „Elex-Verordnung" i. d. F. v. 27. 2. 1980 mit Änderung v. 31. 10. 1990 | Verordnung über elektrische Anlagen in explosionsgefährdeten Räumen (Elex-V) | |

| neue Bezeichnung | Titel | frühere Paragraphen |
|---|---|---|
| AVB/1942 | Allgemeine Bedingungen für die Versorgung mit elektrischer Arbeit aus dem Niederspannungsnetz der Elektrizitätsversorgungsunternehmen | |
| AVBEltV v. 6.79 | Verordnung über Allgemeine Bedingungen für die Elektrizitätsversorgung von Tarifkunden | |
| GBN[1] 1992 | Grundsätze für die Beurteilung von Netzrückwirkungen. 3. überarbeitete Ausgabe 1992 (VDEW) | |
| RPE[1] 1991 | Richtlinien für den Parallelbetrieb von Eigenerzeugungsanlagen mit dem Niederspannungsnetz des Elektrizitätsversorgungsunternehmens (EVU). Ausgabe 1991 (VDEW) | |
| TAB 1991 | Technische Anschlußbedingungen für den Anschluß an das Niederspannungsnetz (Musterwortlaut der VDEW) | |
| DIN 18015 Teil 1, 2 und 3 03.92, 11.84 u. 07.90 | Elektrische Anlagen in Wohngebäuden | |

1   keine offizielle Abkürzung

# Einleitung

Die VDE-Vorschriften sind nunmehr fast 100 Jahre alt. Bereits im Jahre 1894 wurde mit der Erarbeitung der ersten VDE-Vorschrift begonnen. Die Teilnehmer der Beratungen zur ersten VDE-Vorschrift setzten sich aus einem technischen Ausschuß des Elektrotechnischen Vereins und aus einer vom Verband Deutscher Elektrotechniker eingesetzten Kommission zusammen. Neben Vertretern der kaiserlichen Post- und Telegraphenverwaltung, der Physikalisch-Technischen Reichsanstalt, den Delegierten der bedeutendsten elektrotechnischen Vereine, den Vertretern städtischer Elektrizitätswerke waren auch die „hervorragendsten Firmen" in der Kommission vertreten [1].

Nach etwa 2jähriger Beratungszeit trat dann am 1. 1. 1896 die erste Fassung der „Sicherheitsvorschriften für elektrische Starkstromanlagen" in Kraft.

Elektrotechnische Zeitschrift. 1896. Heft 2.      9. Januar 1896.

**Sicherheitsvorschriften für elektrische Starkstromanlagen.**

Herausgegeben vom
**Verband Deutscher Elektrotechniker.\*)**

**Abtheilung I.**

Die Vorschriften dieser Abtheilung gelten für elektrische Starkstromanlagen mit Spannungen bis 250 Volt zwischen irgend zwei Leitungen oder einer Leitung und Erde, mit Ausschluss unterirdischer Leitung-netze und elektrochemischer Anlagen.

**I. Betriebsräume und -Anlagen.**

§ 1. Dynamomaschinen, Elektromotoren, Transformatoren und Stromwender, welche nicht in besonderen luft- und staubdichten Schutzkästen stehen, dür... ...n Räumen ...ſgestellt werden, ... ...naler ...

**II. Leitungen.**

§ 4. Stromleitungen aus Kupfer sollen ein solches Leitungsvermögen besitzen, dass 55 Meter eines Drahtes von 1 Quadratmillimeter Querschnitt bei 15 C einen Widerstand von nicht mehr als 1 Ohm haben.

§ 5. Die höchste zulässige Betriebs-Stromstärke für Drähte und Kabel aus Leitungskupfer ist aus nachstehender Tabelle zu entnehmen:

| Querschnitt in Quadratmillimetern | Betriebs-Stromstärke in Ampère |
|---|---|
| 0,75 | 3 |
| 1 | 4 |
| 1,5 | 6 |
| 2,5 | 10 |
| 4 | 15 |
| 6 | 20 |
| 10 |  |
| 16 |  |

Um die Jahrhundertwende umfaßte das Vorschriftenwerk einschließlich Erläuterungen 195 Seiten [2]. In rascher Folge kamen Vorschriften für „Feuchte Räume", eine „Hochspannungsvorschrift", Vorschriften für „Warenhäuser", „Theater" und „Bergwerke" hinzu.

Auf immer neuen Erfahrungswerten aufbauend, wurde das gesamte Vorschriftenwerk immer wieder geändert, erweitert und ergänzt. Um 1940 wurden die bis dahin als Buch gebundenen VDE-Vorschriften in Form einzelner abgeschlossener Broschüren herausgegeben. Dieser Schritt war wegen der stetig steigenden Zahl der Veränderungen unumgänglich geworden.

Heute hat der starke Einfluß der Europäischen Wirtschaftsgemeinschaft den ständigen Wandel im Vorschriftenwesen durch vereinbarte Anpassungspflichten an europäische Standards noch verstärkt. Ziel dieser Anpassung ist es außerdem, Handelshemmnisse, die durch unterschiedliche Vorschriften in den einzelnen Mitgliedsländern entstanden sind, abzubauen.

Je mehr Normen und Vorschriften sich ändern, desto wichtiger ist es, daß sich Elektrofachkräfte den Stand der Technik durch weiterbildende Maßnahmen aneignen. Hierzu sind sie sogar gemäß den „Grundsätzen für die Zusammenarbeit von Elektrizitäts-Versorgungs-Unternehmen (kurz EVU) und Elektroinstallateuren bei der Ausführung und Unterhaltung von elektrischen Anlagen im Anschluß an das Niederspannungsnetz der EVU" [3] verpflichtet. Im Abschnitt 4 dieser Grundsätze steht unter den Aufgaben, Rechten und Pflichten des Elektroinstallateurs: „Der eingetragene Installateur hat bei der Ausführung der ihm in Auftrag gegebenen Installationsarbeiten an elektrischen Anlagen die gesetzlichen und behördlichen Bestimmungen, die einschlägigen Vorschriften des Verbandes Deutscher Elektrotechniker (VDE), die besonderen Vorschriften des EVU („Technische Anschlußbedingungen"

19

etc.) und die „Allgemeinen Bedingungen für die Versorgung mit elektrischer Arbeit aus dem Niederspannungsnetz der EVU" zu beachten.

Dem aufmerksamen Leser wird aufgefallen sein, daß – im Gegensatz zum heutigen Sprachgebrauch – von „VDE-Vorschriften" die Rede war. Dieser Terminus war nicht glücklich gewählt, weil das Erlassen von Gesetzen, Verordnungen und Vorschriften ausschließlich Aufgabe des Staates oder der Länder ist und einem Verband wie dem VDE nicht zukommt. Seit Anfang der 60er Jahre wurde deshalb von „VDE-Bestimmungen und -Richtlinien" gesprochen. Als 1970 die Deutsche Elektrotechnische Kommission (DKE) im DIN und VDE gegründet wurde, ging man dazu über, neu erarbeiteten VDE-Bestimmungen eine DIN-Nummer, beginnend mit 57..., voranzustellen (Beispiel: DIN 57 700 Teil 2/VDE 0700 Teil 2). Das erwies sich als unhandlich, so daß man 1985 eine vereinfachte Schreibweise einführte, bei der die vorangestellte DIN-Nummer wieder entfiel und statt dessen der VDE-Nummer das DIN-Zeichen vorangestellt wurde (Beispiel: DIN VDE 0700 Teil 2). Gleichzeitig wurde die Bezeichnung „DIN-VDE-Norm" verbindlich. In Katalogen tragen alle DIN-VDE-Normen die neuen Nummern, obwohl es noch zahlreiche seit längerem gültige VDE-Bestimmungen gibt, die die neuen Nummern tatsächlich noch nicht enthalten.

Mit der Einführung des Europäischen Binnenmarktes hat sich die Situation erneut geändert. Immer mehr Normen werden international erarbeitet, als europäische Normen verabschiedet und dann in die nationalen Normenwerke übernommen. Am Beispiel der Norm EN 60204-1 für die „Elektrische Ausrüstung von Maschinen" soll dies deutlich gemacht werden. Nach der Übernahme in das deutsche Normenwerk erhielt die Norm die Bezeichnung DIN EN 60204-1. Die frühere Bezeichnung VDE 0113 Teil 1 wird nun als sogenannte VDE-Klassifikation in Klammern hinter der DIN-EN-Nummer angegeben: DIN EN 60204-1 (VDE 0113 Teil 1).

Die Bezeichnung „DIN-VDE-Norm" (oder „VDE-Bestim-mung") bedeutet nicht, daß man diese Regeln außer acht las-sen darf. In behördlichen Vorschriften wird oft auf „anerkannte Regeln der Technik" verwiesen, und zu diesen zählen auch die DIN-VDE-Normen.

# Einteilung der DIN-VDE-Normen

Die DIN-VDE-Normen werden in 9 Gruppen eingeteilt.

Die Gruppe 0 enthält allgemeine Angaben zur Organisation der Normungsarbeit und zur Prüfzeichenvergabe durch die VDE-Prüfstellen. Außerdem sind dieser Gruppe die allgemeinen Leitsätze zur sicherheitsgerechten Gestaltung technischer Erzeugnisse zugeordnet.

Die folgenden Gruppen 1 bis 8 spiegeln den Stand der Technik wider.


*Gruppe 1 – Energieanlagen –*

In dieser Gruppe sind die Errichtungsbestimmungen für elektrische Starkstromanlagen zusammengefaßt. Die für den Elektroinstallateur wichtigsten Bestimmungen der Gruppe 1 sind:

DIN VDE 0100    Errichten von Starkstromanlagen mit Nennspannungen bis 1000 V

DIN VDE 0101    Errichten von Starkstromanlagen mit Nennspannungen über 1 kV

Für die meisten Elektroinstallateure dürfte die DIN VDE 0101 ein Randgebiet darstellen. Desto wichtiger ist sie für die Elektrizitätsversorgungsunternehmen (EVU) als Verteiler der elektrischen Energie. Die weiträumigen Verteileraufgaben der EVU können mit geringen Übertragungsverlusten nur mit Spannungen über 1 kV erfüllt werden. Das gilt auch für größere Industrienetze mit hohen Anschlußwerten der Maschinen und damit großen Lastdichten.

Eine weitere sehr wichtige DIN-VDE-Norm ist

DIN VDE 0105　Betrieb von Starkstromanlagen.

Gegenstand dieser DIN-VDE-Norm ist es, eindeutige Vorgehens- und Verhaltensweisen beim Umgang mit elektrischen Anlagen und Sicherheitsmaßnahmen bei Arbeiten in elektrischen Anlagen genauestens zu regeln. Diese Norm ist neben der VBG 4/UVV 4.0* die wichtigste Bestimmung für Elektrofachkräfte und deren eigene Sicherheit beim Umgang mit elektrischer Energie.

Die Elektrofachkraft, also auch oder gerade der Elektroinstallateur, sollte dieser lebenswichtigen Norm sein besonderes Augenmerk schenken, da es bei diesen Regeln buchstäblich um Leben und Tod geht. Weitere wichtige Errichtungsbestimmungen für elektrische Anlagen runden das Bild der Gruppe 1 ab.

Im wesentlichen sind noch zu nennen:

DIN VDE 0106　Schutz gegen elektrischen Schlag

DIN VDE 0107　Starkstromanlagen in Krankenhäusern und medizinisch genutzten Räumen außerhalb von Krankenhäusern

DIN VDE 0108　Starkstromanlagen und Sicherheitsstromversorgung in baulichen Anlagen für Menschenansammlungen

DIN VDE 0132　Brandbekämpfung im Bereich elektrischer Anlagen

DIN VDE 0141　Erdungen für Starkstromanlagen mit Nennspannungen über 1 kV

DIN VDE 0160　Ausrüstung von Starkstromanlagen mit elektronischen Betriebsmitteln

---

\* Unfallverhütungsvorschriften der Berufsgenossenschaft der Feinmechanik und Elektrotechnik – Elektrische Anlagen und Betriebsmittel (VBG 4) – [4].

DIN VDE 0165    Errichten elektrischer Anlagen in explosionsgefährdeten Bereichen

DIN VDE 0185    Blitzschutzanlage

*Gruppe 2 – Energieleiter –*

In Gruppe 2 sind die Transportmittel für elektrische Energie, die Starkstromleitungen und -kabel, genormt:

DIN VDE 0210    Bau von Starkstrom-Freileitungen mit Nennspannungen über 1 kV

DIN VDE 0211    Bau von Starkstrom-Freileitungen mit Nennspannungen bis 1000 V

Weitere wichtige Normen dieser Gruppe sind:

DIN VDE 0250    Isolierte Starkstromleitungen

DIN VDE 0281    PVC-isolierte Starkstromleitungen

DIN VDE 0282    Gummi-isolierte Starkstromleitungen

Dies sind die wichtigsten Bestimmungen für den Aufbau von isolierten Leitungen. Festlegungen für den Aufbau von Kabeln werden hauptsächlich in

DIN VDE 0271    Kabel mit Isolierung und Mantel aus thermoplastischem PVC mit Nennspannungen bis 6/10 kV

DIN VDE 0272    Kabel mit Isolierung aus vernetztem Polyethylen und Mantel aus thermoplastischem PVC; Nennspannung $U_0/U$ 0,6/1 kV

DIN VDE 0273    Kabel mit Isolierung aus vernetztem Polyethylen mit Nennspannungen bis 18/30 kV

getroffen.

Richtwerte für die Belastbarkeit von Kabeln und Leitungen sind zu finden in

DIN VDE 0298   Verwendung von Kabeln und isolierten Leitungen für Starkstromanlagen
- Teil 1       – Allgemeines für Kabel mit Nennspannungen bis 18/30 kV
- Teil 2       – Empfohlene Werte für die Strombelastbarkeit von Kabeln mit Nennspannungen bis 18/30 kV
- Teil 3       – Allgemeines für Leitungen
- Teil 4       – Empfohlene Werte für die Strombelastbarkeit von Leitungen
- Teil 100   – Wirtschaftliche Optimierung der Leiterquerschnitte von Kabeln
- Teil 300   – Leitlinie für harmonisierte Leitungen

*Gruppe 3 – Isolierstoffe –*

Gruppe 3 enthält alle DIN-VDE-Normen, die sich mit den Anforderungen an die Isolierstoffe befassen.

Isolierstoffeigenschaften, Kriechstromfestigkeitswerte und elektrische Eigenschaften sind in diesen Bestimmungen genauso genormt wie die Brennbarkeitsprüfung, die thermische Beständigkeit und die Prüfverfahren zur Ermittlung all dieser Eigenschaften von Schichtpreßstoffen, Porzellan, Vergußmassen, Isolierbändern, Isolierlacken und Isoliergasen.

*Gruppe 4 – Messen, Steuern, Prüfen –*

In Gruppe 4 sind die für Meßaufgaben und Prüfungen erforderlichen Meß- und Prüfgeräte sowie Meßverfahren zusammengefaßt. Angefangen bei

DIN VDE 0410   VDE-Bestimmung für elektrische Meßgeräte (Anzeigende und schreibende Meßgeräte)
über

DIN VDE 0413   Geräte zum Prüfen der Schutzmaßnahmen
in elektrischen Anlagen

sind hier auch Bestimmungen für Erdungsmeßgeräte, Strom-
und Spannungswandler, Wirk- und Blindleistungs-Ver-
brauchszähler sowie für Schutzrelais in Starkstromanlagen
zu finden.

Spezielle Meß- und Prüfverfahren für die Brandgefahrprüfun-
gen, Glühdrahtprüfungen, Kälteprüfungen und Dichtheitsprü-
fungen von Kabelmänteln sind hier ebenfalls enthalten.

Eine weitere wesentliche Norm dieser Gruppe ist
DIN VDE 0470 Teil 1 Schutzarten durch Gehäuse (IP-Code)

*Gruppe 5 – Maschinen, Umformer –*

Diese Gruppe enthält Baubestimmungen, die in erster Linie
für die Hersteller von Maschinen, Transformatoren und
Umformern elektrischer Energie wichtig sind, zum Beispiel:

DIN VDE 0530   Umlaufende elektrische Maschinen
             – also für Motoren und Generatoren größe-
             rer Leistung –

DIN VDE 0532   Bestimmungen für Transformatoren und
             Drosselspulen

             mit Angaben zu Übertemperaturen, Kurz-
             schlußfestigkeit und zur Anwendung von
             Transformatoren

DIN VDE 0536   Belastbarkeit von Öltransformatoren

In DIN VDE 0543 bis DIN VDE 0545 sind die Kenngrößen für
Schweißtransformatoren und deren Zubehör festgelegt.

Die Bestimmungen für Kleintransformatoren findet man in
DIN VDE 0550, die für Sicherheitstransformatoren und Trenntransformatoren in DIN VDE 0551 mit den zugehörigen Teilen.

Bestimmungen für Gleichrichter, Halbleiterbauelemente und
Stromrichter sind in DIN VDE 0554 bis DIN VDE 0559 enthal-

ten. DIN VDE 0560 mit den zugehörigen Teilen enthält Angaben für Kondensatoren und DIN VDE 0565 solche für Funkentstörmittel. Neben der DIN VDE 0580 für elektromagnetische Geräte ist noch die am Anfang der Gruppe 5 angeordnete DIN VDE 0510 für Batterieanlagen einschließlich der Antriebsbatterien für Elektrofahrzeuge zu nennen.

*Gruppe 6 – Installationsmaterial, Schaltgeräte –*

Gruppe 6 ist ebenfalls eine für den Elektroinstallateur wichtige Gruppe, da hier jegliches Installationsmaterial sowie Schaltgeräte einschließlich Zubehör genormt sind. Besonders hervorzuheben sind:

| | |
|---|---|
| DIN VDE 0603 | Installationskleinverteiler und Zählerplätze AC 400 V |
| DIN VDE 0604 | Elektro-Installationskanäle für Wand und Decke |
| DIN VDE 0606 bis DIN VDE 0611 | Verbindungsmaterial und Klemmen |
| DIN VDE 0616 | Lampenfassungen |
| DIN VDE 0620 bis DIN VDE 0628 | Steckvorrichtungen vom einfachen Haushaltsstecker bis zum hochstromfesten Industriestecker |
| DIN VDE 0630 bis DIN VDE 0633 | Temperaturregler, Schalter, fernbediente Schalter, Schaltuhren |

Weitere wesentliche DIN-VDE-Normen sind:

DIN VDE 0636 Niederspannungssicherungen mit den zugehörigen Teilen

DIN VDE 0641 Leitungsschutzschalter

Fabrikfertige Installationsverteiler (FIV) sind in DIN VDE 0659 genormt; fabrikfertige Schaltgerätekombinationen einschließlich Schütze, Trennschalter, Hilfsstromschalter, Motorschutzschalter u. ä. behandelt DIN VDE 0660, darunter Teil 501 die besonderen Anforderungen an Baustromverteiler.

Fehlerstromschutzschalter (FI-Schalter) sind in DIN VDE 0664 zu finden.

Körperschutzmittel für Arbeiten unter Spannung bis 1000 V sowie Spannungsprüfer, Paßeinsatzschlüssel usw. enthält DIN VDE 0680 mit den einzelnen Teilen.

DIN VDE 0670 Wechselstromschaltgeräte für Spannungen über 1 kV einschließlich der vielen Teile sei hier ergänzend erwähnt.

*Gruppe 7 – Gebrauchsgeräte, Arbeitsgeräte –*

Wie die Gruppenbezeichnung schon ausdrückt, werden in dieser Gruppe Festlegungen für Verbrauchsgeräte getroffen. Ähnlich der Gruppe 5 und 6 ist auch Gruppe 7 in erster Linie für den Gerätehersteller von Bedeutung, mit Ausnahme von

DIN VDE 0701 Instandsetzung, Änderung und Prüfung
und Teile elektrischer Geräte

Diese DIN-VDE-Norm legt maßgebliche Punkte für die Reparaturarbeiten an elektrischen Geräten fest.

*Gruppe 8 – Informationstechnik –*

Auch hier bestehen, wie schon in Gruppe 7, nur einige Berührungspunkte mit dem Elektrohandwerk bzw. dem Elektroinstallateur.

Dies sind im wesentlichen

| | |
|---|---|
| DIN VDE 0800 | Fernmeldetechnik |
| DIN VDE 0833 | Gefahrenmeldeanlagen für Brand, Einbruch und Überfall |
| DIN VDE 0848 | Gefährdung durch elektromagnetische Felder |
| DIN VDE 0855 | Antennenanlagen |
| DIN VDE 0860 | Sicherheitsbestimmungen für netzbetriebene elektronische Geräte und deren Zubehör für den Hausgebrauch und ähnliche allgemeine Anwendungen |
| DIN VDE 0875 | Funk-Entstörung von elektrischen Betriebsmitteln und Anlagen |

Durch die immer empfindlicher werdenden Geräte gewinnen

| | |
|---|---|
| DIN VDE 0838 | Rückwirkungen in Stromversorgungsnetzen, die durch Haushaltsgeräte und durch ähnliche elektrische Einrichtungen verursacht werden |
| DIN VDE 0839 | Elektromagnetische Verträglichkeit |

ständig an Bedeutung.

Weitere Bestimmungen dieser Gruppe sind auf spezielle Rundfunk-, Fernmelde- und Informationsanlagen anzuwenden und haben somit nur eine untergeordnete Bedeutung für die allgemeine Elektroinstallation. Im speziellen Fall sind diese DIN-VDE-Normen wohl aber zu beachten.

Wie diese kurze Übersicht zeigt, ist das Gebiet der DIN-VDE-Normen sehr umfassend. Wenn man bis ins Detail gehen muß, findet man in einem vom VDE-Verlag herausgegebenen Sachverzeichnis zum VDE-Vorschriftenwerk fast immer einen Hinweis auf entsprechende Normen [38].

VDE-Reg.-Nr.-

## 1  Allgemeine Schutzbestimmungen · Schutzleiter

schwarz (3 cm)  rot (1 cm)  gelb (1 cm)

◁VDE▷  ◁HAR▷

L1 ─────────────────────────

L2 ─────────────────────────

L3 ─────────────────────────

N  ── ── ── ── ── ──

PE ── ─ ── ─ ── ─ ──

**Frage 1.1**
Müssen bestehende Starkstromanlagen den jeweils neuesten DIN-VDE-Normen angepaßt werden?

**Frage 1.2**
Einem Gerät* wurde das VDE-Verbandszeichen ⌂ erteilt. Ist das auch nach jahrelanger Produktion eine Garantie dafür, daß die DIN-VDE-Normen noch eingehalten werden?

**Frage 1.3**
Gibt es im Handel auch nichtgenormte Steckvorrichtungen?

---

\* Beachte: Diesem Gerät selbst, nicht allein dessen Stecker!

**Antwort 1.1**
Nicht allgemein. Nachträgliche Anpassung ist aber erforderlich, wenn neue DIN-VDE-Normen dies ausdrücklich fordern. Sollten Zweifel bestehen, kann eine sachverständige Aussage des zuständigen Komitees angefordert werden.

Anpassungen ergeben sich selbstverständlich stets dann, wenn z. B. der Raumcharakter nachträglich geändert, also etwa ein trockener in einen nassen Raum umgewandelt wurde.

Nach DIN VDE 0100, DIN VDE 0105 Teil 1, Abschnitt 5.1.1 und 5.1.4

**Antwort 1.2**
Ja; solche Erzeugnisse werden laufend vom VDE überprüft!

Nach DIN VDE 0024, Abschnitt 1 und 2

**Antwort 1.3**
Ja, aber es ist möglich, daß sie mit genormten Steckvorrichtungen nicht zusammenpassen. Sie **dürfen** nicht zusammenpassen, wenn dadurch die Sicherheit beeinträchtigt wird, z. B. bei verschiedenen Netzspannungen oder verschiedenen Schutzmaßnahmen.

Nach DIN VDE 0100 Teil 410, Abschnitt 4.3.4, sowie DIN VDE 0107, Abschnitt 8.2.1 c und 8.2.2 d [31]

**Frage 1.4**
Ein Kunde beanstandet eine Kunststoff-Schlauchleitung. Sie führt nur einen schwarz-grünen Kennfaden. Entspricht diese Leitung den DIN-VDE-Normen?

**Antwort 1.4**
Nein; dazu müßte sie entweder den schwarz-roten Verbands-Kennfaden oder das VDE-Kennzeichen führen, und zwar zusätzlich zum Firmen-Kennfaden oder -Kennzeichen! Harmonisierte Kabel und Leitungen werden durch einen schwarz-rot-gelben Kennfaden gekennzeichnet. Die Länge der Einfärbungen kennzeichnet die jeweilige Prüfstelle. Von der VDE-Prüfstelle wird folgende Einfärbung verwendet: 3 cm schwarz – 1 cm rot – 1 cm gelb. Andere Farbenlängen sind ausländischen Prüfstellen zugeteilt.

Nach DIN VDE 0024, Abschnitt 3.1.3, und DIN VDE 0281 und DIN VDE 0282

**Frage 1.5**
Was besagt das Zeichen ⚠ ⑤ an einer elektrischen Handkreissäge?

Ist diese Kreissäge etwa mit einer großen Sicherheit gegen
Überlastung versehen?

**Frage 1.6**
Ein Gerät führt nur das Funkschutzzeichen ⑨. Entspricht es
somit allen für das Gerät zutreffenden DIN-VDE-Normen?

**Antwort 1.5**
Nein, die Handkreissäge ist nicht besonders gegen Überlastung geschützt. Technische Arbeitsmittel, die dieses Prüfzeichen tragen, sind außer der elektrischen Sicherheitsprüfung nach VDE zusätzlichen Sicherheitsprüfungen unterzogen worden. Sie müssen den allgemein anerkannten Regeln der Technik entsprechen. Hierzu zählen außer den DIN-VDE-Normen die DIN-Normen, berufsgenossenschaftliche Arbeitsschutz- und Unfallverhütungsvorschriften, Arbeitsblätter des Deutschen Vereins des Gas- und Wasserfaches (DVGW) und des Vereines Deutscher Ingenieure (VDI).

Falls erforderlich, müssen Gefahrenhinweise und Gebrauchsanweisungen in deutscher Sprache beigefügt werden. Nach bestandener Bauartprüfung durch eine Prüfstelle (VDE-/TÜV-Prüfstelle) darf das GS-Zeichen angebracht werden. Das Gewerbeaufsichtsamt überwacht die Einhaltung der Anforderungen bei Importeuren, im Groß- und Einzelhandel sowie in den Betrieben. Besondere Regelungen gelten für Exportgeräte, die z. B. auf Messen ausgestellt werden sollen.

Bei Nichteinhaltung des Gerätesicherheitsgesetzes kann die Behörde untersagen, daß das betreffende technische Arbeitsmittel ausgestellt oder auf dem deutschen Markt verkauft oder verpachtet wird. Verstöße gegen diese Verfügung können mit Geldbußen geahndet werden [30, 32]

Nach DIN VDE 0024, Abschnitt 3.2.1

**Antwort 1.6**
Nein; das bedeutet nur, daß es den DIN-VDE-Normen für die Funk-Entstörung entspricht.

Nach DIN VDE 0024, Abschnitt 3

**Frage 1.7**
Wodurch entsteht eine „Berührungsspannung"?
Was versteht man unter „Schutz bei i n d i r e k t e m Berühren?"

### Antwort 1.7

Solche Spannungen können bei Anlagen und Geräten durch Isolationsfehler auftreten. Es entsteht eine leitende Verbindung („Körperschluß") zwischen unter Spannung stehenden Leitern („aktive Teile") und dem metallenen, normalerweise spannungslosen berührbaren Gehäuse („Körper"). Der Teil der Fehlerspannung, der von Mensch oder Tier überbrückt werden kann, heißt Berührungsspannung (Bild 1.1); als zu hoch gilt alles über AC 50 V bzw. DC 120 V, in manchen Fällen über AC 25 V bzw. DC 60 V.

Die Schutzmaßnahmen gegen zu hohe Berührungsspannungen verhindern entweder das Auftreten oder das Bestehenbleiben von gefährlichen Spannungen.

Unter Schutz bei indirektem Berühren versteht man alle Maßnahmen zum Schutz von Personen und Nutztieren vor Gefahren, die sich im Fehlerfall aus einer Berührung von Körpern oder fremden leitfähigen Teilen ergeben können.

Nach DIN VDE 0100 Teil 410, Abschnitt 6, und DIN VDE 0100 Teil 200, Abschnitt A.8.4

**Bild 1.1**

$U_F$ = Fehlerspannung
$U_B$ = Berührungsspannung
$U_S$ = Schrittspannung
$\varphi$ = Erdoberflächenpotential
x = Abstand von der Fehlerstelle (hier von der Leuchte)

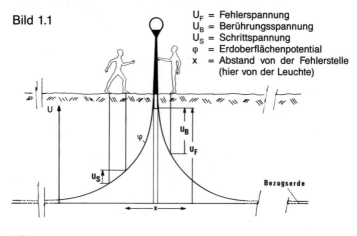

**Frage 1.8**
Welche Schutzmaßnahmen gegen zu hohe Berührungsspannungen werden nach den DIN-VDE-Normen unterschieden?

**Frage 1.9**
Elektrische Einrichtungen sind also allein schon durch das Anwenden der Schutzmaßnahmen besonders sicher?

**Antwort 1.8**
Es gibt 3 Gruppen von Schutzmaßnahmen

● Schutzmaßnahmen, die sowohl gegen direktes als auch bei indirektem Berühren schützen. Diese sind
  – Schutzkleinspannung
  – Begrenzen der Entladungsenergie
  – Funktionskleinspannung
● Schutzmaßnahmen, die gegen direktes Berühren schützen, sind
  – Isolierung aktiver Teile
  – Abdeckungen oder Umhüllungen aktiver Teile
  – Hindernisse
  – Abstand
● Schutzmaßnahmen bei indirektem Berühren. Hierzu zählen
  – Abschaltung oder Meldung
  – Schutzisolierung
  – nichtleitende Räume
  – erdfreier örtlicher Potentialausgleich
  – Schutztrennung

Nach DIN VDE 0100 Teil 410

**Antwort 1.9**
Das mag schon sein; die Anzahl der Unfälle durch elektrischen Strom ist ja auch – gemessen an anderen Unfallursachen – besonders niedrig. Trotzdem befreit das weder Hersteller noch Errichter von der Verpflichtung für einwandfreie Ausführung; das Auftreten von Isolationsfehlern (Körperschluß) muß in erster Linie durch zuverlässigen Bau und sorgfältige Errichtung verhindert werden. Die – zusätzlichen! – Schutzmaßnahmen sind kein „Freibrief"!

Nach DIN VDE 0100 Teil 410, Abschnitt 3.2

**Frage 1.10**
Wo werden Schutzmaßnahmen bei indirektem Berühren
**weder** gefordert **noch** empfohlen?

**Frage 1.11**
Wie verhält es sich mit Schutzmaßnahmen für Zähler, Rund-
steuerempfänger und Schaltuhren sowie deren Schränke
oder Tafeln?

**Antwort 1.10**
Schutzmaßnahmen bei indirektem Berühren werden in Niederspannungsanlagen nicht gefordert für

- metallene Kabelmäntel außerhalb des Erdreiches
- metallene Kabelbewehrungen
- metallene Leitungsbewehrungen, -mäntel und -umhüllungen
- Metallrohre und -dosen mit isolierenden Auskleidungen (ohne isolierende Auskleidung dürfen nur Mantelleitungen oder Kabel eingezogen werden)
- Stahl- und Stahlbetonmaste in Verteilungsnetzen
- Dachständer
- Körper von Betriebsmitteln die kleiner als etwa 50 mm × 50 mm sind und bei denen ein Anbringen von Schutzleitern nur schlecht möglich ist, z. B. Bolzen, Nieten, Namensschildern, Kabelschellen und ähnlichen Teilen.

Nach DIN VDE 0100 Teil 410, Abschnitt 8.2

**Antwort 1.11**
Für Zähler, deren Schaltuhren und dergleichen ist die Schutzisolierung lediglich empfohlen.

Zählertafeln, -plätze, Installationskleinverteiler und Hauptleitungsabzweige müssen schutzisoliert sein.

Nach DIN VDE 0100 Teil 410, Abschnitt 8.2, sowie DIN VDE 0603, Abschnitt 2 und 4.1.1

**Frage 1.12**
Sind bei Dachständern Schutzmaßnahmen zu beachten?

**Frage 1.13**
Wie wird ein EVU* die Hausanschlußkästen für seine (zahlreicher werdenden) Kabelnetze gegen zu hohe Berührungsspannungen schützen?

**Frage 1.14**
In welchem Bereich müssen spannungsführende Teile, wie Leitungen, Kabel, Klemmen, Schalterkontakte, blanke Leiter u. dgl., entweder voll isoliert sein oder durch Verkleidung gegen zufälliges Berühren geschützt werden?

---

\* EVU = Elektrizitätsversorgungsunternehmen.

**Antwort 1.12**
Für Dachständer ist Schutzisolierung oder Standortisolierung empfohlen. – Dachständer dürfen keinesfalls geerdet werden, auch nicht indirekt, z. B. über deren Hausanschlußkästen, metallene Leitungsmäntel oder metallene Dampfsperren der wärmeisolierten Dachhaut. Das Dachständerrohr und etwaige Abspannungen des Dachständers, wie Anker oder Streben, müssen gegen die metallenen Bauteile der Dachhaut isoliert werden.
Nach DIN VDE 0211, Abschnitt 12.4

**Antwort 1.13**
In der Regel wird bei Hausanschlußkästen die Schutzisolierung angewendet, da Gußkästen nicht mehr genormt sind (sie werden in der Praxis mehr und mehr von Kunststoffkästen verdrängt).

Nach DIN VDE 0100 Teil 732, Abschnitt 5.1, DIN VDE 0660 Teil 505, Abschnitt 7.4.1, und DIN 43627

**Antwort 1.14**
Für alle diese „aktiven Teile" ist ein „Schutz gegen direktes Berühren" im „Handbereich" erforderlich. Dies ist der Bereich, in den ein Mensch ohne besondere Hilfsmittel hineinreichen kann, nämlich mindestens ab Standfläche 2,50 m nach oben und je 1,25 m nach allen Seiten und nach unten.

Nach DIN VDE 0100 Teil 200, Abschnitt 2.3.11

**Frage 1.15**
Gibt es Ausnahmen von dieser Regel?

**Frage 1.16**
Müssen Leitungen, die ordnungsgemäß in Decken- oder Wand-Hohlräumen verlegt sind, im „Handbereich" noch zusätzlich abgedeckt sein?

**Frage 1.17**
Ein Auszubildender wechselt in einem Raum, in dem Schutzmaßnahmen nicht gefordert werden, von den drei Steckdosen eine, die defekt ist, gegen eine neue aus. Dazu verwendet er eine Schutzkontakt-Steckdose. Den Schutzkontakt schließt er nicht an, weil die anderen beiden Steckdosen ja auch keine Schutzkontakt-Anschlüsse haben. – Handelt er richtig?

**Antwort 1.15**
Ja. Wo üblicherweise mit sperrigen nichtisolierenden Gegenständen hantiert wird, ist das Mindestmaß für den Handbereich entsprechend zu vergrößern.

Bei Arbeiten in der Nähe von unter Spannung stehenden Teilen müssen besondere Sicherheitsmaßnahmen getroffen werden.

Nach DIN VDE 0105 Teil 1, Abschnitt 11

**Antwort 1.16**
Nein, diese gelten als außerhalb des Handbereichs angeordnet und mechanisch geschützt.

Bei allen anderen Leitungen muß beachtet werden, daß an besonders gefährdeten Stellen (z. B. Fußbodendurchführungen) für einen zusätzlichen Schutz zu sorgen ist, etwa durch übergeschobene Kunststoff- oder Stahlrohre!

Nach DIN VDE 0100 Teil 520, Abschnitt 4.2

**Antwort 1.17**
Er macht gleich zwei Fehler:

1. Schutzkontakt-Steckdosen ohne angeschlossenen Schutzleiter dürfen nicht angebracht werden.
2. In einem Raum, in dem sich wenigstens eine Steckdose mit Schutzkontakt befindet, dürfen Steckdosen ohne Schutzkontakt nicht vorhanden sein.

Man darf keine Schutzmaßnahmen vortäuschen! Ist aber das Erdpotential (durch eine Schutzkontakt-Steckdose) im Raum, muß auch alles andere in die Schutzmaßnahme einbezogen werden.

Nach DIN VDE 0100 Teil 410, Abschnitt 6.3

**Frage 1.18**
Wie muß eine ausschließlich als Schutzleiter (PE) verwendete Ader gekennzeichnet sein?

**Frage 1.19**
Wie wird dann ein als PEN-Leiter (früher Nulleiter) verwendeter Neutral- oder Sternpunktleiter gekennzeichnet?

**Frage 1.20**
Darf seit der Einführung des grün-gelben Schutzleiters in Neuanlagen die rote Ader nicht mehr als Schutzleiter, die hellgraue Ader nicht mehr als Neutralleiter verwendet werden?

**Antwort 1.18**
Adern, die als Schutzleiter (PE) verwendet werden, müssen in ihrem ganzen Verlauf grün-gelb gekennzeichnet sein. Diese Kennzeichnung darf nicht für andere Zwecke verwendet werden, etwa für Schalt- oder Außenleiter!

Nach DIN VDE 0100 Teil 510, Abschnitt 7.3

**Antwort 1.19**
Da er Schutzfunktion hat, nimmt man die **grün-gelbe\*** Ader!

Nach DIN VDE 0100 Teil 510, Abschnitt 7.3.3

**Antwort 1.20**
In bestehenden alten Anlagen wird eine Anpassung nicht gefordert.

In allen neuen Anlagen müssen die Adern, die als Schutz- oder PEN-Leiter verwendet werden, grün-gelb gekennzeichnet sein! Leitungen und Kabel mit solchem Schutzleiter führen in der Leitungsbezeichnung zusätzlich den Buchstaben „J" (z. B. NYM-J 5 × 4 mm²).

Nicht besonders gekennzeichnet bleiben selbstverständlich die als Schutzleiter oder PEN-Leiter dienenden Metallmäntel oder konzentrischen Leiter in Kabeln.

Ist aber, wie z. B. bei Schalterzuleitungen, kein Schutzleiter mitzuführen, kann zweckmäßig eine Mehraderleitung ohne grün-gelbe Ader verwendet werden. Sie führt zusätzlich den Buchstaben „O".

In „harmonisierten"\*\* Leitungen erscheint anstelle „J" ein „G" und anstelle „O" ein „X".

Nach DIN VDE 0100 Teil 510, Abschnitt 7.3, sowie DIN VDE 0250, DIN VDE 0281 und DIN VDE 0282

---

\*    Siehe auch Frage und Antwort 2.16.
\*\*   Harmonisierte Starkstromleitungen für Europa, Kennzeichen ◀HAR▶.

**Frage 1.21**
Welche Farbe ist aber für den reinen Neutralleiter festgelegt?

**Frage 1.22**
Können zwecks Vereinfachung irgendwelche Konstruktionsteile, Rohrleitungen oder Spann- und Aufhängeseile (Bild 1.2) als Schutzleiter benutzt werden?

Bild 1.2

**Antwort 1.21**
Für reine Mittel- oder Sternpunkt- (Neutral-)leiter ist eine hellblaue Ader zu verwenden. Diese darf auch Außenleiter sein, wenn kein Neutralleiter benötigt wird, z. B. bei Motoranschluß. Nach DIN VDE 0100 Teil 510, Abschnitt 7

**Antwort 1.22**
Bei Spannseilen u. dgl. ist das nicht zulässig. Wohl aber darf man Metallgehäuse elektrischer Betriebsmittel, Stahlgerüste elektrischer Anlagen (z. B. Schalttafeln, Kabelroste, Krangerüste) u. dgl. verwenden, sofern sie eine Einheit von ausreichender elektrischer Leitfähigkeit bilden. Die Verbindungsstellen müssen verschweißt, vernietet oder so verschraubt sein, daß sie gegen Selbstlockern gesichert sind. Der Ausbau einzelner Konstruktionsteile darf keine Unterbrechung des Schutzleiters zur Folge haben! Niemals darf man Schutzleiter an Befestigungsschrauben anschließen.
Wasserleitungen unterscheidet man in Wasserrohrnetze (öffentliches Wasserrohrnetz einschließlich Wasserzähler) und in Wasserverbrauchsleitungen (alle Leitungen in Strömungsrichtung hinter dem Wasserzähler). In bestehenden Anlagen durfte das Wasserrohrnetz bis 30. 9. 1990 als Erder, Erdungsleiter oder Schutzleiter verwendet werden*. Wasserverbrauchsleitungen dürfen als Erder, Erdungsleiter oder Schutzleiter weiterhin verwendet werden, wenn die Anforderungen, die an solche Einrichtungen gestellt werden, erfüllt sind. Da zunehmend Kunststoffrohrleitungen eingesetzt werden, sollte man auf Rohrleitungen als Erder, Erdungsleiter oder Schutzleiter verzichten. Metallene Rohrleitungen sind aber in den Hauptpotentialausgleich einzubeziehen.
Nach DIN VDE 0100 Teil 540, Abschnitt 5.2.4 und 5.2.6

---

\* Seitdem müssen alle elektrischen Verteilungsnetze und Verbraucheranlagen mit separaten Erdern ausgerüstet sein. Ausnahmen sind nur zulässig, wenn entsprechende Vereinbarungen zwischen dem EVU und dem Wasserversorgungsunternehmen getroffen wurden.

**Frage 1.23**
Sind als Schutzleiter verwendete Konstruktionsteile grün-gelb zu kennzeichnen?

**Frage 1.24**
Eine Drehstrom-Waschmaschine soll über eine Gummi-schlauchleitung angeschlossen werden. Zur Verfügung steht ein Stück mit folgenden Aderfarben: schwarz, grün-gelb, schwarz, hellblau, braun. Darf diese Leitung verwendet werden?

**Frage 1.25**
Aus einer Werkzeugmaschine ist die Leitung herausgerissen, sie kann aber wiederverwendet werden. Man erkennt die Aderfarben etwa auf 1 cm Länge: schwarz, blau, braun und gelb. Welche Ader wird als Schutzleiter verwendet?

**Antwort 1.23**
Das wird nicht gefordert. Die Kennzeichnung entfällt auch bei Adernabschirmungen (von Leitungen), konzentrischen Leitern (von Leitungen und Kabeln) und Metallmänteln (von Kabeln), wenn diese als Schutzleiter verwendet werden. Blanke Schutzleiter sind jedoch bei der Installation an zugänglichen Stellen und an den Enden dauerhaft grün-gelb zu kennzeichnen (DIN 40705).

Gekennzeichnet sein muß ferner die Anschlußstelle des Schutzleiters (⏚ Schutzleiterzeichen nach DIN 40 011)!

Nach DIN VDE 0100 Teil 540, Abschnitt 10.2 und 10.3

**Antwort 1.24**
Ja, diese Leitung darf verwendet werden. Die Farbverteilung der Adern ist dem Installateur überlassen bis auf die grüngelbe, die unbedingt als Schutzleiter (PE) und die hellblaue, die gegebenenfalls als Neutralleiter (N) anzuschließen ist!

Nach DIN VDE 0100 Teil 510, Abschnitt 7.3

**Antwort 1.25**
Es muß weiter abgemantelt werden! Dann wird sich das gelbe Stückchen als grün-gelbe Ader erweisen, die unbedingt als Schutzleiter (PE) zu verwenden ist. Es muß aber darauf geachtet werden, daß dieser Schutzleiter bei Versagen der Zugentlastung erst nach den stromführenden Adern auf Zug beansprucht wird. Außerdem müssen Schutzleiteranschlüsse und -verbindungen sorgfältig gegen Selbstlockern gesichert werden!

Nach DIN VDE 0100 Teil 540, Abschnitt 5.3.6 und 10.1, sowie DIN VDE 0293

**Frage 1.26**
Wenn „Freischalten" gefordert wird, betrifft das auch die Neutralleiter, PEN-Leiter und Schutzleiter?

**Frage 1.27**
Welche beiden Schalter kennen wir, bei denen (außer den Außenleitern) der etwa vorhandene Mittel- oder Sternpunktleiter (Neutralleiter) mitgeschaltet wird?

**Frage 1.28**
Kann man mit einem Spannungsmesser, z. B. an einer Steckdose oder an einer Maschine, feststellen, ob der Schutzleiter oder sein Anschluß von ausreichender Leitfähigkeit ist?

**Frage 1.29**
Gibt es Metallteile, bei denen es ausdrücklich verboten ist, sie mit einem Schutz-, PEN-, Erdungs- oder Potentialausgleichsleiter zu verbinden?

**Antwort 1.26**
Nein. Freischalten ist das allseitige Abschalten aller nicht geerdeten Leiter (Außen- und Neutralleiter), so daß an aktiven Teilen keine gefährlichen Spannungen bestehen bleiben können.

PEN-Leiter und Schutzleiter (PE) dürfen für sich allein niemals, sondern nur zusammen mit den Außenleitern schaltbar sein; Überstromschutzorgane sind hier unzulässig.

Nach DIN VDE 0100 Teil 200, Abschnitt A.8.3; Teil 410, Abschnitt 6.1.3.5
Siehe auch DIN VDE 0100 Teil 540, Abschnitt 5.3.3

**Antwort 1.27**
Beim Fehlerstrom(FI)-Schutzschalter und beim Fehlerspannungs(FU)-Schutzschalter ist das der Fall!

Nach DIN VDE 0100 Teil 410, Abschnitt 5.5 und 7.6

**Antwort 1.28**
Nein! Alle Schutzmaßnahmen mit Schutzleiter müssen nach einem vorgeschriebenen Verfahren geprüft werden. Eine Messung mit Spannungsmessern genügt deshalb nicht, weil sich (wegen des hohen Innenwiderstandes des Meßgerätes) ein gefährlicher Widerstand im Schutzleiter kaum durch eine niedrigere Anzeige bemerkbar machen würde!

Nach DIN VDE 0100 Teil 600

**Antwort 1.29**
Ja; bei Dachständern (siehe Frage und Antwort 1.12) und leitfähigen Teilen von Geräten mit Schutzisolierung ist kein Schutzleiteranschluß erlaubt (siehe Frage und Antwort 4.2).

Nach DIN VDE 0100 Teil 410, Abschnitt 6.2.8, und DIN VDE 0211, Abschnitt 12.4

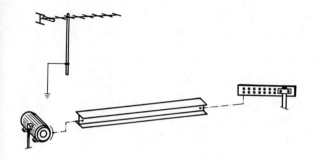

## 2 Erdungen · Potentialausgleich · Blitzschutz

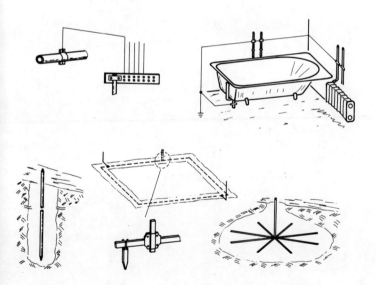

**Frage 2.1**
Wie werden nach den DIN-VDE-Normen die einzelnen Netzformen eingeteilt?

**Antwort 2.1**
Die Netzformen werden nach dem Erdungsverhältnis der Stromquelle (z. B. Generator) und nach dem Erdungsverhältnis der Körper (z. B. Gehäuse) elektrischer Anlagen unterschieden. Zur einfachen Kennzeichnung der unterschiedlichen Netzformen werden als Kurzzeichen Buchstaben verwendet.

Der erste Buchstabe bezeichnet die Erdungsverhältnisse der Stromquelle:

T = direkte Erdung eines Punktes
I = entweder Isolierung aller aktiven Teile von Erde oder Verbindung eines Punktes mit Erde über eine Impedanz

Der zweite Buchstabe bezeichnet die Erdungsverhältnisse der Körper der elektrischen Anlage:

T = Körper direkt geerdet, unabhängig von der etwa bestehenden Erdung eines Punktes der Stromquelle
N = Körper direkt mit dem Betriebserder verbunden (in Wechselspannungsnetzen ist der geerdete Punkt im allgemeinen der Sternpunkt)

Nach DIN VDE 0100 Teil 300, Abschnitt 6

**Frage 2.2**
Was bedeuten die Begriffe „TN-C-Netz" und „TN-S-Netz"?

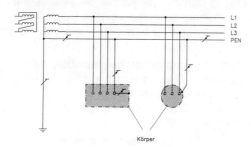

Bild 2.1
TN-C-Netz

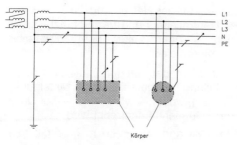

Bild 2.2
TN-S-Netz

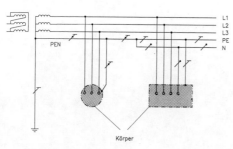

Bild 2.3
TN-C-S-Netz

⚡ Schutzleiter PE    ⚡ Neutralleiter N    ⚡ PEN-Leiter

61

**Antwort 2.2**

Die ersten beiden Buchstaben sagen aus, daß die Stromquelle direkt geerdet ist und daß die Körper der Anlage mit
dem Betriebserder verbunden sind. Die weiteren Buchstaben
„S" und „C" geben an, wie diese Verbindung mit der Betriebserde ausgeführt ist:

TN-C-Netz – Neutralleiter- und Schutzleiterfunktionen sind
im gesamten Netz in einem einzigen Leiter,
dem PEN-Leiter, zusammengefaßt.

TN-S-Netz – Neutralleiter und Schutzleiter sind im gesamten Netz getrennt.

Eine Kombination von beiden Netzformen ist wohl am häufigsten anzutreffen, nämlich:

TN-C-S-Netz – In einem Teil des Netzes sind die Funktionen
des Neutralleiters und des Schutzleiters in
einem einzigen Leiter, dem PEN-Leiter,
zusammengefaßt.

Das TN-C-S-Netz entspricht der Netzform für die frühere
Schutzmaßnahme „Nullung" mit gemeinsamem Mittelpunkt-
leiter/Schutzleiter (Mp/SL), wobei – wie bisher – bei Querschnitten über 10 mm$^2$ Cu nicht aufgetrennt wird.

Nach DIN VDE 0100 Teil 300, Abschnitt 6, und Teil 540,
Abschnitt 8.2

**Frage 2.3**
Welche weiteren Netzformen sind üblich?

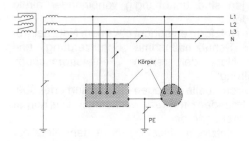

Bild 2.4 TT-Netz

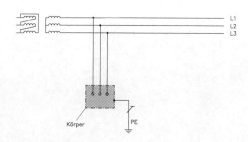

Bild 2.5 IT-Netz

**Antwort 2.3**
Weitere Netzformen sind das

TT-Netz – Die Stromquelle und die Körper der elektrischen Anlagen sind unabhängig voneinander direkt geerdet.
Diese Netzform entspricht etwa dem Netz der früheren Schutzmaßnahme „Schutzerdung" und dem Netz der reinen „Fehlerstromschutzschaltung".

IT-Netz – Die Stromquelle ist gegen Erde isoliert oder über eine Impedanz mit Erde verbunden. Die Körper sind direkt geerdet.
Diese Netzform entspricht etwa dem Netz der früheren Schutzmaßnahme „Schutzleitungssystem".

Nach DIN VDE 0100 Teil 300, Abschnitt 6

**Frage 2.4**
Wo verbindet der Elektroinstallateur Schutz- oder PEN-Leiter
mit der Wasserverbrauchsanlage?

**Frage 2.5**
Ist für Potentialausgleichsleitungen ein Mindestquerschnitt
vorgeschrieben?

**Frage 2.6**
Welche Mindestquerschnitte sind für den zusätzlichen Potentialausgleich vorgeschrieben?

**Antwort 2.4**

Der Anschluß erfolgt in Strömungsrichtung hinter der Hauptsperreinrichtung an eine zentrale Hauptpotentialausgleichsschiene, mit der auch die Gasinnen- und Heizrohrleitungen über Potentialausgleichsleitungen verbunden werden.

Hier wird die Erdungsanlage, z. B. Fundamenterder, angeklemmt, um nicht von den Rohrnetzen abhängig zu sein*.

Nach DIN VDE 0100 Teil 540, Abschnitt 4.3

**Antwort 2.5**

Ja. Für den Hauptpotentialausgleich muß der Querschnitt des Potentialausgleichsleiters mindestens halb so groß sein wie der größte Schutzleiterquerschnitt der Anlage, mindestens jedoch 6 mm$^2$ Cu. Für Potentialausgleichsleiter sind als ausreichende Obergrenze 25 mm$^2$ Cu genannt. Auch der Wasserzähler muß ggf. dauernd gut leitend überbrückt werden.

Nach DIN VDE 0100 Teil 540, Abschnitt 9

**Antwort 2.6**

Wegen der **mechanischen** Festigkeit sind als Mindestquerschnitt 2,5 mm$^2$ Cu oder Al** bei mechanisch geschützter Verlegung, dagegen 4 mm$^2$ Cu oder Al** bei mechanisch ungeschützter Verlegung vorgeschrieben.

Die **elektrisch** erforderlichen Mindestquerschnitte sind zwischen zwei Körpern gleich dem Querschnitt des kleineren Schutzleiters und zwischen einem Körper und fremden leitfähigen Teilen gleich dem halben Querschnitt des Schutzleiters.

Nach DIN VDE 0100 Teil 540, Abschnitt 9.1.2 sowie Erläuterungen zu Abschnitt 9.1.1 und 9.1.2, Tabelle 9

---

\* Anpassungspflicht seit 1. 10. 1990 siehe Frage und Antwort 1.22.

\*\* Das ungeschützte Verlegen von Al-Leitern ist nicht zu empfehlen, weil Al sehr korrosionsgefährdet ist. Zusammen mit mangelnder mechanischer Festigkeit besteht die Gefahr einer Leiterunterbrechung.

**Frage 2.7**
Wie werden Band- oder Staberder verlegt?

**Frage 2.8**
Welche wichtige Form des Erders fehlt hier noch?

**Frage 2.9**
Aus welchem Werkstoff dürfen Erder bestehen?

**Antwort 2.7**
Banderder werden möglichst gestreckt verlegt, und zwar in 0,5 bis 1 m Tiefe, wenn die Bodenverhältnisse dies erlauben. Bei ihrer Bemessung muß bedacht werden, daß sich ihr Erdausbreitungs-Widerstand mit wechselnder Feuchtigkeit und durch Frost ändert!

Staberder werden senkrecht eingetrieben, mehrere mindestens in doppeltem Abstand ihrer Länge.

Nach DIN VDE 0100 Teil 540, Abschnitt 4.2.2 und Erläuterungen zu diesem Abschnitt

**Antwort 2.8**
Der Fundamenterder ist für alle Neubauten vorgeschrieben, in einigen Bundesländern sogar per Erlaß. Die wesentlichen Vorteile des Fundamenterders sind: keine zusätzlichen Erdarbeiten, dauerhafter mechanischer Schutz des Erders, im allgemeinen ein günstiger Ausbreitungswiderstand des Erders, Verwendung als Blitzschutzerder möglich. Bei der Einbettung des Fundamenterders sind die Richtlinien der Vereinigung Deutscher Elektrizitätswerke (VDEW) [5] zu beachten.

Nach DIN VDE 0100 Teil 540, Abschnitt 4.2.2 und Erläuterungen zu diesem Abschnitt

**Antwort 2.9**
Als Erderwerkstoff dürfen
– Stahl mit einer 70 µm dicken Zinkauflage,
– Stahl mit Kupferauflage (z. B. als Rundstahl) oder
– Kupfer
verwendet werden.

Nach DIN VDE 0100 Teil 540, Anhang Tabelle 7

Siehe auch DIN VDE 0151 Werkstoffe und Mindestmaße von Erdern bezüglich Korrosion

**Frage 2.10**
Worauf ist bei der Verbindung des Erders mit der Erdungsleitung besonders zu achten?

**Frage 2.11**
Fremde leitfähige Teile können unter bestimmten Umständen
als Schutzleiter verwendet werden. Dürfen fremde leitfähige
Teile auch als PEN-Leiter dienen?

**Frage 2.12**
Dürfen Fernmelde-Erdungen mit den Starkstrom-Nieder-
spannungs-Erdungen leitend verbunden werden?

**Antwort 2.10**
Der Anschluß der Erdungsleitung an den Erder muß zuverlässig und elektrisch gut leitend erfolgen. Als Anschluß-Verbin-
dungsmittel dürfen Erdungsschellen, Schraubverbindungen
(mindestens M 10), Hülsenverbinder (Kerb- oder Preßverbin-
der) oder ähnlich sichere Verbindungen angewendet werden.
Die Verbindungen müssen gegen Korrosion geschützt sein.

Nach DIN VDE 0100 Teil 540, Abschnitt 4 und Erläuterungen
zu diesem Abschnitt

**Antwort 2.11**
Nein, dies ist nicht erlaubt, da PEN-Leiter zu den aktiven Teilen eines Netzes zählen. Sie müssen isoliert sein, da sie
bereits im normalen Betriebsfall Strom führen.

Nach DIN VDE 0100 Teil 540, Abschnitt 5.2.5 und 8.2.2

**Antwort 2.12**
Ja. Die verschiedenen Erdungs- und Schutzleiter werden
zusammen mit allen sonstigen Potentialausgleichsleitern* im
Keller an die gemeinsame Potentialausgleichsschiene angeschlossen. Dazu gehören auch die Potentialausgleichsleiter
für Fernmelde- und Antennenanlagen; es ist aber darauf zu
achten, daß sie **nur** an dieser Schiene mit dem Schutz- oder
PEN-Leiter der Starkstrominstallation verbunden werden
dürfen!

Nach DIN VDE 0800 Teil 2, Abschnitt 4.2, 6, 13, 14 und 15,
und DIN VDE 0855 Teil 1, Abschnitt 6.1.2.8

Siehe auch DIN VDE 0100 Teil 540, Abschnitt 4.4, 4.5 und 8
sowie Erläuterungen zu diesen Abschnitten

---

\*    Siehe auch Frage und Antwort 16.11 und 16.12.

**Frage 2.13**
Dürfen Blitzschutz-Erdungen mit den Starkstrom-Nieder-spannungs-Erdungen leitend verbunden werden?

**Frage 2.14**
Besteht die Gefahr, daß bei Blitzeinschlag in einen Gebäude-Blitzableiter die Blitzentladung auf die im Haus installierte elektrische Anlage überschlägt?

**Antwort 2.13**
In der Regel darf man Blitzschutz-, Überspannungs- und Starkstrom-Erdungen zusammenschließen bzw. an der Potentialausgleichsschiene verbinden. Es ist allerdings zu beachten, daß dadurch keine Fehlerspannungsschutzschalter-Spulen* kurzgeschlossen oder die Bestimmungen des § 17 der DIN VDE 0100 (Erdungen in Kraftwerken und Umspannanlagen) verletzt werden.

Nach DIN VDE 0100, § 18c (Bestimmungen z.Z. in Vorbereitung)

Siehe auch DIN VDE 0100 Teil 540, Abschnitt 4.4.1, sowie DIN VDE 0185 Teil 1, Abschnitt 6.1.2

**Antwort 2.14**
Diese Gefahr besteht, wenn die elektrische Anlage nicht in ausreichender Entfernung von der Blitzschutzanlage verlegt ist. Gegebenenfalls sind Näherungsstellen durch Überspannungsschutzeinrichtungen zu verbinden. Näheres sagen DIN VDE 0185 Teil 1 „Blitzschutzanlage; Allgemeines für das Errichten" und DIN VDE 0185 Teil 2 „Blitzschutzanlage; Errichten besonderer Anlagen" aus.

Danach brauchen bei Stahlbetonbauten, deren Bewehrungen als Ableitungen verwendet werden, Näherungen zwischen Starkstromanlage und Blitzschutzanlage nicht berücksichtigt zu werden, desgleichen bei Stahlskelettbauten. Ausnahme: Anlagen in feuergefährdeten und explosionsgefährdeten Betriebsstätten.

Nach DIN VDE 0100, § 18a 2, und DIN VDE 0185 Teil 1, Abschnitt 6.2

---

* Wird heute nicht mehr allgemein angewendet. Gerätenorm wurde bereits zurückgezogen.

**Frage 2.15**
Worauf beruht die Prüfung eines Erdungswiderstandes mit Strom- und Spannungsmesser?

Dazu Rechenbeispiel, Anhang A 1.1

**Frage 2.16**
In welchen Fällen ist bei der Schutzmaßnahme durch Überstromschutzorgane im TN-Netz der besondere Schutzleiter vorgeschrieben, so daß alle zu schützenden Körper über einen 3. Leiter (Wechselstrom) bzw. 5. Leiter (Drehstrom) mit der Schutzleiterklemme(-schiene) verbunden werden?

**Antwort 2.15**
Sie beruht auf dem Ohmschen Gesetz. Die Erdungsleitung
bzw. der zu prüfende Erder werden mit einem Außenleiter
über Schalter, einstellbaren Widerstand und Strommesser
verbunden. (Es darf nur kurzzeitig, mit kleinem Strom beginnend, belastet werden!) Der gemessene Strom ($I$) verursacht
am Ausbreitungswiderstand der Erders ($R_S$) einen Spannungsabfall ($U$). Dieser wird mit einem Spannungsmesser
zwischen dem Erder und einer etwa 20 m entfernten Sonde
oder dem geerdeten Mittelleiter gemessen:

$$R_S = \frac{U}{I}$$

Nach DIN VDE 0100 Teil 600, Abschnitt 11

**Antwort 2.16**
Dieser besondere Schutzleiter ist bei der Schutzmaßnahme
durch Überstromschutzorgane im TN-Netz bei allen Leiterquerschnitten unter 10 mm$^2$ Cu erforderlich; der ankommende PEN-Leiter (grün-gelb) wird also in Schutzleiter PE
(grün-gelb) und Neutralleiter N (hellblau) aufgeteilt. Hinter
dieser Aufteilung dürfen beide Leiter nicht mehr miteinander
verbunden werden.

Nach DIN VDE 0100 Teil 540, Abschnitt 8.2, sowie Teil 510,
Abschnitt 7.3

Bild 2.6 PEN-Leiteraufteilung in PE- und N-Leiter. Es muß ein
Leiter mit hellblauer Isolierung verwendet werden

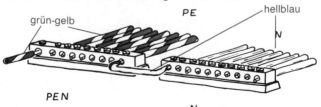

**Frage 2.17**
Was gilt für PEN-Leiter und Schutzleiter hinsichtlich Querschnitt, Verlegung, Isolierung und Erdung?

**Frage 2.18**
Was ist in einer älteren Hausinstallation, in der die Nullung ohne besondere Schutzleiter angewendet wurde, beim Erweitern der Anlage zu tun?

**Antwort 2.17**
Ihre Querschnitte müssen bis 16 mm² leitwertgleich den Außenleiterquerschnitten sein. PEN-Leiter müssen in Verbraucheranlagen wie Außenleiter isoliert und mit diesen in gemeinsamer Umhüllung geführt werden. Für den Schutzleiter wird die Isolierung nicht verlangt, er darf getrennt verlegt werden; er ist auch für mehrere Stromkreise gleichzeitig zulässig. PEN-Leiter bzw. Schutzleiter sind am Anfang der Verbraucheranlage in den Potentialausgleich durch Anschluß an die Haupterdungsschiene einzubeziehen.

Nach DIN VDE 0100 Teil 540, Abschnitt 5 und 8.2

**Antwort 2.18**
Für bestehende Anlagen mit Querschnitten unter 10 mm² Cu wird eine Nachverlegung von Schutzleitern nicht ausdrücklich gefordert; es ist aber spätestens vom Erweiterungspunkt aus (z. B. von einer Abzweigdose) ein besonderer Schutzleiter mitzuführen.

Bei umfangreichen Erweiterungen sollte die gesamte Anlage der neuen Schutzmaßnahme angepaßt werden.

Nach DIN VDE 0100 § 1 c und Teil 410, Abschnitt 3

**Frage 2.19**
Können bewegliche Leitungen PEN-Leiter haben?

**Frage 2.20**
Beim Öffnen einer an Drehstrom angeschlossenen Waschmaschine entdeckt der Installateur, daß die aus der fünfadrigen Gummischlauchleitung ankommende grün-gelbe Ader wohl an die Schutzleiterklemme des Gehäuses angeschlossen ist, daß aber von dort aus eine Brücke zur Neutralleiter-Klemme der hellblauen Ader fehlt.

Hat er als Fachmann an diesem Anschluß etwas auszusetzen?

**Antwort 2.19**
Eigentlich nicht; sie enthalten entweder Schutz- und Neutralleiter gemeinsam oder jeweils nur einen von ihnen (Motorenanschluß bzw. Schutzisolierung).

Nur ausnahmsweise darf der Neutralleiter zugleich Schutzfunktion haben (also PEN-Leiter sein), und zwar bei Leiterquerschnitten von mindestens 16 mm$^2$ Cu in schweren Gummischlauchleitungen oder dgl., wenn sie fest verlegt sind.

Da derartige Leitungen aufgrund ihres großen Querschnittes während des Betriebes nicht bewegt werden, ist die Zusammenfassung von Schutz- und Neutralleiter als PEN-Leiter in Ausnahmefällen zulässig.

Zu diesen zählen beispielsweise der vorübergehende Anschluß von Notstromaggregaten, die kurzzeitige Überbrückung von defekten Leitungsteilstücken nach Störungen u.ä. Anwendungen. Voraussetzung ist allerdings, daß kein bewegliches Gerät angeschlossen ist.

Natürlich ist die Ausnahme nicht erlaubt, wenn der besondere Schutzleiter für die Schutzmaßnahme vorgeschrieben ist, z.B. in feuergefährdeten Betriebsstätten (siehe Frage und Antwort 8.4).

Nach DIN VDE 0100 Teil 540, Anmerkung zu Abschnitt 8.2.1

**Antwort 2.20**
Nein! Er beläßt den Maschinenanschluß, wie er ist. Nach der Aufteilung des grün-gelben PEN-Leiters in einen besonderen, ebenfalls grün-gelben Schutzleiter (PE) und einen besonderen, hellblauen Neutralleiter sind Brücken zwischen diesen sogar verboten; der Schutzleiter darf nur im Störungsfall Strom führen, nicht schon beim Betrieb des Gerätes!

Nach DIN VDE 0100 Teil 540, Abschnitt 8.2.3

**Frage 2.21**
Muß der Elektroinstallateur die Wirksamkeit der Schutzmaßnahme durch Überstromschutzorgane im TN-C-S-Netz überall durch Messung nachprüfen?

Dazu Rechenbeispiel, Anhang A 1.2

**Frage 2.22**
Aus welchen Hauptbestandteilen wird eine Blitzschutzanlage aufgebaut?

**Frage 2.23**
Wie müssen die Fangeinrichtungen beschaffen sein, damit sie den enormen Beanspruchungen, die bei einem Blitzeinschlag auftreten können, standhalten?

**Antwort 2.21**
Ja! An ungünstigen Stellen wird der Schleifenwiderstand gemessen: Ein Netz-Prüfstrom bewirkt einen Spannungsabfall, aus dem der Abschaltstrom der Sicherung errechnet wird. An anderen Stellen genügt es, die niederohmige Verbindung der Schutzleiter festzustellen.

Nach DIN VDE 0100 Teil 600, Abschnitt 12

**Antwort 2.22**
Eine Blitzschutzanlage besteht aus drei Hauptbestandteilen des äußeren Blitzschutzes:

      Fangeinrichtungen
      Ableitungen
      Erdung

sowie aus Maßnahmen zum inneren Blitzschutz (siehe Frage und Antwort 2.30 ff.).

Nach DIN VDE 0185 Teil 1, Abschnitt 3.2

**Antwort 2.23**
Die Fangeinrichtungen bestehen z. B. aus feuerverzinktem Stahl oder aus Kupfer und müssen mindestens einen Querschnitt von 50 mm$^2$ (8 mm Durchmesser) aufweisen. Bei nichtrostendem Stahl sind sogar mindestens 78 mm$^2$ (10 mm Durchmesser) erforderlich.

Fangstangen müssen einen Durchmesser von mindestens 16 mm haben, bei Schornsteinen sind sogar 20 mm Durchmesser vorgeschrieben.

Nach DIN VDE 0185 Teil 1, Abschnitt 4.1.1 sowie Tabelle 1 und 2

**Frage 2.24**
Was ist bei den Ableitungen zu beachten?

**Frage 2.25**
Und wie ist es mit der mechanischen Festigkeit und der Befestigung dieser oberirdischen Bauteile bestellt?

**Antwort 2.24**
Als Ableitungen sind feuerverzinkter Stahl oder Kupfer mit ebenfalls 50 mm$^2$ Querschnitt (8 mm Durchmesser) im allgemeinen ausreichend. Lediglich bei besonders hohen Bauwerken muß bei feuerverzinktem Stahl ein größerer Querschnitt gewählt werden. Freistehende Schornsteine erfordern bei feuerverzinktem Stahl einen Querschnitt von mindestens 78 mm$^2$ (10 mm Durchmesser), im Rauchgasbereich sind sogar 200 mm$^2$ Querschnitt (16 mm Durchmesser) vorgeschrieben.

Andere Werkstoffe als die hier genannten sind bei entsprechenden Querschnitten ebenfalls zulässig, z. B. Kupfer mit 1 mm Bleimantel, Aluminium, Aluminium-Knetlegierungen, um nur einige zu nennen.

Nach DIN VDE 0185 Teil 1, Abschnitt 4.1.1 sowie Tabelle 1 und 2

**Antwort 2.25**
Die Fangeinrichtungen und Ableitungen müssen mit speziellen Halterungen fest mit den baulichen Anlagen verbunden werden, damit sie den sogenannten dynamischen Beanspruchungen durch den Blitzstrom standhalten können. Die beachtlichen Ströme von bis zu 150 000 A, die bei einem Blitzeinschlag auftreten können, erzeugen durch das dabei vorhandene Magnetfeld sehr große Kräfte. In seltenen Fällen treten noch höhere Ströme auf. Die genannten Stromstärken wurden tatsächlich von Blitzforschungsinstituten gemessen [20, 21].

Nach DIN VDE 0185 Teil 1, Abschnitt 4.1.2

**Frage 2.26**
Wie kann bei solchen Strömen über 100 000 A ein so geringer Querschnitt in der Regel den Beanspruchungen standhalten, ohne dabei beschädigt zu werden?

**Frage 2.27**
Was bedeuten diese ungeheueren Stromwerte für die Leiterverbindung?

**Frage 2.28**
Wie wird die Ableitung geerdet?

**Antwort 2.26**
Obwohl ein Strom von 150000 A bei einem Querschnitt von 50 mm$^2$ eine Stromdichte von 3000 A/mm$^2$ bedeutet, bleiben wegen der kurzen Einwirkungszeit der Blitzentladung von nur einigen Mikrosekunden (millionstel Sekunden) die Bauteile, bis auf Schmelzspuren an der Einschlagstelle, unbeschädigt [20, 21].

**Antwort 2.27**
Die Verbindungen müssen mechanisch sehr stabil und dauerhaft gegen Korrosion geschützt sein. Zur richtigen Auswahl der Werkstoffe findet man in DIN VDE 0185 zwei Tabellen, in denen geeignete Werkstoffe aufgeführt sind. Die Verbindungen selbst sind durch Schrauben, Klemmen, Schweißen, Löten usw. auszuführen. Nicht zulässig sind Würgeverbindungen und Verbindungen mit Gewindestiften. Flachleiter müssen mindestens mit zwei Schrauben M8 oder einer Schraube M10 verbunden werden. Bei Anschlüssen und Verbindungen von Flachleitern mit Blechen unter 2 mm Dicke muß durch Gegenlegen eines mindestens 10 cm$^2$ großen Bleches eine großflächige Verbindung hergestellt werden.

Nach DIN VDE 0185 Teil 1, Abschnitt 4

**Antwort 2.28**
Die Verbindung der Ableitungen erfolgt über Erdungsleitungen mit ausgedehnten Erdern im Erdreich. Als Erder kommen Ringerder, Strahlenerder, Maschenerder, Staberder, Tiefenerder, Fundamenterder sowie geeignete natürliche Erder in Frage. In Sonderfällen sind auch Einzelerder, als Oberflächen- oder Tiefenerder ausgeführt, zulässig.

Nach DIN VDE 0185 Teil 1, Abschnitt 5.3

**Frage 2.29**
Ist für jede Blitzschutzanlage ein eigener Erder erforderlich,
oder können andere Erder mitverwendet werden?

**Frage 2.30**
Ist mit dem Anschluß der Ableitungen an eine Erdungsanlage
die Blitzschutzanlage fertiggestellt?

**Antwort 2.29**
Wenn keine ausreichenden Erdungsanlagen, wie Fundamenterder, Bewehrungen von Stahlbetonfundamenten und dgl., vorhanden sind, muß für jede Blitzschutzanlage eine eigene Erdungsanlage errichtet werden. Es muß außerdem darauf geachtet werden, daß die Erdungsanlage auch ohne metallene Rohrleitungen und ohne geerdete Leiter der elektrischen Anlage funktionsfähig ist.

Nach DIN VDE 0185 Teil 1, Abschnitt 5.3

**Antwort 2.30**
Nein, es fehlen die erforderlichen Maßnahmen des inneren Blitzschutzes. Diese sind: Blitzschutz-Potentialausgleich mit

– metallenen Installationen, wie Wasser-, Gas-, Heizungs- und ähnlichen Rohrleitungen; Führungsschienen von Aufzugsanlagen; Heizungs- und Klimakanälen u. ä.
– elektrischen Anlagen. Unmittelbare Verbindung von Schutzleitern des TN-, TT- und IT-Netzes sowie Erdungsanlagen von Starkstromanlagen mit Nennspannungen über 1 kV, Erdungen in Fernmeldeanlagen, Antennenanlagen, geerdete Teile von Wechselstrombahnen und Erdungen von Überspannungsschutzeinrichtungen von Elektrozaunanlagen unter Beachtung der jeweiligen besonderen Bestimmungen.

Über Trennfunkenstrecken sind anzuschließen: Hilfserder von Fehlerspannungsschutzschaltern, Bahnerde von Gleichstrombahnen, Dachständer von Hausanschlüssen, Anlagen mit katodischem Korrosionsschutz.

Bei gefährdeten Starkstromverbraucheranlagen sind auch die aktiven Leiter über Ventilableiter in den Blitzschutz-Potentialausgleich mit einzubeziehen. Bei Fernmeldeanlagen und Anlagen zum Messen, Steuern und Regeln (MSR-Anlagen) sind besondere Festlegungen zu beachten.

Nach DIN VDE 0185 Teil 1, Abschnitt 6.1

**Frage 2.31**
Was muß getan werden, wenn sich Bauteile der Blitzschutzanlage in der Nähe von metallenen Installationen befinden?

**Frage 2.32**
Sind 2 m Abstand zwischen einer Rohrleitung und der Blitzschutzanlage bereits eine Näherung?

**Antwort 2.31**
Wenn möglich, soll durch Vergrößern des Abstandes die Näherung beseitigt werden. Ist dies nicht möglich, muß eine Verbindung der Blitzschutzanlage mit den metallenen Bauteilen hergestellt werden. Ist eine unmittelbare Verbindung aus Funktionsgründen nicht möglich, muß eine Trennfunkenstrecke eingesetzt werden.
Nach DIN VDE 0185 Teil 1, Abschnitt 6.2

**Antwort 2.32**
Diese Frage kann man ohne Kenntnis der Blitzschutzanlage nicht beantworten, da der Abstand von der Ausführung der Blitzschutzanlage, vom Erdungswiderstand und der Anzahl der Ableitungen abhängt. Außerdem ist ein evtl. durchgeführter Blitzschutz-Potentialausgleich von Bedeutung.
Bei Anlagen mit nur einer Fangeinrichtung und nur einer Ableitung soll der Abstand $D$ zwischen Blitzschutzanlage und metallener Installation mindestens 1/5 der Leitungslänge $L$ bis zum nächsten Potentialausgleich betragen:

$$D > \frac{L}{5} \quad \text{mit } D \text{ und } L \text{ in m.}$$

Sind $n$ Ableitungen in Abständen von 20 m vorhanden, so errechnet sich der minimal zulässige Abstand $D$ zwischen Blitzschutzanlage und metallener Installation wie folgt:

$$D > \frac{L}{7n} \quad \text{mit } D \text{ und } L \text{ in m.}$$

Beträgt die Länge der Ableitung z. B. 10 m bei 3 Ableitungen, dann darf der kleinste Abstand zwischen Blitzschutzanlage und metallenen Installationen 48 cm betragen.
Nach DIN VDE 0185 Teil 1, Abschnitt 6.2

**Frage 2.33**
Gelten diese Mindestabstände auch für Annäherungen zwischen Blitzschutzanlage und der elektrischen Installation?

**Frage 2.34**
Gibt es auch Ausnahmen, bei denen Näherungen nicht beachtet werden müssen?

**Frage 2.35**
Was ist bei der Annäherung an Freileitungsdachständer zu beachten?

**Antwort 2.33**
Ja, dies gilt auch für die Annäherung zwischen Blitzschutzanlage und elektrischer Installation.
Nach DIN VDE 0185 Teil 1, Abschnitt 6.2.2

**Antwort 2.34**
Bei Stahlbeton- oder Stahlskelettbauten, deren Bewehrung als Ableiter verwendet werden, braucht man die Näherung nicht zu berücksichtigen.
Nach DIN VDE 0185 Teil 1, Abschnitt 6.2.1.4 und 6.2.2.1.2

**Antwort 2.35**
Zwischen den Bauteilen der Niederspannungs-Freileitung und der Blitzschutzanlage sind möglichst große Abstände anzustreben. Kann ein Abstand von mindestens 0,5 m nicht eingehalten werden, so ist eine gekapselte Schutzfunkenstrecke zwischen dem Dachständer und der Blitzschutzanlage einzubauen.

Für den Einbau der Überspannungsschutzfunkenstrecke ist die Zustimmung des Elektrizitätsversorgungsunternehmens erforderlich.

Nach DIN VDE 0185 Teil 1, Abschnitt 6.2.2.1.3

**Frage 2.36**
Die Räume einer neu zu errichtenden Datenverarbeitungsanlage sollen gegen Blitzeinwirkungen geschützt werden. Welche zusätzlichen Blitzschutzmaßnahmen sind hier erforderlich?

**Antwort 2.36**

Bei der Errichtung solcher Gebäude ist besonderes Augenmerk auf den Anschluß von Bewehrungen an die Blitzschutzanlage zu legen. Dies gilt für Bewehrungen in Decken, Wänden und auch in Fußböden. Die Bewehrungen der Fundamente sind ebenfalls an die Erdungsanlage anzuschließen. Weitere Maßnahmen sind

– Ableitungen in Abständen von ca. 5 m
– Metallfassaden mit in den Blitzschutz einbeziehen, um die abschirmende Wirkung zu nutzen
– Vermaschung der Blitzschutzerdungen verschiedener Gebäude über Rohrleitungen, leitfähige Kabelmäntel bei ausreichendem Querschnitt, Kabelkanäle usw.
– Abschirmungen der Geräte selbst gegen kapazitive und induktive Beeinflussungen
– Ankommende und abgehende Leitungen durch schirmende Metallrohre, Kabelbewehrungen u. ä. zusätzlich schützen
– Aktive Teile der Leitungen mit Überspannungsableitern ausrüsten, um elektronische Bauteile gegen die einlaufenden Blitzüberspannungen zu schützen.

Je nach gefordertem Sicherheitsgrad können weiterreichende Schutzmaßnahmen gefordert sein. Hier müssen im Einzelfall spezielle Schutzeinrichtungen eingebaut werden, z. B. besondere Netzteile für die Stromversorgung, schnelle Überspannungsschutzeinrichtungen usw. [20, 21, 25].

Nach DIN VDE 0185 Teil 1, Abschnitt 6.3.2

**Frage 2.37**
Eine Kamera für die Sicherheitsüberwachung eines Industrie-
betriebes soll auf dem Dach eines Gebäudes angebracht werden. Wie ist diese Kamera gegen Blitzeinwirkungen sicher zu
schützen?

**Frage 2.38**
Welche Prüfungen sind für Blitzschutzanlagen vorgeschrieben?

**Antwort 2.37**
Überwachungskameras, meteorologische Meßgeräte u. ä.
Geräte sollen nicht mit der Blitzschutzanlage verbunden wer-
den. Zum Schutz gegen Blitzeinwirkungen können derartige
Geräte entweder mit Fangstangen oder einem engmaschigen
Gitter gegen direkte Blitzeinschläge geschützt werden.

Nach DIN VDE 0185 Teil 1, Abschnitt 6.3.3

**Antwort 2.38**
Es wird unterschieden in

– Prüfung der Blitzschutzanlage nach der Fertigstellung
– Prüfung bestehender Blitzschutzanlagen.

Die Prüfungen können aufgrund behördlicher Auflagen vorgeschrieben sein oder auf Empfehlung der Sachversicherer
bzw. im Auftrage des Betreibers durchgeführt werden.

Bei der Prüfung nach der Fertigstellung ist durch Besichtigen
und Messen festzustellen, ob die Errichtungsbestimmungen
in den entsprechenden Punkten eingehalten wurden. Das
Prüfungsergebnis, insbesondere die Meßergebnisse, sind in
einem Bericht festzuhalten. Der Prüfbericht wird dem Auftraggeber ausgehändigt.

Die Prüfung bestehender Anlagen sieht eine Kontrolle der
Blitzschutzanlage auf bauliche Veränderungen hin vor.

Sind wesentliche Veränderungen der Anlage erfolgt, sind die
Beschreibungen und Zeichnungen zu ergänzen. Durch
Besichtigen und Messen ist außerdem festzustellen, ob die
Blitzschutzanlage noch in ordnungsgemäßem Zustand ist.
Auch über diese Wiederholungsprüfung ist ein Prüfprotokoll
anzufertigen, in dem ebenfalls die Meßwerte festgehalten
werden.

Nach DIN VDE 0185 Teil 1, Abschnitt 7

**Frage 2.39**
Gibt es neben den allgemeinen Bestimmungen für Blitzschutzanlagen auch weitere Bestimmungen für besonders
gefährdete Bereiche, wie etwa Kirchen, Sportanlagen,
Sprengstofflager, feuer- und explosionsgefährdete Bereiche
u. ä.?

**Frage 2.40**
Welche Anlagen sind unter den besonderen Blitzschutzbe-
stimmungen zu finden?

**Frage 2.41**
Schreibt diese DIN-VDE-Norm also vor, daß die genannten
Anlagen unbedingt einen Blitzschutz erhalten müssen?

**Antwort 2.39**
Ja, für solche Anlagen gibt es einen eigenen Teil 2 der DIN VDE 0185. In diesem Teil sind alle speziellen Installationsmaßnahmen festgelegt.

Nach DIN VDE 0185 Teil 2

**Antwort 2.40**
Zu den Anlagen, für die ein besonderer Blitzschutz vorzusehen ist, zählen:

- bauliche Anlagen besonderer Art, z.B. freistehende Schornsteine, Kirchtürme und Kirchen, Fernmeldetürme, Seilbahnen, Elektrosirenen, Krankenhäuser und Kliniken, Sportanlagen, Tragluftbauten und Brücken,
- nichtstationäre Anlagen und Einrichtungen, z.B. Turmdrehkrane und Automobilkrane auf Baustellen,
- Anlagen mit besonders gefährdeten Bereichen, z.B. feuergefährdete Bereiche, explosionsgefährdete Bereiche und explosivstoffgefährdete Bereiche.

Nach DIN VDE 0185 Teil 2, Abschnitt 1.1

**Antwort 2.41**
Nein, es wird im Abschnitt 1 – Anwendungsbereich – ausdrücklich betont, daß die Blitzschutzbedürftigkeit einer Anlage durch Verordnungen und Verfügungen der zuständigen Aufsichtsbehörde, der Berufsgenossenschaft oder durch Empfehlungen der Sachversicherer vorgeschrieben werden kann. Wird eine Blitzschutzanlage für die genannten besonderen Anlagen errichtet, dann sind die Anforderungen nach DIN VDE 0185 Teil 2 zu erfüllen.

Nach DIN VDE 0185 Teil 2, Abschnitt 1.1 Anmerkung

**Frage 2.42**
Was ist bezüglich des Blitzschutzes bei Turmdrehkranen auf
Baustellen zu beachten?

**Frage 2.43**
Sind weitere Blitzschutzmaßnahmen erforderlich?

**Frage 2.44**
Müssen diese umfangreichen Maßnahmen auch bei Automobilkranen durchgeführt werden?

**Antwort 2.42**
Zunächst muß jede Schiene an den Enden geerdet werden. Überschreitet die Schienenlänge 20 m, so muß im Abstand von jeweils 20 m eine Erdung erfolgen. Ein Staberder je Anschlußpunkt von mindestens 1,50 m Einschlagtiefe genügt. Sind andere Erder vorhanden, z. B. Bewehrungen von Stahlbetonfundamenten, Fundamenterder, so ist eine Verbindung mit den Schienen herzustellen. Als Zuleitung zu den Staberdern und als Verbindungsleitung zu den sonstigen Erdern reicht ein verzinkter Bandstahl von 30 mm × 3,5 mm aus. Für die Anschlüsse müssen jeweils zwei Schrauben M 10 mit Federringen verwendet werden.

Nach DIN VDE 0185 Teil 2, Abschnitt 5.1

**Antwort 2.43**
Ja, im Umkreis von 20 m ist eine Verbindung aller metallenen Rohrleitungen, Apparate und Maschinen mit den Schienen des Turmdrehkranes erforderlich.

Schienenstöße, die mit Laschen aus Stahl verbunden sind, brauchen keine zusätzliche Überbrückung für den Blitzschutz. Zum Schutz elektrischer Einrichtungen der Baustelle wird der Einbau von Ventilableitern empfohlen.

Nach DIN VDE 0185 Teil 2, Abschnitt 5.1

**Antwort 2.44**
Bei Automobilkranen genügt der Anschluß an einen Staberder mit mindestens 1,5 m Einschlagtiefe. Als Anschlußleitung ist entweder ein verzinkter Bandstahl (30 mm × 3,5 mm) oder ein isoliertes Kupferseil mit mindestens 16 mm$^2$ Querschnitt zu verwenden.

Nach DIN VDE 0185 Teil 2, Abschnitt 5.2

**Frage 2.45**
Was ist bei Kirchtürmen und Kirchen zu beachten?

**Frage 2.46**
Welche Blitzschutzmaßnahmen sind in Sportanlagen zu treffen?

**Antwort 2.45**

Kirche und Kirchturm müssen je eine Blitzschutzanlage erhalten. Die des Kirchenschiffes muß mit einer Ableitung des Kirchturmes verbunden werden. Bei Kirchtürmen unter 20 m Höhe genügt eine Ableitung. Näherungen zu metallenen Bauteilen müssen vermieden werden. Ableitungen im Inneren des Turmes sind nicht zulässig. Die Fangleitung eines Querfirstes muß an jedem Ende eine Ableitung erhalten.

Der Blitzschutz-Potentialausgleich mit den Starkstromanlagen soll möglichst unten im Turm mittels Ventilableiter durchgeführt werden. Andernfalls muß der Blitzschutz-Potentialausgleich an der Hauptverteilung der Kirche erfolgen.

Nach DIN VDE 0185 Teil 2, Abschnitt 4.2

**Antwort 2.46**

Sportanlagen müssen wegen der großen Menschenansammlungen mit besonderen Blitzschutzanlagen ausgerüstet sein.

So müssen alle Tribünen, Unterstände, metallenen Geländer, Anzeigetafeln, Flutlicht- und Fahnenmaste und sonstigen Anlagen in den Blitzschutz einbezogen und an die Erdungsanlage angeschlossen werden. Das gilt besonders für metallene Teile im Bereich der Zuschauerplätze und -wege.

Tribünen und Ränge ohne Überdachung müssen sogar mit Fangstangen ausgerüstet werden, welche die am höchsten gelegenen Zuschauerplätze noch um 5 m überragen. Die Abstände der Fangstangen sind aus den ausführlichen Diagrammen und Bildern in DIN VDE 0185 Teil 1, Abschnitt 5.1.2 für die jeweiligen örtlichen Gegebenheiten zu ermitteln.

Weitere Maßnahmen sind Blitzschutz-Potentialausgleich insbesondere bei Flutlichtmasten, Schutz von Personen gegen gefährliche Berührungs- und Schrittspannungen (z. B. durch Standortisolierung, Isolierung des Mastes, Potentialsteuerung im Gefahrenbereich usw.).

Nach DIN VDE 0185 Teil 2, Abschnitt 4.7

**Frage 2.47**
Eine Scheune (feuergefährdeter Bereich) soll eine Blitzschutzanlage erhalten. Was muß hier besonders beachtet
werden?

**Frage 2.48**
Sind Näherungen zu elektrischen Einrichtungen erlaubt?

**Frage 2.49**
Was ist zu tun, wenn sich Näherungen zu Heuaufzügen und
ähnlichen metallenen Einrichtungen nicht vermeiden lassen?

101

**Antwort 2.47**
Grundsätzlich müssen bei feuergefährdeten Bereichen die Fangeinrichtungen und Ableitungen außerhalb des Gebäudes geführt werden und frei sichtbar verlegt sein.

Ausdrücklich wird betont, daß Fangspitzen mit unter der Dachhaut verlaufenden Verbindungsleitungen verboten sind.

Die Fangeinrichtungen auf Dächern mit Stahlbindern und nichtleitender Dacheindeckung müssen in Abständen von höchstens 10 m mit der Stahlkonstruktion verbunden werden. Sind Stahlkonstruktionen mit Stahlstützen vorhanden, so müssen diese als Ableitungen verwendet werden.

Befestigungsbauteile von Wellasbestdächern sind in der Nähe feuergefährdeter Bereiche als Fangeinrichtungen nicht zulässig, wenn nicht sicher verhindert werden kann, daß durch Funkenbildung an Übergangsstellen feuergefährdete Bereiche berührt werden. Ist Funkenbildung usw. durch Blitzeinwirkung zu erwarten, dann müssen Fangeinrichtungen verwendet werden, die mit der Stahlkonstruktion verbunden sind.

Nach DIN VDE 0185 Teil 2, Abschnitt 6.1

**Antwort 2.48**
Näherungen zu elektrischen Einrichtungen sind in jedem Falle durch geeignete Leitungsführung und Anordnung der Fangeinrichtungen und Ableitungen zu vermeiden.

Nach DIN VDE 0185 Teil 2, Abschnitt 6.1.1.6

**Antwort 2.49**
Dann müssen die Fangleitungen auf isolierenden Stangen montiert werden, wobei ein Abstand von mindestens 1 m eingehalten werden muß. Näherungen zu sonstigen metallenen Einrichtungen müssen vermieden werden. Ist dies nicht möglich, muß die Näherungsstelle überbrückt werden.

Nach DIN VDE 0185 Teil 2, Abschnitt 6.1.1.5 und 6.1.1.6

**Frage 2.50**
Gelten die Bestimmungen für feuergefährdete Bereiche auch für Dächer mit weicher Bedachung, also Dächer z. B. aus Reet, Stroh oder Schilf?

**Frage 2.51**
Gibt es Einrichtungen, die auf Gebäuden mit weicher Bedachung nicht angebracht werden dürfen?

**Frage 2.52**
Wie ist ein metallenes Drahtnetz, das die Dachhaut eines Weichdaches überspannt, in den Blitzschutz einzubeziehen?

**Antwort 2.50**
Nicht nur das, es ist sogar ein eigener Abschnitt in DIN VDE 0185 Teil 2 enthalten, in dem die Blitzschutzmaßnahmen für weiche Bedachungen enthalten sind.

Die Fangleitungen sollen möglichst im Abstand von 0,6 m zum First, auf isolierenden Stützen gespannt, verlegt werden. Die Stützpunkte sollen einen Abstand von 15 m bei Firstleitungen und 10 m bei Ableitungen haben.

Bei abgenutzten Dächern ist der Abstand der Fangleitungen zum First so zu wählen, daß der geforderte Mindestabstand auch nach einer Neueindeckung eingehalten wird.

Nach DIN VDE 0185 Teil 2, Abschnitt 6.1.2

**Antwort 2.51**
Ja, diese gibt es! Antennen und Elektrosirenen sind auf Dächern mit weicher Bedachung nicht zulässig.

Nach DIN VDE 0185 Teil 2, Abschnitt 6.1.2.7

**Antwort 2.52**
Bei solchen Dächern ist ein wirksamer Blitzschutz nicht möglich. Das gilt auch, wenn auf dem Dach Oberlichter, Entlüftungsrohre usw. aus Metall vorhanden sind. In solchen Fällen muß durch eine isolierte Blitzschutzanlage mit Fangstangen und Fangleitungen neben den Gebäuden der Blitzschutz sichergestellt werden.

Nach DIN VDE 0185 Teil 2, Abschnitt 6.1.2.4

**Frage 2.53**
Welche Blitzschutzmaßnahmen sind bei explosionsgefährdeten Bereichen erforderlich?

**Antwort 2.53**

Eine absolute Sicherheit gegen die Auswirkungen eines Blitzeinschlages, wie zündfähige Funken, Beeinflussungen durch Teilströme u. ä., ist auch bei Befolgung der DIN VDE 0185 Teil 2 nicht in allen Fällen gewährleistet. Zunächst ist der Auftraggeber bzw. der Betreiber der Anlage gefordert. Er muß genaue Zeichnungen der zu schützenden Anlage bereitstellen, in die alle explosionsgefährdeten Bereiche, unter Angabe der jeweiligen Explosionsschutz-Zone, eingetragen sind. Alle Anschluß- und Verbindungsstellen der Blitzschutzanlage sind sorgfältig gegen Selbstlockern zu sichern. Die Anschlüsse sind über angeschweißte Fahnen, Bolzen oder Gewindebohrungen herzustellen. Anschlußschellen sind nur dann zulässig, wenn durch besondere Prüfungen nachgewiesen wird, daß die Zündsicherheitsanforderungen auch bei Blitzströmen eingehalten werden. Bei Gebäuden mit explosionsgefährdeten Bereichen der Zone 1 und 11 beträgt die maximale Maschenweite von Fangnetzen 10 m. Die Schutzbereiche der Fangstangen sind hier ebenfalls geringer als nach den allgemeinen Angaben von Teil 1. Wesentliche Änderungen gegenüber den allgemeinen Angaben sind auch bei den Ableitungen enthalten. Je 10 m Umfang der Dachaußenkante ist eine Ableitung erforderlich. Vier Ableitungen müssen es jedoch mindestens sein. Näherungen müssen durch Vergrößern des Abstandes oder durch direkte Verbindung der metallenen Teile mit der Blitzschutzanlage beseitigt werden. Weitere Blitzschutzmaßnahmen sind Verstärkung des Blitzschutz-Potentialausgleiches, geschirmte Leitungen, Leitungen mit verseilten Adern, Einsatz von Überspannungsschutzeinrichtungen, um nur einige zu nennen. Stets ist eine enge Zusammenarbeit mit dem Betreiber der Anlagen anzustreben, der in der Regel genau über Art und Umfang der Gefährdung Auskünfte geben kann. Dies gilt auch für die Blitzschutz-Potentialausgleichsmaßnahmen im Bereich der Zone 0 und 10.

Nach DIN VDE 0185 Teil 2, Abschnitt 6.2

**Frage 2.54**
Wie ist eine Antennenanlage gegen Blitzeinwirkungen zu schützen?

**Antwort 2.54**

Vorzugsweise soll für eine Antennenanlage ein Erdungsleiter installiert werden. Der Leiterquerschnitt muß mindestens 16 mm$^2$ Cu betragen (blank oder isoliert; grün-gelb gekennzeichnet; z. B. NYM, NYY oder H07V-U und H07V-R). Die Schirme der Koaxialkabel müssen gut leitfähig untereinander und mit dem Erdungsleiter verbunden werden. Falls aus hochfrequenztechnischen Gründen ein direkter Anschluß an den Erdungsleiter nicht möglich ist, muß eine Trennfunkenstrecke installiert werden. Ausreichend leitfähige und geeignete Bauteile, wie eiserne Feuerleitern, Wasserverbrauchsleitungen*, Heizungsrohrleitungen, Stahlskelette, Stahlbauteile u. ä., dürfen als Erdungsleitungen verwendet werden.

Ist eine Blitzschutzanlage für das Gebäude bereits vorhanden, erfolgt der Anschluß des Antennenträgers an die Blitzschutzanlage auf kürzestem Wege.

Als Erder sind Staberder aus verzinktem Stahl von mindestens 1,5 m Länge, Banderder aus verzinktem Bandstahl von mindestens 3 m Länge bei einer Verlegetiefe von 0,5 m, Fundamenterder, Blitzschutzerder und dgl. zulässig. Der Erder der Antennenanlage muß in den Potentialausgleich des Gebäudes miteinbezogen werden.

Nach DIN VDE 0855 Teil 1, Abschnitt 6

---

*    Siehe auch Frage und Antwort 1.22 und 3.11.

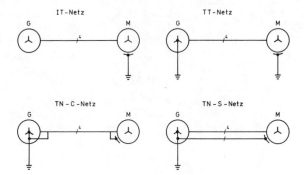

## 3 Schutzmaßnahmen im TN-, TT- und IT-Netz

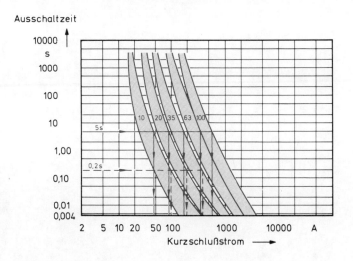

**Frage 3.1**
Welche wichtige Voraussetzung muß für Körper erfüllt sein,
damit die Schutzmaßnahme durch Überstromschutzorgane
im TN-Netz angewendet werden darf?

**Frage 3.2**
Nach welcher Zeit muß bei einem vollständigen Körperschluß
im TN-Netz mit der Schutzmaßnahme „Schutz durch Überstromschutzeinrichtungen" abgeschaltet werden?

**Antwort 3.1**
Alle Körper müssen über Schutz- oder PEN-Leiter mit dem geerdeten Punkt des Netzes verbunden sein. Die Querschnitte dieser Leiter und der Außenleiter müssen so bemessen sein, daß bei einem vollkommenen Kurzschluß (neuerdings Fehler mit vernachlässigbarer Impedanz genannt) eine automatische Abschaltung (z. B. durch Sicherungen) innerhalb der festgelegten Zeiten erfolgt.

Nach DIN VDE 0100 Teil 410, Abschnitte 6.1.3.1 und 6.1.3.4

**Antwort 3.2**
Hierzu werden in den DIN-VDE-Normen folgende Angaben gemacht:

- In Stromkreisen mit Steckdosen und einer maximalen Absicherung von 35 A muß automatisch innerhalb von 0,2 s abgeschaltet werden.
- Werden ortsveränderliche Betriebsmittel der Schutzklasse I aus einem Stromkreis versorgt, so muß im Fehlerfall innerhalb von 0,2 s abgeschaltet werden.
- Für alle anderen Stromkreise ist eine automatische Abschaltung innerhalb von 5 s ausreichend (z. B. in reinen Beleuchtungsstromkreisen).

Der erhöhten Gefahr einer mechanischen Beschädigung bei beweglichen Betriebsmitteln und über Steckdosen angeschlossener Geräte hat man durch die sehr kurze Abschaltzeit in angemessenem Maße Rechnung getragen, so daß nachhaltige Gesundheitsschäden ausgeschlossen sind.

Nach DIN VDE 0100 Teil 410, Abschnitt 6.1.3.3

**Frage 3.3**
Wie kann an einer Schmelzsicherung eine automatische Abschaltung innerhalb vorgegebener Zeit eingestellt werden?

Dazu Beispiel, Anhang A 1.3

**Antwort 3.3**
An der Schmelzsicherung, wie auch an Leitungsschutzschaltern, ist diese Einstellung nicht direkt möglich. Ein Blick auf die Kennlinie einer Schmelzsicherung zeigt, daß mit größeren Kurzschlußströmen die Abschaltzeiten immer kürzer werden.

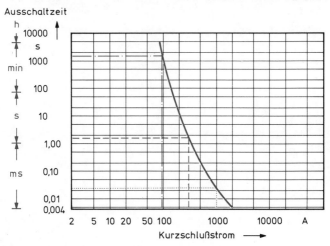

Bild 3.1 Kennlinie einer Schmelzsicherung 35 A

Wenn feste Abschaltzeiten vorgegeben sind, muß eben ein entsprechend hoher Kurzschlußstrom fließen.

Nach DIN VDE 0100 Teil 410, Abschnitt 6.1.3.3, und DIN VDE 0636

**Frage 3.4**
Wie stellt man sicher, daß der Kurzschlußstrom im Fehlerfall auch wirklich den zum Abschalten erforderlichen Strom $I_a$ erreicht?

Dazu Beispiel, Anhang A 1.4

**Frage 3.5**
Was ist zu tun, wenn man diese Bedingungen nicht erfüllen kann?

**Frage 3.6**
Welche Schutzeinrichtung außer der Überstromschutzeinrichtung ist im TN-Netz noch zulässig?

**Antwort 3.4**

Hierzu ist in der DIN-VDE-Norm folgende Formel angegeben:

$$Z_s \cdot I_a \le U_0.$$

Wird diese Bedingung erfüllt, ist auch eine automatische Abschaltung gewährleistet.

In der Formel bedeutet

$Z_s$ Impedanz der Fehlerschleife
$I_a$ erforderlicher Strom zur automatischen Abschaltung
$U_0$ Nennspannung gegen geerdete Leiter.

Nach DIN VDE 0100 Teil 410, Abschnitt 6.1.3.3

**Antwort 3.5**

Zunächst ist zu prüfen, ob bei der Installation keine grundsätzlichen Fehler unterlaufen sind. Ist dies nicht der Fall, so besteht in Sonderfällen die Möglichkeit des „Zusätzlichen Potentialausgleichs".

In diesen zusätzlichen Potentialausgleich müssen alle gleichzeitig berührbaren Körper und alle fremden leitfähigen Teile über Schutzleiter einbezogen werden.

Nach DIN VDE 0100 Teil 410, Abschnitt 6.1.3.3 und 6.1.6

**Antwort 3.6**

Außer Überstromschutzeinrichtungen (Schmelzsicherungen, LS-Schalter und Leistungsschalter) ist auch eine Fehlerstromschutzeinrichtung im TN-C-S-Netz (FI-Schutzschaltung) zulässig. An die Stelle des relativ hohen Stromes, der bei Schmelzsicherungen zur automatischen Abschaltung führt, tritt bei der Fehlerstromschutzschaltung der Nennfehlerstrom $I_{\Delta N}$.

Nach DIN VDE 0100 Teil 410, Abschnitt 6.1.3.4

**Frage 3.7**
Was ist bei der Installation der Fehlerstromschutzeinrichtung besonders zu beachten?

**Frage 3.8**
Ist für die Fehlerstromschutzeinrichtung ein besonderer Erder gefordert?

**Frage 3.9**
Wie wird bei der Fehlerstromschutzeinrichtung (FI-Schutz-schalter) durch die Erdung garantiert, daß die Fehlerspannung höchstens z. B. 50 V beträgt?

**Antwort 3.7**
Die Fehlerstromschutzeinrichtung ist nur als zusätzliche Schutzmaßnahme gegen direktes Berühren vorgesehen. Spezielle Schutzmaßnahmen gegen direktes Berühren sind daher unerläßlich, z. B. Isolierung aktiver Teile, Abdeckungen oder Umhüllungen u. ä. Maßnahmen.
Nach DIN VDE 0100 Teil 410, Abschnitt 5.5

**Antwort 3.8**
In bestimmten Fällen, z. B. landwirtschaftlichen Betriebsstätten, ist ein getrennter Erder erforderlich. Wird ein besonderer Erder im Gegensatz zu dem genannten Fall nicht gefordert, darf der PEN-Leiter des vorgeschalteten Netzes zum Anschluß der Körper verwendet werden. Die Aufteilung in Schutz- und Neutralleiter muß allerdings vor der Fehlerstromschutzeinrichtung erfolgen.
Nach DIN VDE 0100 Teil 410, Abschnitt 6.1.3.4

**Antwort 3.9**
Das wird erreicht durch einen entsprechend geringen Erdungswiderstand $R_A$. Er darf bei einem Nennfehlerstrom (Auslösestrom) $I_{\Delta N}$ höchstens sein:

$$R_A \leqq \frac{U_L}{I_{\Delta N}} \text{ also z. B. } \frac{50 \text{ V}}{1 \text{ A}} = 50 \ \Omega$$

Nach DIN VDE 0100 Teil 410, Abschnitt 6.1.4.2

**Frage 3.10**
Müssen durch FI-Schutzschalter überwachte Geräte mit beweglichen Anschlußleitungen stets (grün-gelbe) Schutzleiter haben, oder genügt die „natürliche" Erdung dort, wo ohnehin Verbindung mit dem Erdreich besteht, etwa bei Baugeräten?

**Frage 3.11**
So sind also nicht die ortsveränderlichen Geräte, sondern die Schutzkontakte der Steckdosen zu erden?

**Frage 3.12**
Worauf beruht die Funktionsprüfung bei der Fehlerstromschutzeinrichtung?
Dazu Rechenbeispiel, Anhang A 1.5

**Antwort 3.10**
Die Anschlußleitungen zu beweglichen Geräten müssen stets einen grün-gelben Schutzleiter haben. Auf eine zufällige Erdverbindung durch einen „erdfühligen" Standort darf man sich nicht verlassen.
Nach DIN VDE 0100 Teil 410, Abschnitt 6.1.4.1

**Antwort 3.11**
So ist es. Das kann geschehen, indem man die Schutzleiter entweder gemeinsam mit den fest verlegten Leitungen oder einzeln als Einader-Erdungsleitungen führt.
Natürlich dürfen dann diese Steckdosen-Schutzkontakte keine Verbindung mit dem Neutralleiter des Netzes haben! Der gesamte Neutralleiter ist hinter dem FI-Schalter also ebenso sorgfältig gegen den Schutzleiter und gegen Erde isoliert zu führen wie gegen die Außenleiter (Isolationsmessung). Als Erder dürfen z. B. auch der PEN-Leiter des vorgeschalteten Netzes oder geeignete natürliche Erder (u. a. Bewehrungen von Beton, metallene Kabelmäntel) dienen. Wasserrohrnetze dürfen seit 1. 10. 1990 nicht mehr als Erder verwendet werden.
Nach DIN VDE 0100 Teil 410, Abschnitt 6.1.3.4

**Antwort 3.12**
Es wird dem Fehlerstromschutzschalter ein Fehlerstrom simuliert, der allmählich erhöht und gemessen wird; gleichzeitig wird aber auch die Fehlerspannung gegen Erde gemessen! Beim vorgesehenen Nennfehlerstrom muß dann der FI-Schalter angesprochen haben, wobei gleichzeitig die Fehlerspannung den vorgeschriebenen Wert nicht übersteigen darf. (Außerdem wird selbstverständlich der Prüfknopf betätigt).
Nach DIN VDE 0100 Teil 600

**Frage 3.13**
Wenn aber die Fehlerspannung vor Ansprechen eines FI-Schutzschalters doch den vorgeschriebenen Wert übersteigt?

**Frage 3.14**
Und wenn die Fehlerspannung vor Ansprechen eines FU-Schalters den vorgeschriebenen Wert übersteigt?

**Frage 3.15**
Was wird bei den Schutzmaßnahmen im TT-Netz für den Netzsternpunkt und für die Körper gefordert?

**Antwort 3.13**
Dann ist wahrscheinlich der Erdungswiderstand zu hoch! Er darf höchstens sein:

$$R_A \leqq \frac{U_L}{I_{\Delta N}},$$

bei einem 0,5-A-Schalter und einer maximalen Fehlerspannung von 24 V also z. B.

$$R_A \leqq 24 \text{ V}/0,5 \text{ A} = 48 \text{ } \Omega.$$

Nach DIN VDE 0100 Teil 410, Abschnitt 6.1.4.2

**Antwort 3.14**
Dann liegt es vermutlich ebenfalls an dem zu hohen Widerstand des Hilfserders. Nach den Bau- und Prüfbestimmungen für Fehlerspannungs(FU)-Schutzschalter (DIN VDE 0663)* müssen sie bei Widerständen von 200 oder 500 $\Omega$ auslösen, bevor die angelegte Fehlerspannung 24 oder 50 V überschreitet. Diese Hilfserdungs-Widerstände sind aber meist leicht zu erreichen.

Die Anwendung der Fehlerspannungsschutzeinrichtung ist nur noch in Sonderfällen zulässig.

Nach DIN VDE 0100 Teil 410, Abschnitte 6.1.4.3 und 6.1.5.8

**Antwort 3.15**
Im TT-Netz muß, wie beim TN-Netz, der Sternpunkt des Netzes geerdet werden. Die Körper werden im TT-Netz ebenfalls durch einen Schutzleiter an einen gemeinsamen Erder angeschlossen. Im Gegensatz zum TN-Netz besteht bei dem TT-Netz eine Verbindung zum geerdeten Sternpunkt nicht über Leiter, sondern nur über das Erdreich.

Nach DIN VDE 0100 Teil 410, Abschnitt 6.1.4

---

\* Norm wurde zurückgezogen.

**Frage 3.16**
Warum werden Überstromschutzeinrichtungen im TT-Netz in Haushaltsinstallationen so selten angewendet?

**Frage 3.17**
Welche Schutzeinrichtungen außer der Überstromschutzeinrichtung dürfen im TT-Netz ebenfalls angewendet werden?

**Antwort 3.16**
Die Antwort gibt eine einfache Rechnung. Da das Überstromschutzorgan bereits vor dem Erreichen einer gefährlichen Berührungsspannung $U_L$ ansprechen und das defekte Gerät innerhalb 5 s abschalten muß, darf der Erdungswiderstand $R_A$ der Körper bei vorgeschalteten Schmelzsicherungen höchstens

$$R_A \leqq \frac{U_L}{I_a} \text{ also z. B. } \frac{50 \text{ V}}{70 \text{ A}} = 0,7 \ \Omega$$

sein.

Ein so niedriger Erdungswiderstand ist aber nur selten ohne größeren Aufwand zu erreichen.

Den Abschaltstrom der Schmelzsicherungen entnimmt man den Zeit-Strom-Diagrammen aus DIN VDE 0636.

Nach DIN VDE 0100 Teil 410, Abschnitt 6.1.4

**Antwort 3.17**
Erlaubt sind außerdem

– die Fehlerstromschutzeinrichtung,
   wobei der Nennfehlerstrom $I_{\Delta N}$ dem Strom $I_a$, der das automatische Abschalten bewirkt, gleichgesetzt wird
– die Fehlerspannungsschutzeinrichtung (aber nur in Sonderfällen).

Nach DIN VDE 0100 Teil 410, Abschnitte 6.1.4 und 6.1.4.3

**Frage 3.18**
Worin besteht die grundsätzliche Idee für die Schutzmaßnahmen im IT-Netz, früher „Schutzleitungssystem"?

**Antwort 3.18**
Wenn man alle zu schützenden Anlagenteile (metallene Gehäuse) und alle der Berührung zugänglichen leitenden Gebäudekonstruktionsteile, Rohrleitungen u. dgl. miteinander verbindet, kann zwischen diesen untereinander keine gefährliche Berührungsspannung entstehen. Selbstverständlich wird dieser Potentialausgleich mit einem oder mehreren Erdern verbunden, zunächst also genau wie bei der Schutzmaßnahme im TT-Netz, früher Schutzerdung.

Nach DIN VDE 0100 Teil 410, Abschnitt 6.1.5.3

**Frage 3.19**
Das leuchtet ein. Wie groß darf dann der Erdungswiderstand
des gesamten IT-Netzes höchstens sein?

**Antwort 3.19**

Der Erdungswiderstand $R_A$ wird aus folgender Bedingung ermittelt:

$$R_A \cdot I_d \leqq U_L,$$

wobei $R_A$ der Erdungswiderstand aller mit einem Erder verbundenen Körper ist.

Der Fehlerstrom $I_d$ ist der während des ersten Fehlers auftretende Strom. Dieser Strom setzt sich im wesentlichen aus dem Ableitstrom von Kabeln und Leitungen des angeschlossenen Netzes zusammen.

$U_L$ ist die festgelegte, dauernd zulässige Berührungsspannung. Der Sternpunkt des IT-Netzes muß isoliert oder über eine ausreichend hohe Impedanz geerdet sein.

Nach DIN VDE 0100 Teil 410, Abschnitt 6.1.5

Bild 3.2 Fehlerstrom

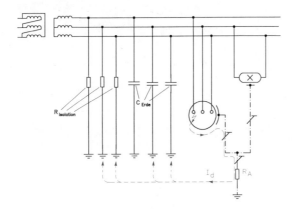

**Frage 3.20**
Dann bedeutet in einer solchen Anlage ein Erd- oder Körperschluß noch keinen Kurzschluß, und das ganze System kann, mit einem einpoligen Fehler behaftet, zunächst weiterbetrieben werden?

**Frage 3.21**
Muß dann nicht der Isolationszustand der Anlage laufend überwacht werden, um den ersten Erdschluß festzustellen?

**Frage 3.22**
Welche Farbkennzeichnung hat der Schutzleiter in Anlagen mit der Schutzmaßnahme im IT-Netz (früher Schutzleitungssystem)?

**Antwort 3.20**
Ja. Deshalb wird es viel in Fabrikanlagen angewandt, wo das Auftreten einer fehlerhaften Erdverbindung noch keine Betriebsunterbrechung bedeutet. Für Operationsräume* ist es sogar vorgeschrieben!

Nach DIN VDE 0100 Teil 410, Abschnitt 6.1.5, und DIN VDE 0107, Abschnitt 5.5

**Antwort 3.21**
Nicht nur das! Eine besondere Überwachungseinrichtung muß optisch oder akustisch das Absinken des Isolationszustandes der Außen- und des Neutralleiters anzeigen und bei Vorhandensein eines Überspannungsschutzorgans (offene Erdung) auch dessen Ansprechen erkennen lassen.

Nach DIN VDE 0100 Teil 410, Abschnitte 6.1.5.7 und 6.1.5.8

**Antwort 3.22**
Er ist grün-gelb, wie alle Schutz- und Potentialausgleichsleiter, falls er nicht als blanker Leiter gesondert geführt und gekennzeichnet ist (z. B. nach DIN 40705).

Nach DIN VDE 0100 Teil 410, Abschnitt 6.1.5.3

---

\*   Siehe Kapitel 14

**Frage 3.23**
Ersatzstromanlagen sind Anlagen mit eigener Stromerzeugung. Darf hier ebenfalls das IT-Netz angewendet werden?

**Frage 3.24**
Welche Schutzmaßnahmen gegen zu hohe Berührungsspannung können bei Ersatzstromversorgung erforderlich sein?

**Antwort 3.23**
Ja, das IT-Netz darf angewendet werden. Alle Körper sind über einen Schutzleiter miteinander zu verbinden. Der Erdungswiderstand darf höchstens 100 Ω betragen. Wenn die Ausgangsspannung des Generators an den Klemmen im Doppelfehlerfall auf unter AC 50 V absinkt, darf auf die Isolationsüberwachung und auf die Abschaltung verzichtet werden.

Nach DIN VDE 0100 Teil 410, Abschnitt 6.1.5, Teil 728, Abschnitt 4 (Teil 735 in Vorbereitung)

**Antwort 3.24**
Man unterscheidet zwischen fest installierten Verbraucheranlagen und einzelnen, über bewegliche Leiter angeschlossenen Verbrauchern. Fest installierte Anlagen müssen vom Versorgungsnetz freigeschaltet werden. Nur wenn sichergestellt ist, daß die Schutzmaßnahme bei der Speisung aus dem Verteilungsnetz auch bei der Ersatzstromversorgung einwandfrei und sicher funktioniert, darf diese verwendet werden. Ist das nicht der Fall, muß eine der folgenden Schutzmaßnahmen eingesetzt werden:

– Schutzkleinspannung
– Schutz durch Abschaltung oder Meldung
  – TN- und TT-Netz nur in Verbindung mit der Fehlerstromschutzeinrichtung
  – IT-Netz*
– Schutzisolierung
– Schutztrennung*

Nach DIN VDE 0100 Teil 728, Abschnitt 4 (Teil 735 in Vorbereitung)

---

\* Mit von DIN VDE 0100 Teil 410 abweichenden Festlegungen.

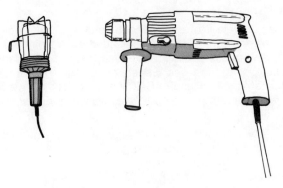

## 4 Schutz-Isolierung, -Trennung, -Kleinspannung und Funktionskleinspannung

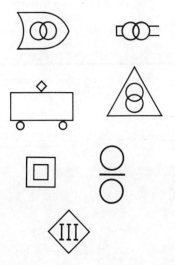

**Frage 4.1**
Worin besteht die Schutzisolierung?

**Frage 4.2**
Ist bei schutzisolierten Geräten ein Schutzleiter in der Anschlußleitung also überflüssig?

**Frage 4.3**
Sind schutzisolierte Geräte besonders kenntlich gemacht?

**Antwort 4.1**
Sie besteht darin, daß alle leitfähigen Teile, die im Fehlerfall Gefahr bedeuten können, fest und dauerhaft mit Isolierstoff bedeckt sind, z. B. durch ein Kunststoffgehäuse.

Lack- und Emailleüberzüge, Gewebebänder, Umspinnungen u. dgl. gelten nicht als Schutzisolierung! Dagegen gelten die äußeren Umhüllungen (Mäntel) der isolierten Starkstromleitungen als solche.

Es können statt Isoliergehäusen (zusätzlich zur Betriebsisolierung!) Isolier-Zwischenteile den inneren elektrischen vom äußeren metallenen Teil schutzisolieren. Beispiel: Der metallene Scherkopf eines elektrischen Rasierapparates ist nur über ein Isolierstück mit dem Motor verbunden.

Nach DIN VDE 0100 Teil 410, Abschnitt 6.2

**Antwort 4.2**
Nicht nur das: Er darf, sollte etwa bei einer Reparatur eine Anschlußleitung mit Schutzleiter verwendet werden, gar nicht angeschlossen werden! Andererseits: Bewegliche Anschlußleitungen o h n e Schutzleiter, die mit dem Stecker ein unteilbares Ganzes bilden, dürfen nur für schutzisolierte Geräte verwendet und nur an diese angeschlossen in Verkehr gebracht werden!

Nach DIN VDE 0100 Teil 410, Abschnitt 6.2.8

**Antwort 4.3**
Ja. Sie müssen dieses Zeichen tragen: ▣

Nach DIN VDE 0100 Teil 410, Abschnitt 6.2.1.1

**Frage 4.4**
Was muß bei der Reparatur von schutzisolierten Geräten beachtet werden?

**Frage 4.5**
Kann man nicht einfach als Schutz gegen zu hohe Berührungsspannung die Nennspannung so niedrig wählen, daß jede Gefahr ausgeschlossen ist?

**Frage 4.6**
Was versteht man unter Funktionskleinspannung?

**Antwort 4.4**
Bei der Reparatur schutzisolierter Geräte, wie bei anderen Geräten auch, muß besonders darauf geachtet werden, daß durch den Einbau von Original-Ersatzteilen oder durch den Einbau gleichwertiger Teile die Schutzmaßnahme erhalten bleibt.

Nach DIN VDE 0701, Abschnitt 3

**Antwort 4.5**
Jawohl, das ist die Schutzmaßnahme „Schutzkleinspannung".* Die Nennspannung darf höchstens AC 50 V oder DC 120 V betragen. Sie muß entweder eine eigene Stromquelle (Akkumulator, galvanische Elemente) mit höchstens dieser Spannung haben oder über Umformer oder Transformatoren mit elektrisch voneinander getrennten Wicklungen erzeugt werden. Klingeltransformatoren sind solche Transformatoren.

Nach DIN VDE 0100 Teil 410, Abschnitt 4.1

**Antwort 4.6**
Bei der Funktionskleinspannung* handelt es sich, von der Höhe der Nennspannung (AC 50 V oder DC 120 V) ausgehend, ebenfalls um „Kleinspannungsbereiche". Im Gegensatz zu der Schutzkleinspannung darf bei der Funktionskleinspannung auf der Kleinspannungsseite aus Gründen der Funktion der Einrichtungen geerdet werden. Bezüglich der Trennung zu anderen Stromkreisen unterscheidet man „mit" und „ohne" sichere Trennung.

Die Isolierung der aktiven Teile ist bei der Funktionskleinspannung mit sicherer Trennung für eine Prüfwechselspannung von 500 V und 1 min Prüfdauer auszulegen. Ohne sichere Trennung muß so isoliert werden, wie dies in den Stromkreisen der Fall ist, von denen nicht sicher getrennt werden kann.

Nach DIN VDE 0100 Teil 410, Abschnitt 4.3

---

\*  Zur Bezeichnung siehe Anhang A 3.5

**Frage 4.7**
Aber bei Spielzeugeisenbahnen verwendet man doch kein
normales Installationsmaterial!

**Frage 4.8**
Gibt es Fälle, für die „Schutzkleinspannung" zwingend vorgeschrieben ist?

**Frage 4.9**
Welcher Grundgedanke hat zur Schutzmaßnahme „Schutztrennung" geführt?

**Antwort 4.7**
Das ist richtig. Spielzeuge und Fernmeldegeräte brauchen ausnahmsweise nicht mit Leitungen, Schaltern usw. entsprechend der Reihenspannung 250 V installiert zu sein.

Nach DIN VDE 0100 Teil 410, Abschnitt 4.1.4, sowie DIN VDE 0700 Teil 1 und Teil 210

**Antwort 4.8**
Dafür gibt es zwei Beispiele:

Elektromotorisch angetriebenes Spielzeug! Hierfür sind nur 24 V als Nennspannung erlaubt, erzeugt von speziellen Sicherheits- oder Spielzeugtransformatoren, Umformern mit getrennten Wicklungen oder Akkumulatoren bzw. galvanischen Elementen. Sonstige leitende Verbindungen vom Spielzeug zum Netz, auch zu dessen Schutzleiter, sind verboten.

In bestimmten Bereichen von Bade- und Duschräumen sowie in Schwimmbädern sind sogar nur 12 V Schutzkleinspannung zulässig.

Nach DIN VDE 0100 Teil 701, Abschnitt 4.1.2, und Teil 702, Abschnitte 4.1 und 4.2, sowie DIN VDE 0700 Teil 1 und Teil 210

**Antwort 4.9**
Man trennt das Gerät vom speisenden, geerdeten Netz vollständig ab, und zwar durch einen Trenntransformator oder Motorgenerator, der zwei elektrisch voneinander getrennte Wicklungen haben muß. (Dadurch bewirkt ein Körperschluß im Gerät zunächst nur eine einpolige Erdverbindung, bedeutet also noch keine unmittelbare Gefahr).

Nach DIN VDE 0100 Teil 410, Abschnitt 6.5

**Frage 4.10**
Darf diese Schutzmaßnahme für alle Spannungen verwendet werden?

**Frage 4.11**
Sind hinsichtlich Anzahl der Geräte und deren Leistungen Grenzen gesetzt?

**Frage 4.12**
Darf ein übliches Gerät (z. B. für 230 V, Anschlußleitung führt Schutzleiter und hat Schutzkontaktstecker!) an den Trenntransformator angeschlossen werden?

**Antwort 4.10**
Alle Spannungen innerhalb des Geltungsbereiches der DIN VDE 0100, also bis AC 1000 V, sind neuerdings für die Schutztrennung erlaubt. Einschränkend ist festgelegt, daß

- die Leitungslänge 500 m nicht überschreiten soll sowie
- das Produkt aus der Spannung in Volt und der Leitungslänge in Metern 100 000 nicht übersteigen soll.

Nach DIN VDE 0100 Teil 410, Abschnitt 6.5.1 und Erläuterungen

**Antwort 4.11**
Ja, an einen Trenntransformator darf nur **ein** Gerät angeschlossen werden, wenn dies im Fall einer besonderen Gefährdung ausdrücklich vorgeschrieben ist; sein Nennstrom darf höchstens 16 A betragen. Unter bestimmten Voraussetzungen dürfen aber auch mehrere Geräte an einen Trenntransformator angeschlossen werden.

Nach DIN VDE 0100 Teil 410, Abschnitte 6.5.1.2, 6.5.2 und 6.5.3 und Erläuterungen zu diesen Abschnitten

**Antwort 4.12**
Jawohl! Doch dürfen die Trenntransformatoren selbst nur **eine** fest eingebaute Steckdose **ohne** Schutzkontakt haben. Ausnahme: Mobile Ersatzstromerzeuger, siehe Frage und Antwort 3.23. Die bewegliche Anschlußleitung des Gerätes muß mindestens der Ausführung H07RN-F (früher NMH) entsprechen.

Nach DIN VDE 0100 Teil 410, Abschnitt 6.5.1.3, und DIN VDE 0550 Teil 3/12.69, § 18 f.

**Frage 4.13**
Haben solche Transformatoren ein besonderes Kennzeichen?


**Frage 4.14**
Ist das Gehäuse der Trenntransformatoren in eine Schutz-maßnahme einzubeziehen?


**Frage 4.15**
Welche Schutzmaßnahme ist für Handnaßschleifmaschinen vorgeschrieben?


**Frage 4.16**
Auf einem großen Stahlgerüst soll gebohrt werden. Darf dort eine der üblichen 230-V-Handbohrmaschinen mit leitfähigem Gehäuse verwendet werden, wenn sie über einen Trenntrans-formator betrieben wird?

**Antwort 4.13**
Ja. Es symbolisiert die Trennung der beiden Wicklungen:
○│○

Nach DIN VDE 0100 Teil 410, Abschnitt 6.5.1.1, und DIN VDE 0550 Teil 1, Anhang

**Antwort 4.14**
Ortsveränderliche Trenntransformatoren müssen schutzisoliert sein. Ortsfeste Trenntransformatoren müssen entweder ebenfalls schutzisoliert oder so gebaut sein, daß ein eventuell leitfähiges Gehäuse und die Ein- und Ausgänge gegeneinander durch Isolierung getrennt sind. Diese Isolierung muß einer Schutzisolierung gleichwertig sein.

Nach DIN VDE 0100 Teil 410, Abschnitt 6.5.1.1

**Antwort 4.15**
Dies ist die „Schutzkleinspannung" oder die „Schutztrennung". (Bei der „Schutzisolierung" könnte z. B. durch Beschädigung der Anschlußleitung oder durch eindringendes Wasser doch noch Gefahr entstehen!)

Nach DIN VDE 0100 Teil 510, Abschnitt 5.1.6

**Antwort 4.16**
Ja. Man verbindet aber zur Erhöhung der Sicherheit das Metallgehäuse der Handbohrmaschine durch einen besonderen, sichtbaren Leiter (mit mindestens 4 mm$^2$ Cu) mit dem eigenen (leitenden!) Standort.

Nach DIN VDE 0100 Teil 410, Abschnitt 6.5, sowie Teil 706

**Frage 4.17**
Bei Anwendung der „Schutztrennung" für Arbeiten in Kesseln oder Behältern **muß** der Transformator außerhalb des Kessels oder Behälters stehen. Ist sonst noch etwas zu beachten?

**Frage 4.18**
Welche Schutzmaßnahmen sind für Elektrowerkzeuge vorgeschrieben, die in oder an metallenen Kesseln, auf Stahlgerüsten usw. mit begrenzter Bewegungsfreiheit verwendet werden?

**Frage 4.19**
Welche Schutzmaßnahme bei indirektem Berühren ist für Leuchten vorgeschrieben, wenn diese während des Betriebes bewegt werden, und welche Schutzmaßnahmen sind einzuhalten, wenn die Leuchten fest installiert werden?

**Antwort 4.17**
Ja. Kupplungssteckvorrichtungen müssen ein Isolierstoffgehäuse haben. In diesen Verlängerungsleitungen dürfen keine Schalter eingebaut sein.

Nach DIN VDE 0100 Teil 704, Abschnitt 9.2

**Antwort 4.18**
Zur Stromversorgung handgeführter Elektrowerkzeuge dürfen nur Schutzkleinspannung (SELV) oder Schutztrennung mit nur einem angeschlossenen Gerät verwendet werden. Der Trenntransformator darf allerdings mehrere Sekundärwicklungen haben, an die dann jeweils ebenfalls nur ein Gerät angeschlossen werden darf.

Nach DIN VDE 0100 Teil 706, Abschnitt 4.2.2

**Antwort 4.19**
Handleuchten müssen mit Schutzkleinspannung (SELV) versorgt werden. Die leuchteninterne Betriebsspannung darf dabei allerdings höher sein, z. B. bei Leuchtstofflampen.

Für festinstallierte Leuchten und Betriebsmittel gelten folgende Schutzmaßnahmen:

- Schutzkleinspannung (SELV) oder
- Schutz durch automatische Abschaltung und Verbindung des Körpers des Betriebsmittels mit leitfähigen Teilen des Raumes (zusätzlicher Potentialausgleich) oder
- schutzisolierte Betriebsmittel (Schutzklasse II) mit geeigneter Schutzart und Schutz durch Fehlerstrom-Schutzeinrichtung mit max. 30 mA Nennfehlerstrom oder
- Schutztrennung mit nur einem Verbrauchsgerät je Sekundärwicklung des Trenntransformators.

Die Stromquelle muß dabei außerhalb des leitfähigen Raumes oder Bereiches angeordnet werden.

Nach DIN VDE 0100 Teil 706, Abschnitt 4.2.2

**Frage 4.20**
Und wenn dort eine elektrische F e r n s t e u e r u n g vorgesehen werden soll: Welche Schutzmaßnahme ist für diese anzuwenden?

**Frage 4.21**
Welche Schutzmaßnahme ist für elektrisch beheizte Geräte zur Haut- und Haarbehandlung vorgeschrieben, wenn diese Geräte während des Gebrauchs mit dem menschlichen oder tierischen Körper in Berührung kommen können, also z. B. für Haartrockner?

**Frage 4.22**
Und welche Schutzmaßnahme ist für „Kinderkochherde", „Kinderbacköfen" und „Kinderbügeleisen" vorgesehen?

**Antwort 4.20**
Es sind die gleichen Schutzmaßnahmen wie unter Antwort 4.19 erlaubt. Bei Meß- und Steuergeräten kann eine Betriebserde erforderlich sein.

In diesem Fall müssen alle Körper und alle fremden leitfähigen Teile der Anlage im Bereich mit begrenzter Bewegungsfreiheit und die Betriebserde in einen Potentialausgleich einbezogen werden.

Nach DIN VDE 0100 Teil 706, Abschnitt 4.2.4

**Antwort 4.21**
Hier ist die „Schutzkleinspannung" oder die „Schutzisolierung" vorgeschrieben! (Die Schutztrennung könnte dazu verleiten, über Mehrfachkupplungen **mehrere** Geräte anzuschließen).

Nach DIN VDE 0100, § 34 h

Entsprechende Bestimmungen z. Z. in Vorbereitung – siehe DIN VDE 0100 Teil 550

**Antwort 4.22**
Es ist hier nur festgelegt, daß die Betriebsspannung höchstens 250 V betragen darf. Die Nennleistung ist festgelegt auf max. 1200 W für Schmelzvorgänge, 300 W zum Bügeln und 500 W für sonstige Verwendung. Kennzeichnend ist ein umfassender Berührungsschutz sowie eine nichtabnehmbare Netzanschlußleitung mit fest angegossenem Stecker.

Nach DIN VDE 0700 Teil 209, Abschnitt 5.1 und 25.1

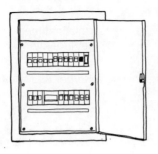

# 5 Verteilungen · Leitungsbemessung · Geräteanschluß

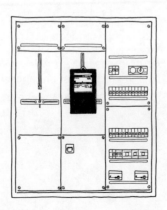

**Frage 5.1**
Wie müssen Verteiler beschaffen sein?

**Antwort 5.1**

Verteiler wie auch Schaltanlagen müssen den jeweils geltenden Normen entsprechen. Unter anderem gibt es Normen für Niederspannungs-Schaltgerätekombinationen, fabrikfertige Installationsverteiler, Installationskleinverteiler und Zählerplätze sowie für Baustromverteiler. Als Schutzart ist i. a. mindestens IP 2X gefordert, die bei fachgerechter Aufstellung und Montage in der Regel auch ohne Probleme erreicht wird. Lediglich in abgeschlossenen elektrischen Betriebsstätten sind geringere Schutzarten zulässig.

Verteiler und Schaltanlagen müssen so gebaut sein, daß Schutzeinrichtungen gegen direktes Berühren nur unter Verwendung eines Werkzeuges entfernt werden können.

Installationsverteiler sollen möglichst in einer Höhe angebracht sein, bei der eine sichere Bedienung der einzelnen Elemente des Verteilers noch gut möglich ist. In TAB ist als Abstand vom Fußboden bis zur Mitte des Zählers mindestens 1,10 m und höchstens 1,85 m vorgeschrieben.

Nach DIN VDE 0100 Teil 729, Abschnitt 3, DIN VDE 0603, Abschnitt 4.5, und TAB, Abschnitt 6, Absatz (6)

**Frage 5.2**
Sind Abstände bei der Aufstellung von Schaltanlagen und
Verteilern zu beachten?

**Antwort 5.2**

Ja, es müssen sogar ganz bestimmte Abstände eingehalten werden, um im Gefahrenfall einen sicheren Fluchtweg zu haben. Für die Abstände der Verteiler untereinander sind 700 mm, zwischen hervorstehenden Betätigungselementen wie Schalter und dgl. sind wenigstens 600 mm einzuhalten. Dies gilt auch für Gänge zwischen den Schaltanlagen bzw. Verteilern und einer Mauer. Abstände von 900 mm zwischen den Schaltanlagen sind erforderlich, wenn die Schutzart kleiner IP 2X ist.

Abhängig von der Art der Schaltanlage können für Montagearbeiten auch größere Abstände benötigt werden.

Bei geöffneten Türen der Schaltanlage muß eine Gangbreite von 500 mm verbleiben, oder die Türen müssen in Fluchtrichtung zuschlagen.

Die Durchgangshöhe unter Abdeckungen oder Umhüllungen beträgt mindestens 2000 mm, bei blanken aktiven Teilen sind 2500 mm gefordert.

Nach DIN VDE 0100 Teil 729, Abschnitt 4.2.3 und 4.2.4

**Frage 5.3**
Was wird hinsichtlich der Länge von Gängen und Rettungswegen vorgeschrieben?

**Frage 5.4**
Werden metallene Konstruktionsteile von Schalt- und Verteilungsanlagen in eine Schutzmaßnahme mit einbezogen?

**Antwort 5.3**
Ab 6 m Ganglänge wird beidseitiger Zugang empfohlen. Bei 20 m Ganglänge muß beidseitiger Zugang möglich sein. Die Ausgänge aus dem Raum sind dabei so anzuordnen, daß keine längeren Rettungswege als 40 m entstehen.

Nach DIN VDE 0100 Teil 729, Abschnitt 4.2.5, und Teil 731, Abschnitt 504

**Antwort 5.4**
Sie sind (falls es sich nicht um Anlagen handelt, für die keine Schutzmaßnahme gefordert ist) in die Schutzmaßnahme einzubeziehen und haben deshalb eine für Schutzleiter bestimmte Anschlußstelle ⊕. Keinesfalls jedoch dürfen schutzisolierte Metallteile Verbindung mit dem durchgeschleiften Schutzleiter oder gar mit aktiven Teilen bekommen. Zählerschränke siehe Frage und Antwort 1.11.

Nach DIN VDE 0100 Teil 729, Abschnitt 3.3

**Frage 5.5**
Was versteht man unter einem Stromkreis?

Es sind z. B. drei Steckdosen (oder drei Lampen) z w e i p o l i g an L1–N, L2–N bzw. L3–N angeschlossen. Ist dies ein Drehstromkreis, oder sind dies drei Wechselstromkreise?

**Frage 5.6**
Wieviele Stromkreise dürfen in **einem** Kabel, **einer** Mehraderleitung oder – bei Einaderleitungen – **einem** Rohr vereinigt sein?

**Antwort 5.5**
Ein „Stromkreis" ist die geschlossene Strombahn zwischen dem gemeinsamen Überstromschutz und den Verbrauchern. Im gefragten Beispiel handelt es sich um drei Wechselstromkreise.

Ein Drehstromkreis setzt voraus, daß der Schutz dreipolig ansprechen muß. Nur Drehstromkreise dürfen einen gemeinsamen Neutralleiter (früher Mittelpunktleiter) haben!

Neuerdings ist es gestattet, aus einem Drehstromkreis drei Wechselstromkreise mit je einem Außenleiter und einem Neutralleiter zu bilden, wenn die Zugehörigkeit der Stromkreise durch ihre Anordnung erhalten bleibt. Dieser Drehstromkreis muß aber durch einen Schalter freigeschaltet werden können.

Nach DIN VDE 0100, § 31 a 1., sowie DIN VDE 0100 Teil 200, Abschnitt A.1.5, und Teil 520, Abschnitt 6.6

**Antwort 5.6**
Bei einzelnen Adern in Rohren dürfen grundsätzlich in **einem** Rohr nur die Adern **eines** Hauptstromkreises verlegt werden (einschließlich der dazugehörigen Hilfsstromkreise).

In **mehradrigen** Leitungen (fest oder beweglich) oder Kabeln dürfen dagegen **mehrere** Hauptstromkreise vereinigt sein (einschließlich der dazugehörigen Hilfsstromkreise); Stromkreise mit Schutzkleinspannung sollen aber immer getrennt verlegt werden. Mehrere, von Hauptstromkreisen **getrennt** geführte Hilfsstromkreise dürfen in jedem Fall in einem Rohr, einer Leitung oder einem Kabel zusammengefaßt werden.

Nach DIN VDE 0100 Teil 520, Abschnitt 6

**Frage 5.7**
Dürfen einzelne Leiter eines Stromkreises auf verschiedene
Rohre, Leitungen oder Kabel verteilt werden?

**Frage 5.8**
Dürfen Starkstrom- und Fernmeldeleitungen bei Gebäudein-
stallationen in gemeinsamen Schlitzen verlegt werden?

**Antwort 5.7**
Das Aufteilen ist verboten, wenn die Rohre, Leitungen oder Kabel noch andere Stromkreise enthalten.

Streng einadrig geführt ist das aber erlaubt, so etwa bei der kurzschluß- und erdschlußsicheren Verlegung im Schutzabstand, z. B. zum Anschluß von Überstromschutzorganen oder für Bremsstromkreise oder in feuergefährdeten Betriebsstätten.

Nach DIN VDE 0100 Teil 725, Abschnitt 4.2.2, sowie DIN VDE 0100 Teil 520, Abschnitte 6 und 10.2

**Antwort 5.8**
Sie sollen möglichst getrennt verlegt werden! Bei Parallelführungen sind sie so weit voneinander entfernt zu verlegen, daß eine störende Beeinflussung vermieden wird. Bei Kreuzungen oder Näherungen ist ein Mindestabstand von 10 mm einzuhalten, oder es ist ein Trennsteg erforderlich.

Nach DIN VDE 0100, Teil 520, Abschnitt 12, DIN VDE 0800 Teil 1, Abschnitt 4.5.6, und DIN VDE 0855 Teil 1, Abschnitt 9.4

**Frage 5.9**
Sind einpolige Schalter auch zum Trennen geeignet?

**Antwort 5.9**

In Stromkreisen, in denen getrennt (früher „freigeschaltet") werden kann, brauchen die nachgeordneten Schalter nicht allpolig zu schalten; es genügt das Stillsetzen der Verbraucher.

Für das betriebsmäßige Schalten dürfen Schalter, Halbleitergeräte, Leistungsschalter, Relais und Schütze verwendet werden. Steckvorrichtungen sind bis 16 A erlaubt, Trenner, Trennlaschen und Sicherungen dagegen nicht.

Das Trennen kann erfolgen mit

- mehrpoligen Schaltern,
- Trennern oder Lasttrennschaltern,
- Steckvorrichtungen,
- austauschbaren Sicherungen,
- Spezialklemmen (Trennklemmen).

Mehrpolige Schaltvorrichtungen sind bevorzugt zu verwenden. Der PEN-Leiter in TN-C-Netzen darf nicht geschaltet werden. Dies gilt unabhängig von der jeweiligen Netzform generell für den Schutzleiter (PE).

Eine eindeutige Schalterstellungsanzeige ist zwingend gefordert. AUS, OFFEN oder 0 für die Aus-Stellung des Schalters darf erst angezeigt werden, wenn alle Kontakte der Pole in Trennstellung sind.

Halbleiter-Schaltgeräte sind zum Trennen nicht zulässig!

Nach DIN VDE 0100 Teile 460 und 537, jeweils Abschnitte 4 und 7

**Frage 5.10**
Sollen einpolige Schalter stets den spannungsführenden Leiter schalten, oder darf das auch ein anderer Leiter sein?

**Frage 5.11**
Dürfen Betriebsmittel anstatt mit Schaltern auch mit Steckvorrichtungen in oder außer Betrieb gesetzt werden?

**Antwort 5.10**

In Stromkreisen mit einem g e e r d e t e n Leiter ist unbedingt zu beachten: In festverlegten Leitungen müssen einpolige Schalter im nichtgeerdeten Leiter angeordnet sein! Niemals darf bei festverlegten Leitungen an einpolige Schalter der geerdete Neutralleiter oder gar der PEN-Leiter geführt werden. Das gilt auch für Steuerschalter, Thermostaten und dgl., ebenso für normale einpolige Wechselschalter!

Bei ortsveränderlichen Betriebsmitteln, die über zweipolige Stecker angeschlossen sind, ist das freilich nicht gewährleistet. Hier kann aber durch Geräte-Bestimmungen das einpolige Schalten verboten sein.

Nach DIN VDE 0100 Teile 460 und 537, jeweils Abschnitte 4 und 7

**Antwort 5.11**

Das ist nur erlaubt für Steckvorrichtungen bis 16 A. Andernfalls müssen die Verbrauchsmittel oder die (u. U. verriegelten) Steckvorrichtungen Schalter haben, bzw. es müssen in der ortsfesten Installation Schalter angeordnet werden. Für NOT-AUS-Funktionen sind Steckvorrichtungen nicht zulässig! Hierfür werden besonders gekennzeichnete Schaltgeräte gefordert, die vom Bedienenden der Maschinen leicht erreichbar sein müssen.

Nach DIN VDE 0100 Teil 460, Abschnitt 7.1.4, und Teil 537, Abschnitt 6

**Frage 5.12**
Was gilt für den Anschluß und die Auswahl von Drehstromsteckvorrichtungen?

**Antwort 5.12**

Es gilt folgendes:

1. Alle Drehstromsteckdosen sind mit „Rechtsdrehfeld" anzuschließen.

2. Einheitliche fünfpolige Steckvorrichtungen sind erforderlich für solche Stromabnahmestellen und Verlängerungsleitungen, die zum Anschluß „nichtortsgebundener", also beliebiger Drehstromverbraucher bis 32 A/400 V dienen sollen.

3. Alle unsymmetrischen Verbrauchsmittel mit Neutralleiterbelastung dürfen grundsätzlich nur über fünfpolige Stecker angeschlossen werden.

4. Der Überstromschutz eines Stromkreises richtet sich auch nach dem Nennstrom der Steckvorrichtung. Maßgebend für die Absicherung ist der niedrigere der beiden Werte (Leitungsbelastbarkeit oder Steckvorrichtungsnennstrom).

5. Steckerstifte dürfen in nicht gestecktem Zustand nicht unter Spannung stehen.

6. Je Stecker darf nur eine bewegliche Leitung angeschlossen werden (Ausnahme: Spezialstecker).

7. Seit dem 1. 1. 75 dürfen nur noch die runden, fünfpoligen Kragensteckvorrichtungen (nach CEE-Norm) zur Neuerrichtung von Industrieanlagen verwendet werden.

8. In Hausinstallationen und Geschäftshäusern, Hotels und ähnlichen nicht „rauher Behandlung" ausgesetzten Betriebsstätten brauchen es keine Kragensteckvorrichtungen zu sein.

Nach DIN VDE 0100 Teil 550, Abschnitt 4

**Frage 5.13**
Ersetzt ein LS-Schalter vom Typ L oder H die Schmelzsicherung vollständig?

Welche Kurzschlußströme können sie schalten?

**Antwort 5.13**

Solche Schalter können beim Überschreiten des zulässigen Kurzschlußstroms, etwa bei Umschaltungen oder Verstärkungen im speisenden Netz, beschädigt werden. Es ist daher vor alle LS-Schalter eine Schmelzsicherung von höchstens 100 A vorzuschalten, falls nicht vom Hersteller der LS-Schalter höhere Ströme zugelassen sind.

Es gibt LS-Schalter für 3 kA, 6 kA und 10 kA Nenn-Ausschaltvermögen. Nach TAB müssen LS-Schalter in Stromkreisverteilern ein Schaltvermögen von mindestens 6 kA haben.

Nach DIN VDE 0100, § 31 a 3.2, DIN VDE 0641 sowie TAB, Abschnitt 7.2 (2)

(DIN VDE 0100 Teil 533 in Vorbereitung)

**Frage 5.14**
Welche Arten der Verlegung unterscheidet man bei fest verlegten Leitungen?

Dazu Rechenbeispiel, Anhang A 2.2 und A 2.3

**Antwort 5.14**

Man unterscheidet 4 (5) Gruppen von Verlegungsarten für fest verlegte Leitungen:

**Verlegungsart Gruppe A** – In wärmedämmenden Wänden
Hierzu zählen Aderleitungen oder mehradrige Leitungen im Elektroinstallationsrohr und mehradrige Leitungen in der Wand.

**Verlegungsart Gruppe B1, B2** – In Elektrorohren oder -kanälen
Dazu zählen Aderleitungen oder einadrige Mantelleitungen im Rohr oder Kanal in oder auf der Wand (B1), mehradrige Leitungen im Elektroinstallationsrohr oder -kanal auf der Wand oder dem Fußboden (B2).

**Verlegungsart Gruppe C** – Direkte Verlegung
Mehradrige Leitungen oder einadrige Mantelleitungen auf der Wand oder dem Fußboden, mehradrige Leitungen in der Wand oder unter Putz, Stegleitungen unter Putz.

**Verlegungsart Gruppe E** – Frei in der Luft
Bei Abstand der Leitung von der Wand, neben- oder übereinanderliegende Leitungen mit mind. 2fachem Abstand des Leitungsdurchmessers untereinander.

Nach DIN VDE 0298 Teil 4, Abschnitt 4.3 und Tabelle 2

**Frage 5.15**
Sind damit alle Betriebsbedingungen für Leitungen, die fest verlegt werden, erfaßt, oder muß man auf weitere Dinge achten?

**Frage 5.16**
Muß nach jeder Leitungsquerschnitts-Verjüngung ein entsprechend bemessenes Schutzorgan gegen Überlast angeordnet werden?

**Frage 5.17**
Der Meister eines Maschinensaals wünscht, daß die zu den elektrischen Antrieben gehörenden Überlast-Schutzorgane nicht im Verteilerschrank, der in einem Seitenraum steht, sondern jeweils in Nähe der einzelnen Maschinen angeordnet werden. Ist das zulässig?

171

**Antwort 5.15**
Bei Verwendung vieladriger Leitungen, Häufung oder abweichenden Umgebungstemperaturen müssen Umrechnungsfaktoren für die Belastbarkeit beachtet werden.

Diese Umrechnungsfaktoren können für viele Sonderfälle und Anwendungen direkt aus den einzelnen Tabellen der DIN VDE 0298 Teil 4 entnommen werden. Die tatsächlich zulässige Belastbarkeit bei den verschiedenen Betriebsbedingungen wird durch Multiplikation der Belastbarkeit unter Bemessungsbedingungen mit den Umrechnungsfaktoren ermittelt. Siehe Beispiel im Anhang A 1.6.

Nach DIN VDE 0298 Teil 4

**Antwort 5.16**
Im allgemeinen ist das bei jeder Querschnittsverminderung eines Leiters erforderlich, es sei denn,

1. das vorgeschaltete Schutzorgan ist (und bleibt) ohnehin für diesen verjüngten Querschnitt bemessen;
2. es handelt sich um eine über Stecker angeschlossene bewegliche Leitung unter 1 mm² Cu, die für den betreffenden Geräte-Nennstrom bemessen ist;
3. es handelt sich um einige, in DIN VDE 0100 Teil 430, Abschnitt 5.4, genau definierte Ausnahmen (nicht für feuer- oder explosionsgefährdete Betriebsstätten).

Nach DIN VDE 0100 Teil 430, Abschnitt 5.4

**Antwort 5.17**
Ja. Überstrom-Schutzorgane gegen Überlastung dürfen an beliebiger Stelle des Stromkreises angebracht werden, wenn zwischen Leitungsanfang und Schutzorgan weder Abzweige noch Steckvorrichtungen vorhanden sind. Das gilt jedoch nicht für den Kurzschlußschutz; er darf nur am Anfang der Leitung eingebaut sein!

Nach DIN VDE 0100 Teil 430, Abschnitte 5.4 und 6.4

**Frage 5.18**
Gibt es Fälle, in denen auf Überlastschutz und Kurzschluß-schutz verzichtet werden darf?

**Frage 5.19**
Wie hoch dürfen Stromkreise mit Steckdosen abgesichert sein?

**Antwort 5.18**
Nicht nur das. Es wird sogar empfohlen, in Fällen, bei denen durch eine Unterbrechung des Stromkreises eine Gefahr entstehen könnte, auf den Überlastschutz zu verzichten. Dazu zählen: Erregerstromkreise von elektrischen Maschinen, Stromkreise von Hubmagneten, Sekundärkreise von Stromwandlern, der Sicherheit dienende Stromkreise, wie Feuerlöscheinrichtungen. Hier empfehlen sich Überlastmeldeeinrichtungen.

Selbst auf den Kurzschlußschutz darf in den genannten Fällen verzichtet werden, wenn die Unterbrechung den Betrieb gefährden könnte. Außerdem kann der Kurzschlußschutz bei Generator- und Transformatorverbindungsleitungen zur Schaltanlage, bei Meßstromkreisen und in öffentlichen Netzen mit im Erdreich verlegten Kabeln oder Freileitungen entfallen. Dies gilt auch bei kurzschlußfest verlegten Kabeln oder Leitungen, wenn diese nicht in der Nähe brennbarer Bauteile angeordnet sind.

Nach DIN VDE 0100 Teil 430, Abschnitte 5.7 und 6.4.3

**Antwort 5.19**
Sie dürfen abgesichert werden

1. in Hausinstallationen für zweipolige Steckdosen bis 16 A;
2. in allen anderen Fällen, auch bei Drehstrom, mit beliebigen Überstromschutzorganen, aber höchstens entsprechend der Steckdose mit dem kleinsten Nennstrom.

Nach DIN VDE 0100 Teil 430, Abschnitt 5.1 und 6.1

**Frage 5.20**
Wie hoch darf eine Stegleitung 1,5 mm$^2$ Cu abgesichert
werden?

**Antwort 5.20**

Stegleitungen dürfen wie Mehraderleitungen, die in der Wand oder im Putz verlegt sind, bei einem Querschnitt von 1,5 mm$^2$ bei zwei belasteten Adern mit $I_z$ = 21 A belastet werden. Sind drei Adern belastet, reduziert sich die Strombelastbarkeit $I_z$ auf 18,5 A.

Der Nennstrom des Überstromschutzorgans beträgt bei zwei belasteten Adern 20 A* (16 A) und bei drei belasteten Adern 16 A* (10 A).

Nach Beiblatt zu DIN VDE 0100 Teil 430, Tabelle 2

---

\* Die Überstromschutzorgane wurden nach den neuen Auslösebedingungen mit $I$ = 1,45 $I_z$ und 25 °C Umgebungstemperatur ausgewählt. Die Klammerwerte gelten für die Überstromschutzorgane nach den früheren Festlegungen mit unterschiedlichen Auslösebedingungen. Siehe Anhang A 2
(Siehe auch DIN VDE 0641, 0660 Teil 101, 0636 Teile 21 A4, 31 A3 und 41 A3)

**Frage 5.21**
Gibt es Leuchten für Entladungslampen (Leuchtstofflampen, Hochdrucklampen), die auf brennbaren Baustoffen ohne (umständliches) feuersicheres Trennen, also ohne Abstand angebracht werden dürfen?

Bild 5.1

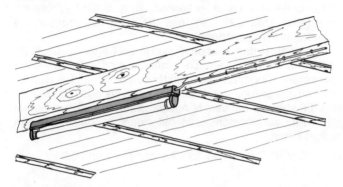

**Frage 5.22**
Eine größere Leuchtstofflampen-Anlage soll, um den stroboskopischen Effekt zu verringern, gruppenweise an Drehstrom angeschlossen werden. Was ist bei der Installation zu beachten?

**Antwort 5.21**
Ja; diese Erlaubnis gilt für Leuchten mit dem Zeichen ▽. Es ist jedoch zu unterscheiden zwischen Gebäudeteilen und Einrichtungsgegenständen. Im ersten Fall (nicht l e i c h t entflammbar) ist dies erlaubt.
Handelt es sich um besonders leicht brennbare Werkstoffe, aus denen Einrichtungsgegenstände (z. B. Schrankwände, Gardinenleisten) bestehen können, so muß die Leuchte mit Ⓜ️Ⓜ️ gekennzeichnet sein; das gilt auch für abgesondert angebrachte Vorschaltgeräte.
Leuchten **ohne** das Zeichen ▽ sind in der Regel für Baustoffe bestimmt, die nicht brennbar sind. Sie sind daher bei allen brennbaren Einrichtungsgegenständen verboten. Bei Gebäudeteilen aus brennbaren Baustoffen sind sie ausnahmsweise erlaubt, aber nur mit dem Mindestabstand von 35 mm, hinten ggf. besonders verschlossen mit einem mindestens 1 mm dicken Blech.
Nach DIN VDE 0100 Teil 559, Abschnitt 4.1 und 5.3.1


**Antwort 5.22**
Es ist zu beachten:
1. Jeder Drehstromkreis muß durch einen allpoligen Schalter freigeschaltet werden können.
2. Die zu einem Drehstromkreis gehörenden Leitungen müssen zusammengefaßt sein; lose, berührbare Klemmen sind verboten.
3. Für die Durchgangsverdrahtung sind wärmebeständige Leitungen (H05 SJ-K) erforderlich (DIN VDE 0100 Teil 523, Tabelle 4), es sei denn, der Leuchtenhersteller garantiert Temperaturen u n t e r 55 °C (DIN VDE 0100 Teil 523, Tabelle 3).
4. Zur Verminderung des stroboskopischen Effektes ist auch die Duo-Schaltung geeignet.

Nach DIN VDE 0100 Teil 559, Abschnitt 5.5 und 5.6

**Frage 5.23**
Was ist bei der Installation einer Wandleuchte zu beachten?

**Frage 5.24**
Was ist der Unterschied zwischen einer Anschlußklemme und einer Verbindungsklemme?

**Frage 5.25**
Sind Leiterverbindungen erlaubt, die nicht lösbar sind, also nicht zugänglich zu sein brauchen?

**Antwort 5.23**
Einerlei welcher Bauart: Bei Unterputzinstallationen muß ihre Zuleitung in einer Wanddose enden.

Nicht zu vergessen: Auch hier muß die Leuchtenaufhängung das fünffache Gewicht der Leuchte tragen können, mindestens aber 10 kg!

Nach DIN VDE 0100 Teil 559, Abschnitt 5.1 und 5.2

**Antwort 5.24**
Anschlußklemmen dürfen nur eine einzige Ader aufnehmen, Verbindungsklemmen sind zum Zusammenschluß mehrerer Adern bestimmt; für bewegliche Leiter-Enden werden Mantelklemmen mit Abquetsch-Schutz empfohlen. Alle derartigen lösbaren Klemmstellen müssen zugänglich bleiben.

Nach DIN VDE 0100 Teil 520, Abschnitt 11, sowie DIN VDE 0609/6.83, Abschnitt 2 und 3

**Antwort 5.25**
Ja, das ist der Fall, wenn sie fachmännisch verlötet, verschweißt oder verpreßt sind oder wenn Klemmen vergossen werden. Sie dürfen aber – wie sonst – nur in Dosen, Kästen oder Muffen hergestellt werden.

Werden Ader-Enden von beweglichen Leitungen gegen Abspleißen oder Abquetschen einzelner Drähtchen geschützt, dann ist zu beachten, daß Löten, Schweißen und das Verwenden von Lötkabelschuhen verboten ist, falls die Anschlußstellen „betrieblichen Erschütterungen" ausgesetzt sind, beispielsweise auch bei Bügeleisen! Hier ist also nur Verpressen in Ader-Endhülsen oder (schonendes) Verklemmen in Mantelklemmen (mit Abquetsch-Schutz) erlaubt!

Nach DIN VDE 0100 Teil 520, Abschnitt 11, siehe auch DIN VDE 0700 Teil 1, Abschnitt 25.6

**Frage 5.26**
Schützt man die Anschlußleitungen bewegter Maschinen durch Metallschläuche?

**Frage 5.27**
Eine Maschine soll aufgestellt werden. Der sachgemäße elektrische Anschluß ist sichergestellt. Was muß der Elektroinstallateur weiter beachten?

**Antwort 5.26**
Das ist neuerdings ausnahmsweise erlaubt: Es dürfen neben Kunststoffschläuchen spezielle Metallschläuche zum Schutze feindrähtiger flexibler Leitungen verwendet werden. Sie müssen in eine Schutzmaßnahme einbezogen sein; das Benutzen als Schutzleiter ist verboten (Ausnahme: speziell geprüfte Metallschläuche).

Die Anschlußleitungen und die Anschlüsse selbst sind außerdem so zu wählen, daß sie insbesondere den Schwingungsbeanspruchungen gewachsen sind. Begrenzt bewegliche Betriebsmittel (z. B. Waschmaschinen, Elektroherde, Speicherheizgeräte, Motoren) sind über bewegliche Leitungen mit der festen Installation mittels Geräteanschlußdosen oder Steckvorrichtungen anzuschließen.

Nach DIN VDE 0100 Teil 520, Abschnitt 5.3, sowie DIN VDE 0113, Abschnitt 5.1.2.1.2

**Antwort 5.27**
Er muß darauf achten, daß die Maschine

1. die dem Aufstellungsort entsprechende Schutzart hat (z. B. IP 44 gegen das Eindringen von Sand und Wasserspritzern), wie etwa in landwirtschaftlichen Betrieben oder auf Baustellen;
2. genügend Kühlluft erhält;
3. das Leistungsschild auch nach der Aufstellung an gut sichtbarer Stelle trägt;
4. gefahrlos bedient und gewartet werden kann und
5. daß alle Schalter und zum Schalten dienenden Steckvorrichtungen vom Standort des Bedienenden aus leicht erreichbar sind.

Nach DIN VDE 0100 Teil 510, 550, 704, Abschnitt 10, und 705, Abschnitt 5

**Frage 5.28**
Gibt es Qualitäts-Mindestbedingungen bei beweglichen Anschlußleitungen für Leuchten und Elektrowerkzeuge, die in oder an Kesseln u. dgl. betrieben werden sollen?

**Frage 5.29**
Ein neuer Elektro-Durchlauferhitzer hat auf dem Typenschild die Angabe „Nennspannung 230/400 V$^{+5\%}_{-10\%}$".

Darf das Gerät ohne Bedenken an das vorhandene Netz mit der Nennspannung 380/220 V angeschlossen werden, oder muß man einen Anpassungstransformator dazwischenschalten?

**Antwort 5.28**

Als bewegliche Leitungen müssen mindestens mittlere Gummischlauchleitungen H07RN-F (früher NMHöu), bei hohen Verdrehungs- und Knickbeanspruchungen aber z. B. die Sonder-Gummischlauchleitungen NMHVöu verwendet werden. Stecker und Kupplungsdosen müssen aus Isolierstoff bestehen.

Nach DIN VDE 0100 Teil 559, Abschnitt 4.3, Teil 706, Abschnitt 4, sowie DIN VDE 0282. Siehe auch DIN VDE 0298 Teil 3

**Antwort 5.29**

Zunächst fällt die unterschiedliche Schreibweise der Spannungen auf. Nach den geltenden DIN-VDE-Normen sind beide Spannungsangaben zulässig. Die höhere Spannung ist der Wert der verketteten Spannung, also zwischen den Außenleitern (L1-L2, L2-L3 und L3-L1). Die niedrigere Spannung wird zwischen Außenleiter und dem Neutralleiter gemessen (L1-N, L2-N und L3-N).

Bei der Nennspannungsangabe 230/400 V handelt es sich um die neue weltweit genormte Nennspannung. Bis zum Jahre 2000 sollen weltweit alle Netze mit 220/380 V und alle Netze mit 240/400 V auf diese neue Nennspannung umgestellt werden.

Da das Toleranzband des Durchlauferhitzers von $^{+5\%}_{-10\%}$ einen Spannungsbereich von $+5\%$ = 241/420 V und $-10\%$ = 207/360 V zuläßt, kann der Durchlauferhitzer ohne Bedenken angeschlossen werden.

Nach DIN IEC 38

**Frage 5.30**
Wie schnell müssen bestehende Anlagen umgerüstet werden, wenn die neue Nennspannung von 230/400 V eingeführt wird?

**Antwort 5.30**

Es ist kein Grund zur Eile geboten. Nach den Festlegungen in DIN IEC 38 ist ein großzügiger Übergangszeitraum bis zum Jahr 2003 vorgesehen. Wie aus einem Fachbericht hervorgeht, ist über eine stufenweise Anhebung der Spannung die neue Nennspannung am besten einzuführen [7]. So kann beispielsweise die Spannung in Abständen von 2 bis 3 Jahren um jeweils 2 bis 3% angehoben werden, bis dann die neuen Werte erreicht sind. Da es dem Elektrizitätsversorgungsunternehmen überlassen bleibt, wie es die Umstellung vornimmt, sind hier im einzelnen Abweichungen möglich.

Aber selbst bei sofortiger Einführung der Nennspannung 230/400 V sind keine wesentlichen Änderungen der elektrischen Anlagen erforderlich. Die neue Nennspannung liegt im heutigen Toleranzbereich von 220/380 V $\pm$ 10% (+10% = 242/418 V; −10% = 198/342 V).

Das Argument zerstörter Betriebsmittel durch zu hohe Spannung ist nicht begründet, da die heutigen Betriebsmittel mit ihrem Toleranzband ebenfalls in diese Spannungsreihe passen. Gerade die viel zitierten defekten Glühlampen haben heute bereits einen Nennspannungsbereich von 220 bis 235 V (teils sogar bis 240 V). Bei der Neuanschaffung von langlebigen Geräten sollte man in den nächsten Jahren auf die neue Nennspannung achten.

Nach DIN IEC 38, nationales Vorwort

**Frage 5.31**
Darf man einen Klingeltransformator mittels Steckdose ans Netz anschließen, oder muß man ihn fest installieren?

**Frage 5.32**
Darf die Erde betriebsmäßig als ausschließliche Rückleitung für Starkstromanlagen benutzt werden (Bild 5.2)?

Darf das durch Metallmäntel von Leitungen geschehen?

Bild 5.2

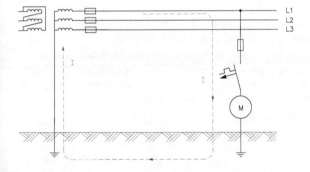

**Antwort 5.31**
Es ist beides zulässig; bei festem Anschluß ist aber ein besonderer Schalter (oder eine Sicherung) erforderlich, damit die Primärwicklung leicht, d. h. ohne Werkzeug, abtrennbar ist, z. B. bei Isolationsmessungen der Anlage.
Dasselbe gilt auch für den Anschluß anderer Geräte, die ständig unter Spannung stehen, also Antennenverstärker, elektrische Uhren u. dgl.
Nach DIN VDE 0100 Teil 600, Abschnitt 9

**Antwort 5.32**
Durch die Erde ist nur die Fortleitung von – kurzzeitigen – Fehlerströmen (z. B. bei Körperschluß) erlaubt, und zwar über geeignete Erdungsanlagen. Die „Rückleitung" der Betriebsströme muß aber in allen Fällen durch einen besonderen, in der Regel wie die Außenleiter isolierten Neutralleiter (Seil, Schiene, Ader, konzentrischer Leiter) erfolgen!

Bei Kabeln sind dafür auch gut leitende Metallmäntel (Kupfer oder Aluminium) zulässig; wenn sie als PEN-Leiter dienen, ist eine gute Erdung sogar vorgeschrieben!

Bei isolierten Leitungen dagegen dürfen Metallmäntel, -rohre und -schläuche, Schirmgeflechte, Beidrähte, Tragseile, Spannseile u. dgl. nicht einmal als alleinige Schutzleiter (geschweige denn als Rückleiter) dienen!

Nach DIN VDE 0100 Teil 410 und Teil 540, Abschnitt 5.2.5

**Frage 5.33**
Für welche Anlagen sind „gemilderte" Ausnahmeregeln zugelassen?

**Antwort 5.33**

Ausnahme-Bestimmungen wurden – vorwiegend aus wirtschaftlichen Gründen – geschaffen für Hilfsstromkreise, elektrische Betriebsstätten, abgeschlossene elektrische Betriebsstätten, elektrische Prüffelder, Justierräume, Laboratorien und Einrichtungen für Versuche. Allerdings ist damit nicht gesagt, daß hierfür nur Erleichterungen gegeben sind oder daß der Errichter hier gar unaufmerksam oder übertrieben sparsam arbeiten dürfte. Solche Ausnahmeregeln verlangen ebenfalls gründliches Studium bereits bei der P l a n u n g!

Nach DIN VDE 0100 Teil 723, 725 und 731

**Frage 5.34**
Woran erkennt man bei den Betriebsmitteln, also z. B. bei Leuchten, Geräten oder Werkzeugen, welche der Schutzmaßnahmen für sie wirksam sein kann?

**Frage 5.35**
In einem Fertighaus, dessen Wände aus Spanplatten mit Steinwollfüllung bestehen, soll die Verteilung erweitert werden. Worauf muß bei der Auswahl des Kleinverteilers geachtet werden?

**Antwort 5.34**
Sie sind dazu in „Schutzklassen" eingeteilt:

1. Ein Gerät der Schutzklasse I ist zum Anschluß an einen Schutzleiter bestimmt! Gegen die Folgen eines Isolationsfehlers kann also eine der Schutzmaßnahmen, die mit Schutzleiter arbeiten, aber auch die Schutztrennung, vorbeugen. Es trägt in der Nähe seiner Schutzleiteranschlußklemme deutlich das Erdungszeichen ⊕ nach DIN 40011.

2. Ein Gerät der Schutzklasse II hat keinen Schutzleiteranschluß. Es ist statt dessen schutzisoliert und demnach von jeder anderen Schutzmaßnahme unabhängig geschützt. Es wird durch das Symbol der Schutzisolierung ▣ gekennzeichnet (siehe Antwort 4.3).

3. Ein Gerät der Schutzklasse III ist für den ausschließlichen Betrieb mit Kleinspannung gebaut. Die Aufschrift der Nennspannung und der besondere Stecker weisen darauf hin, daß es nur an die Schutzkleinspannung angeschlossen werden darf! (Kennzeichen ⟨Ⅲ⟩)

Nach DIN VDE 0106 Teil 1, Abschnitt 4, sowie DIN VDE 0700 Teil 1, DIN VDE 0740, 0750, jeweils Abschnitt 2.2

**Antwort 5.35**
Der Kleinverteiler muß das Kennzeichen ▽ für Hohlwanddosen tragen, da er in die Hohlwand des Fertighauses eingebaut werden soll. Das gilt auch für Verbindungs- und Gerätedosen.

Das Kennzeichen sagt aus, daß der Verteiler die Prüfanforderungen für Hohlwanddosen erfüllt und die Montage in Hohlwänden erlaubt ist.

Nach DIN VDE 0100 Teil 730, Abschnitt 4.1

**Frage 5.36**
Dürfen Verteiler-, Verbindungs- und Gerätedosen ohne das
Kennzeichnen für Hohlwanddosen auch verwendet werden?

**Frage 5.37**
Worauf ist bei der Leitungsverlegung in Hohlwänden zu
achten?

**Frage 5.38**
Ist es erlaubt, in Hohlwänden Stegleitungen zu verwenden?

**Frage 5.39**
In einer Verbindungsdose (Verteilerdose) Größe 1,5 mit
95 cm$^3$ Dosenvolumen sollen 20 Leiter (1,5 mm$^2$) mit 8 Klemmen zusammengeschaltet werden. Ist das in einer solchen
Verbindungsdose überhaupt zulässig?

**Antwort 5.36**
Ja, aber nur, wenn der Verteiler mit 12 mm dickem Fibersilikat umhüllt wird. Die Einbettung des Verteilers in Glas- oder Steinwolle ist ebenfalls zulässig; es muß dann ein Abstand zu brennbaren Baustoffen von 100 mm eingehalten werden.

Nach DIN VDE 0100 Teil 730, Abschnitte 4.3 und 4.4

**Antwort 5.37**
Da die Leitungen in den Hohlwänden meist nicht befestigt werden können, müssen die Anschlußstellen von Schub- und Zugkräften entlastet werden.

Nach DIN VDE 0100 Teil 730, Abschnitt 4.8

**Antwort 5.38**
Nein! Stegleitungen sind für Hohlwände nicht erlaubt. Es dürfen nur Leitungen (z. B. NYM) mit einem flammwidrigen Außenmantel aus PVC o. ä. Kunststoffen verlegt werden.

Nach DIN VDE 0100 Teil 730, Abschnitt 4.7

**Antwort 5.39**
In diesem Fall ist das nicht zulässig. Für die genannte Verbindungsdose sind nur 5 Klemmen und maximal 15 Leiter (1,5 mm$^2$) erlaubt. Es muß also eine größere Verbindungsdose gewählt werden.

Der Leiterquerschnitt und die Anzahl der Klemmen sowie die Anzahl der Leiter müssen auf der Verbindungsdose angegeben sein.

Nach DIN VDE 0606 Teil 1/11.84, Abschnitt 3.5 Tabelle 3

## 6 Trockene, feuchte, nasse, heiße Räume ·
Isolationsmessungen

## Frage 6.1
Welche Installationsrohre dürfen auf, im und unter Putz verlegt werden?

## Frage 6.2
Darf Stegleitung verlegt werden:

1. im Außenputz;
2. in der Küche eines Holzhauses;
3. in der verputzten Stein-Garage eines Mähdreschers;
4. in einer verputzten Weinkellerei?

**Antwort 6.1**

Auf, im und unter Putz dürfen diejenigen Rohre verlegt werden, die das Kennzeichen „A" tragen; sie sind für mittlere mechanische Beanspruchung geeignet; darüber hinaus bedeutet „AS" die Zulassung für das Verlegen in Stampf- und Schüttbeton. Rohre mit der Kennzeichnung „B" dürfen nicht auf Putz verlegt werden, wohl aber geschützt im und unter Putz.

Rohre aus Kunststoff haben das Zusatzzeichen „C"; **außerhalb** von Putz, Beton u. dgl. verlegt, müssen es flammwidrige sein, erkennbar am Zusatzzeichen „CF"!

Rohre dürfen aber nur in **trockenen** Räumen zur Aufnahme von Einzeladern dienen. Wird der Raum „feucht", so müssen im Austausch Feuchtraumleitungen eingezogen oder – falls die Rohre zu eng oder zu verwinkelt sind – neu verlegt werden! Beispiel: Ein bisher „trockener" Maschinensaal oder ein Großbüro soll künftig als Werksküche dienen.

Nach DIN VDE 0100 Teil 510, Abschnitt 5.2, und Teil 520, Abschnitt 4 und 5, sowie DIN VDE 0605, Abschnitt 4.1

**Antwort 6.2**

Sie darf in **keinem** Fall verlegt werden! Leitungen an und in Gebäudeaußenwänden zählen zu den Anlagen im Freien und damit zu Anlagen in feuchten und nassen Räumen. Auf Holz darf Stegleitung nicht befestigt werden. Die Mähdrescher-Garage gehört zu landwirtschaftlichen Betriebsstätten. Eine Weinkellerei ist sogar ein nasser Raum.

Nach DIN VDE 0100 Teil 510, Teil 520, Abschnitt 5.2, und Teil 705, Abschnitt 7.1

**Frage 6.3**
Wo dürfen also Stegleitungen verlegt werden?

**Frage 6.4**
Ist es erlaubt, Leitungen in Decken und Wänden auch schräg zu führen?

**Antwort 6.3**
Stegleitungen dürfen nur verlegt werden

1. in trockenen Räumen von Gebäuden aus vorwiegend nicht brennbaren Stoffen, und zwar nur in und unter Putz;
2. in Hohlräumen von Decken und Wänden aus nicht brennbaren Baustoffen, d. h., sie sind außer auf Holz auch in und auf PVC verboten, da dies bestenfalls flammwidrig ist;
3. einzeln, d. h. mit genügenden Leitungsabständen; Anhäufung durch Bündelung ist unzulässg.

Nach DIN VDE 0100 Teil 520, Abschnitt 5.2

**Antwort 6.4**
In Decken und Fußböden dürfen Leitungen auf dem kürzesten Weg geführt werden. Im übrigen sollen alle im oder unter Putz liegenden Leitungen nach Möglichkeit nur senkrecht oder waagrecht angeordnet werden, damit ihre ungefähre Lage – ausgehend von den Dosen, Schaltern u. dgl. – jederzeit feststellbar ist. In Wänden aus Hohlblocksteinen oder Lochsteinen dürfen die Schlitze nur unter bestimmten Voraussetzungen bis 30 mm Tiefe gefräst werden*.

In Schornsteinwangen sind Schlitze und Aussparungen überhaupt unzulässig! Hier sind also die Leitungen und Rohre nicht unter, sondern nur im oder auf Putz zu verlegen. Beachte die verminderte Belastbarkeit infolge höherer Umgebungstemperatur oder Leitungsanhäufung!

Nach DIN VDE 0100 Teil 520, Abschnitt 3, DIN VDE 0298 Teil 4, Abschnitt 4, und DIN 18015 Teil 1, Abschnitt 4.1

---

\* Siehe auch Anhang A 5.2.

**Frage 6.5**
Gibt es unbewehrte Leitungen, die sich auch zur ungeschütz-
ten Verlegung in Wänden, Decken oder Fußböden aus Schütt-
oder Stampfbeton eignen?

**Frage 6.6**
Wie hoch müssen offen verlegte Leitungen im Freien angeordnet sein?

**Frage 6.7**
Sind dabei sonst noch Abstände einzuhalten?

**Antwort 6.5**
Hier und auch unmittelbar auf oder unter Drahtgeweben, Streckmetallen oder dgl. dürfen ungeschützt nur solche Leitungen verlegt werden, die den zu erwartenden Beanspruchungen standhalten, z. B. Kabel wie NYY oder Leitungen in Schutzrohren* aus Stahl oder Kunststoffen. Mechanisch schwächere Leitungen, z. B. Stegleitungen, sind also hier verboten.

Nach DIN VDE 0100 Teil 520, Abschnitt 5.8

**Antwort 6.6**
Bei größtem Durchhang muß der Abstand vom Erdboden mindestens 4 m, über befahrenem Gelände, Wegen und Plätzen 5 m sein, einerlei, ob es sich um blanke oder wetterfest isolierte Leitungen handelt.

Für den befahrbaren Teil landwirtschaftlicher Hofräume allerdings dürfen nur Mantelleitungen für selbsttragende Aufhängung NYMZ (mit Zugentlastung) oder gleichwertige Bauarten, z. B. NYMT (mit Tragseil), verwendet werden. Niederspannungs-Freileitungen müssen jedoch DIN VDE 0211 entsprechen!

Nach DIN VDE 0100 Teil 520, Abschnitt 5.9, und Teil 705, Abschnitt 7, sowie DIN VDE 0211, Abschnitt 14

**Antwort 6.7**
Ja; die nicht wetterfest isolierten Leitungen sind auch außerhalb des „Handbereichs" von Fenstern, Balkonen, Baugerüsten, Dächern usw. anzuordnen.

Nach DIN VDE 0211, Abschnitt 15

---

\*　Siehe auch Frage und Antwort 1.16.

**Frage 6.8**
Das gilt also nicht für wetterfeste Kunststoffleitungen?

**Frage 6.9**
Wie stellt man fest, ob ein Raum, z. B. ein Hotelzimmer mit Waschbecken und Duschecke, als „trocken" oder als „feucht" einzustufen und entsprechend zu installieren ist?

**Frage 6.10**
Welche Leitungsarten dürfen **nur** in „trockenen Räumen" fest installiert werden?

**Antwort 6.8**
Ja; diese dürfen auch im Handbereich angeordnet sein. Mechanische Beschädigung, z. B. durch Abrieb, muß verhindert werden.

Nach DIN VDE 0100 Teil 732 und DIN VDE 0211, Abschnitt 15.1

**Antwort 6.9**
Diese Begriffe sind im Teil 200 der DIN VDE 0100 an Hand von Beispielen erläutert. Vor Arbeitsbeginn muß dem Installateur bekannt sein, zu welchem Zweck ein Raum verwendet wird! Wenn z. B. im Hotelzimmer nur an begrenzten Stellen hohe Feuchtigkeit auftritt, der übrige Raum aber trocken ist (dort also in der Regel kein Kondenswasser auftritt), so braucht nicht das gesamte Zimmer als „feuchter Raum" zu gelten.

Nach DIN VDE 0100 Teil 200, Abschnitt A.6, Teil 300, Abschnitt 8, sowie Teil 510, Abschnitt 5

**Antwort 6.10**
Ausschließlich für trockene Räume eignen sich:

Stegleitungen (NYIF, NYIFY);
isolierte Einzeladern (z. B. H07V-U, früher NYA) in Installationsrohr.

Nach DIN VDE 0298 Teil 3

Siehe auch DIN VDE 0100 Teil 510 und Teil 520, Abschnitt 4 und 5

**Frage 6.11**
Sind Küchen, Keller, Treppenhäuser, Dachböden, Verkaufs-
räume und Toiletten eigentlich als trockene oder als feuchte
Räume einzustufen?

**Frage 6.12**
Welches sind die bekanntesten Beispiele für „feuchte und
nasse Räume"?

**Antwort 6.11**
Küchen gelten innerhalb von Wohnungen als trockene Räume, hier tritt Feuchtigkeit nur zeitweise auf.

Bei Kellerräumen kommt es auf die Heizung u n d Lüftung an! Nur wenn ein solcher Raum beheizt und belüftbar ist, zählt er zu den trockenen Räumen (weil dann in der Regel kein Kondenswasser auftreten kann). Ist er dagegen entweder nicht beheizt oder kann man ihn nicht belüften, muß er – in beiden Fällen! – als feuchter Raum angesehen werden.

Die restlichen Räume oder Orte gehören im allgemeinen zu den trockenen, vorausgesetzt, die Luft in ihnen ist nicht ständig mit Feuchtigkeit gesättigt; sie dürfen also auch nicht dauernd zum Freien hin offen sein!

Nach DIN VDE 0100 Teil 200, Abschnitte A.6.3 und A.6.4

**Antwort 6.12**
Großküchen, Waschküchen, Backstuben, Kühlräume, unbeheizte oder unbelüftbare Keller u. dgl. gelten als „feuchte und nasse Räume". Dort kann durch Feuchtigkeit, chemische und ähnliche Einflüsse die Sicherheit der Betriebsmittel beeinträchtigt werden. Auch Orte im Freien zählen dazu.

Ist es bekannt, daß in solchen Räumen Fußböden, Wände und möglicherweise auch Einrichtungen nicht nur naß sind, sondern zu Reinigungszwecken sogar abgespritzt werden, so müssen die Betriebsmittel mindestens strahlwassergeschützt sein, d. h. der Schutzart IP X5 entsprechen. Das direkte Abspritzen der Betriebsmittel mit dem Wasserstrahl oder gar dem Strahl von Hochdruckreinigern ist dennoch nicht erlaubt.

Nach DIN VDE 0100 Teil 200, Abschnitt A.6.4, und Teil 737, Abschnitt 4.2

**Frage 6.13**
In welchen Räumen ist damit zu rechnen, daß zu Reinigungszwecken Spritz- und Strahlwasser verwendet wird?

**Frage 6.14**
Welche Leitungen, Installationsmaterialien, Leuchten und
sonstigen Betriebsmittel dürfen in feuchten und nassen Räumen eingesetzt werden?

**Antwort 6.13**
Zu solchen Räumen zählen z. B. Bier- und Weinkeller, Naß-
werkstätten, Wagenwaschräume, Gewächshäuser, ferner
Räume oder Teilbereiche in galvanischen Betrieben, Dusch-
ecken, Bade- und Waschanstalten.
Nach DIN VDE 0100 Teil 200, Abschnitt A.6.4

**Antwort 6.14**
In feuchten und nassen Räumen müssen verwendet werden

1. für Leitungen zur festen Verlegung Feuchtraumleitungen
   mit Kunststoffumhüllung (auch Bleikabel und bleimantel-
   lose Kabel sind zulässig);
2. für bewegliche Leitungen mindestens mittlere Gummischlauchleitungen (H07RN-F, früher NMHöu);
3. mindestens tropfwassergeschützte Betriebsmittel
   (Schutzart IP X1); beim Umgang mit Strahlwasser ist die
   Schutzart IP X4 erforderlich; die elektrischen Betriebsmittel dürfen aber nicht zur Reinigung abgespritzt werden.
   Sollen die Betriebsmittel abgespritzt werden, ist eine
   höhere Schutzart erforderlich
4. strahlwassergeschützte Handleuchten (Schutzart IP X5);
5. gegen ätzende Dämpfe und Dünste geschützte Metallteile
   und
6. Steckvorrichtungen mit Isolierstoffgehäusen.

Nach DIN VDE 0100 Teil 510, Abschnitt 5, und Teil 737,
Abschnitt 4

**Frage 6.15**
Genügen regengeschützte Leuchten und Betriebsmittel bei Anlagen im Freien?

**Frage 6.16**
Gibt es Fälle, wo Feuchtraumleitungen **nicht** verlegt werden dürfen?

**Antwort 6.15**
Die Bestimmungen für feuchte und nasse Räume gelten im wesentlichen auch für Anlagen im Freien. Sind sie gegen Regen geschützt, d. h. unter Dächern, Toreinfahrten u. dgl., genügt bereits der Tropfwasserschutz (Schutzart IP X1). Im Freien installierte Steckdosenstromkreise bis 32 A müssen mit einer Fehlerstrom-Schutzeinrichtung ($I_{\Delta N}$ = 30 mA) geschützt werden.

Sind sie dagegen ungeschützt der Witterung ausgesetzt, müssen die Betriebsmittel mindestens sprühwassergeschützt sein (Schutzart IP X3).

Siehe DIN VDE 0100 Teil 200, Abschnitt A.1.6, und Teil 737, Abschnitt 5 und Abschnitt 5.3

**Antwort 6.16**
Ja; keine isolierte Leitung ist geeignet zur Verlegung im Erdreich; hier sind nur Kabel erlaubt! Die Mindesttiefe beträgt 0,6 m, unter Fahrbahnen 0,8 m.

Mantelleitungen dürfen in unterirdisch verlegten Schutzrohren nur eingezogen werden, wenn die Leitung auswechselbar bleibt. Außerdem muß das Schutzrohr mechanisch stabil sein und so verlegt werden, daß eine dauerhafte Belüftung gewährleistet ist sowie das Eindringen von Wasser verhindert wird. Diese Art der Leitungsverlegung sollte eine Ausnahme bleiben und nur für kurze Strecken verwendet werden.

In nicht zugänglichen unterirdischen Kanälen sind Kabel, schwere Gummischlauchleitungen (mind. NSSHöu) oder Leitungstrossen erforderlich.

**Anmerkung:** Der Begriff „Kabel" ist also dadurch eindeutig festgelegt; es ist laienhaft, isolierte Leitungen, Adern oder gar Freileitungs-Drähte und -Seile so zu bezeichnen.

Nach DIN VDE 0100 Teil 520, Abschnitt 5.6 und 5.7

**Frage 6.17**
Gibt es Leitungsarten, die in feuchten und nassen Räumen zum Anschluß **ortsveränderlicher** Stromverbraucher verboten sind?

**Antwort 6.17**

Ja! Wie immer, sind auch hier zum Anschluß ortsveränderlicher Geräte alle Leitungen „für feste Verlegung" verboten!

Von den „beweglichen" Leitungen sind nur die mittleren und schweren Gummischlauchleitungen (H05RN-F, H07RN-F, NSH u. dgl.) erlaubt; letztere sind, wenn ölfest und unentflammbar (. . .öu), auch im Freien zulässig.

Von den Kunststoffschlauchleitungen darf die mittlere (H05VV-F) verwendet werden, aber nur für Haus- und Küchengeräte. Bei Wärmegeräten ist Vorsicht geboten: Kunststoff-Schlauchhülle und -Aderisolierung sind hitzeempfindlich!

Nicht erlaubt − und nur für trockene Räume bestimmt − sind demnach Gummiaderschnüre (H03RT-F), leichte Gummischlauchleitungen (H05RR-F), Zwillingsleitungen (H03VH-H, H03VH-Y) und leichte Kunststoffschlauchleitungen (H03VV-F)*.

Nach DIN VDE 0100 Teil 520, Abschnitt 5.3, und DIN VDE 0298 Teil 3, Abschnitt 9.3 und Tabelle 4

---

* Siehe auch Tabellen A 8 bis A 10 im Anhang.

**Frage 6.18**
Was ist bei der Installation von Kesselhäusern, Ofenanlagen, Heizungsräumen u. dgl., also bei heißen Räumen, zu beachten?

Dazu Rechenbeispiel, Anhang A 1.6

**Frage 6.19**
An einem Trockenofen soll installiert werden. In seiner Nähe können betriebsmäßige Temperaturen bis zu 50 °C auftreten. Was darf verlegt werden?

**Antwort 6.18**
Bereits ab 30 °C Umgebungstemperatur ist es notwendig, auf die Minderung der zulässigen Dauerlast normal isolierter Leitungen zu achten. Durch entsprechend kleinere Bemessungen der Überstrom-Schutzorgane oder Verstärkung der Querschnitte werden die Leitungsverluste ($I^2 \cdot R$) in Grenzen gehalten und damit die Isolierung gegen Überhitzung geschützt; siehe auch die folgenden Fragen und Antworten.

Die übrigen Betriebsmittel müssen vom Errichter so ausgewählt werden, daß ihre Bauart der erhöhten Umgebungstemperatur entspricht (Grenztemperatur bei üblichen Schaltern und Steckdosen etwa 100 °C). Beim Einbau ist sicherzustellen, daß im fehlerfreien Betrieb diese zulässigen Grenztemperaturen nicht überschritten werden; nötigenfalls sind besondere Maßnahmen zu ergreifen, z. B. zusätzliches Belüften. Man darf den erlaubten Grenzwert jedoch nie voll ausnutzen, denn auch bei Überlast und Kurzschluß dürfen die auftretenden Temperaturen weder die elektrische Anlage noch ihre Umgebung gefährden!

Nach DIN VDE 0100 Teil 510 und DIN VDE 0298 Teil 4, Abschnitt 4.3.3

**Antwort 6.19**
Die Leitungsart richtet sich auch hier zunächst nach der Raumart (z. B. „trocken" oder „feucht").

Außerdem liegen die Leitungen – wenn auch nur stellenweise – in heißen Räumen; die Isolierung wird thermisch überlastet, sobald in den Adern Nennstrom fließt. Also darf zwar bis 55 °C normale Kunststoff- oder Gummi-Isolierung verwendet werden, jedoch ist die Minderung der zulässigen Dauerbelastung zu berücksichtigen: Sie beträgt nur noch 60% bzw. 40% der normalen Belastung!

Nach DIN VDE 0298 Teil 4, Tabelle 10

**Frage 6.20**
Was ist zu beachten, wenn an heißen Orten betriebsmäßig mit Temperaturen von mehr als 65 °C zu rechnen ist?

**Frage 6.21**
Welchen Isolationswiderstand müssen Verbraucheranlagen (ohne angeschlossene Geräte) in trockenen, feuchten oder nassen Räumen und im Freien mindestens haben?

**Antwort 6.20**
Bei Umgebungstemperaturen über 55 °C sind wärmebeständige Leitungen zu installieren, z. B. Sondergummiaderleitungen (NSGAöu, Grenztemperatur 100 °C) oder Gummiaderleitungen mit erhöhter Wärmebeständigkeit (H05SJ-K, Grenztemperatur 180 °C); letztere sind noch bei 150 °C voll belastbar!

Solche Einzeladern sind allerdings nur in trockenen Räumen zur Verlegung in wärmefesten Rohren zugelassen; als Feuchtraumleitungen eignen sich dagegen z. B. mineralisolierte Leitungen mit Kupfermantel oder Gummischlauchleitung mit erhöhter Wärmebeständigkeit (z. B. N2GMH2G – Grenztemperatur 180 °C).

Nach DIN VDE 0298 Teil 4, Tabelle 6 und 7

**Antwort 6.21**
Bezüglich des Isolationswiderstandes wird nicht mehr in trockene, feuchte und nasse Räume unterschieden.

Der Isolationswiderstand muß in Abhängigkeit von der Nennspannung des Netzes bestimmte Mindestwerte aufweisen. Für den Nennspannungsbereich kleiner gleich 500 V muß der Isolationswiderstand 500 k$\Omega$ betragen, über 500 V sind 1000 k$\Omega$ – also 1 M$\Omega$ – gefordert. Lediglich bei Schutzkleinspannungs- und Funktionskleinspannungskreisen mit sicherer Trennung sind 250 k$\Omega$ für den Isolationswiderstand ausreichend.

Die früheren Erleichterungen für feuchte und nasse Räume sind entfallen.

Nach DIN VDE 0100 Teil 600, Abschnitt 9

Siehe auch Kapitel 17

**Frage 6.22**
Gilt das auch für sehr große Anlagen?

**Frage 6.23**
Wie wird der Isolationszustand von Installationen in Verbraucheranlagen geprüft?

**Frage 6.24**
Mit welchem Meßgerät muß eine solche Isolationsprüfung durchgeführt werden?

**Antwort 6.22**
Ja; sollte eine solche Anlage den genannten Bedingungen nicht entsprechen, müssen weitere Überstromschutzorgane für Aufteilung sorgen. (Fehlerfreie Installation vorausgesetzt!)

Nach DIN VDE 0100 Teil 600, Abschnitt 9

**Antwort 6.23**
Es sind zu prüfen

1. alle nicht geerdeten Leiter gegen Schutzleiter,
2. alle nicht geerdeten Leiter gegeneinander,
3. Neutralleiter gegen Schutzleiter,
4. alle nicht geerdeten Leiter gegen Neutralleiter,

nachdem sie beiderseitig, also zwischen Überstromschutzorgan und Verbraucher, freigeschaltet wurden. (Klingeltransformator nicht vergessen!)

Nach DIN VDE 0100 Teil 600, Abschnitt 9

**Antwort 6.24**
Mit einem Isolationsmeßgerät, dessen Meßgleichspannung mindestens 500 V beträgt; für Anlagen über 500 V Nennspannung muß die Meßgleichspannung 1000 V betragen, wobei das Meßgerät wenigstens 1 mA Meßstrom liefern muß.

Bei Schutzkleinspannungs- und Funktionskleinspannungskreisen mit sicherer Trennung ist der Isolationswiderstand mit einer Meßgleichspannung von 250 V zu messen.

Diese Isolationsmessung bei Schutzkleinspannung darf nicht mit der möglichen Erprobung der Spannungsfestigkeit, die mit einer Prüfwechselspannung von 500 V durchgeführt werden muß, verwechselt werden.

Nach DIN VDE 0100 Teil 600, Abschnitt 5.1.2 und 9, sowie DIN VDE 0413 Teil 1

**Frage 6.25**
Worauf beruht die Prüfung des Isolationswiderstandes von
Fußböden?


**Frage 6.26**
In welchem Fall ist der Isolationszustand eines Fußbodens zu
prüfen?

**Antwort 6.25**
Sie beruht auf dem Prinzip der Spannungsteilung! (Bekanntlich verhalten sich bei einer Reihenschaltung die Spannungen wie die Widerstände.) Der Innenwiderstand des messenden Spannungsmessers muß deshalb bekannt sein; er bildet den einen, der Standort-Übergangswiderstand den anderen Teil des Spannungsteilers während der Messung.

Nach DIN VDE 0100 Teil 600, Abschnitt 10

**Antwort 6.26**
Er ist z. B. in Unterrichtsräumen mit Experimentierständen zu prüfen. Die Prüfung muß an ungünstigen Stellen ausgeführt werden; das Ergebnis darf an keiner Stelle 50 k$\Omega$ unterschreiten; bei Nennspannungen über 500 V Wechselspannung oder 750 V Gleichspannung jedoch 100 k$\Omega$.

Ebenso ist vor Anwendung der Schutzmaßnahme „Standortisolierung" oder bei „Arbeiten unter Spannung"* zu prüfen, ob der Fußboden genügend isoliert oder mit Gummimatten o. dgl. abgedeckt werden muß. (Allerdings müssen dann auch alle im Handbereich befindlichen Rohre, Träger, Metallrahmen, feuchte Wände u. dgl. abgedeckt werden.)

Nach DIN VDE 0100, § 54e, Teil 200, Teil 410, Teil 600, Abschnitt 10, und Teil 723, Abschnitt 7

---

\* Siehe auch Fragen und Antworten 15.15 bis 15.17.

Bereich 1
Bereich 0
Bereich 2
Bereich 3

225
60
240

# 7 Bade- und Duschräume

**Frage 7.1**
Zu welchen Raumarten zählen Bäder und Duschen?

**Frage 7.2**
Müssen in Baderäumen und Duschecken Metallmäntel elektrischer Leitungen mit in den vorgeschriebenen Potentialausgleich einbezogen werden?

**Antwort 7.1**

Bäder und Duschen gehören zu den Installationsfällen besonderer Art. Nach DIN VDE 0100 Teil 701 unterscheidet man:

A Baderäume und Duschecken in Wohnungen und Hotels;

B Bewegliche Bade- und Duscheinrichtungen;

C Sonstige Baderäume und Duschräume.

Zu A: Hier tritt nur zeitweise Feuchtigkeit auf; sie gelten daher – in bezug auf ihre Elektroinstallation – als „trockene Räume".

Zu B: Schrankbäder und Duschkabinen zählen zu den ortsfesten Verbrauchsmitteln, die begrenzt bewegbar sind; ihre Aufstellung ist an keine bestimmte Raumart gebunden.

Zu C: Hier ist häufig mit gewerblicher Nutzung zu rechnen, z. B. in Badeanstalten oder Krankenhäusern; es sind zusätzlich die Bestimmungen für feuchte und nasse bzw. für medizinisch genutzte Räume zu beachten!

Nach DIN VDE 0100 Teil 200, Abschnitt A6.3, A6.4, und Teil 701

**Antwort 7.2**

Keine Leitung darf hier einen Metallmantel haben!

Nach DIN VDE 0100 Teil 701, Abschnitt 5.2

**Frage 7.3**
Welche Leitungen sind demnach hier zur Verlegung freige-
geben?

**Frage 7.4**
Was versteht man unter „Sprühbereich"?

**Antwort 7.3**
Erlaubt sind

Kunststoffkabel ohne Metallmantel (z. B. NYY) sowie Mantelleitungen (z. B. NYM) und

von den Leitungen für trockene Räume nur die Stegleitungen (z. B. NYIF) und die Kunststoffaderleitungen in nichtmetallenen Rohren (z. B. H07V-U in Isolierstoffrohren ACF).

Stegleitungen dürfen nur in den Wänden des Bereiches 3 verlegt werden.

Nach DIN VDE 0100 Teil 701, Abschnitt 5.2

**Antwort 7.4**
Brausen haben einen „Sprühbereich": In der Regel der „Bereich 2" um Bade- und Duschwannen; er kann auch kleiner sein, wenn er durch Vorhänge oder Trennwände begrenzt ist. Elektrogeräte sollen möglichst außerhalb des Sprühbereichs angebracht werden; Ausnahmen erfordern mindestens Spritzwasserschutz (Schutzart IP X4).

Nach DIN VDE 0100 Teil 701, Abschnitt 3 und Tab. 1

**Frage 7.5**
In welche Bereiche wird ein Raum mit Bade- oder Duscheinrichtungen eingeteilt?

Welche Bereiche ergeben sich bei Duschecken mit geflie-
stem Fußboden ohne Duschwanne?

**Frage 7.6**
Sind also die in den Bereichen erforderlichen Leitungen auf
bzw. über Putz zu verlegen?

**Frage 7.7**
Darf 2 m über dem Fußboden ein eingebauter Zugschalter
des Badestrahlers sitzen?

**Antwort 7.5**

Man unterscheidet in Räumen mit Bade- oder Duscheinrichtungen vier Bereiche (Bereich 0 bis 3):

0: das Innere von Bade- oder Duschwanne;

1: den Raum mit den Außenmaßen der Bade- oder Duschwanne vom Fußboden bis zu 2,25 m Höhe;

2: den Raum in 0,6 m Abstand um die Bade- oder Duschwanne, vom Fußboden bis in 2,25 m Höhe;

3: den an Bereich 2 angrenzenden Raum, also in 0,6 m Abstand beginnend, bis zu 2,40 m Abstand (von Bereich 2).

Für Duschecken ohne eingebaute Duschwanne zählt als Ausgangspunkt die Ruhelage des Dusch- oder Brausekopfes. Bereich 1 ist innerhalb eines Radius von 0,6 m; Bereich 2 ist der Bereich ab 0,6 m bis 1,2 m um den Ruhepunkt. Ab 1,2 m bis einschließlich 3,6 m erstreckt sich Bereich 3.

Nach DIN VDE 0100 Teil 701, Abschnitt 3

**Antwort 7.6**

In den Bereichen 1 und 2 sind nur Leitungen erlaubt, die der Versorgung von dort zulässigen, festangebrachten Verbrauchsmitteln dienen. Die Leitungen müssen senkrecht verlegt und von hinten in das Gerät eingeführt werden. Notwendige im Gerät eingebaute Schalter sind hier ebenfalls erlaubt.

Nach DIN VDE 0100 Teil 701, Abschnitt 5.2 und 5.3

**Antwort 7.7**

Nein, die Grenze liegt noch 25 cm darüber; Badestrahler setzt man selbstverständlich nicht dem Spritzwasser aus.

Nach DIN VDE 0100 Teil 701, Abschnitt 3

**Frage 7.8**
Darf ein tropfwassergeschützter Heißwasserspeicher im Bereich 1 über der Badewanne angebracht und mit Stegleitung von unten her versorgt werden?

**Frage 7.9**
Wenn nun statt des elektrischen Heißwasserspeichers ein Gasdurchlauferhitzer mit elektrischer Zündeinrichtung installiert wird?

**Frage 7.10**
Welche Leitungsart ist zulässig für eine Durchgangsleitung, z. B. für Steckdosen im Nachbarzimmer?

Darf sie auch durch die Bereiche 1 und 2 der Badewanne gelegt werden?

**Frage 7.11**
Wie dick muß die Wand innerhalb der Bereiche 1 und 2 sein, damit man auf der vom Bade- oder Duschraum abgekehrten Seite – also im Nachbarraum – Leitungen verlegen darf?

**Antwort 7.8**
Gegen das Anbringen im Bereich 1 ist nur dann nichts einzuwenden, wenn das Gerät mindestens der IP-Schutzart IP X4, beim Auftreten von Strahlwasser IP X5, entspricht. Außerdem muß das Gerät über eine Mantelleitung oder ein Kabel versorgt werden. Stegleitung ist nur im Bereich 3 zulässig. Ferner ist die Zuleitung hier nur senkrecht zu verlegen und muß von hinten in das Gerät eingeführt werden. Eine waagerechte Verlegung von Kabeln und Leitungen ist hier nicht zulässig.

Nach DIN VDE 0100 Teil 701, Abschnitt 5.2.1 und 5.2.2

**Antwort 7.9**
Auch dann gelten die Anforderungen, wie sie in der Antwort 7.8 aufgeführt sind.

**Antwort 7.10**
Leitungen, die zur Stromversorgung anderer Räume oder Orte dienen, dürfen nicht durch die Bereiche 0 bis 3 von Bade- und Duschräumen führen.

Nach DIN VDE 0100 Teil 701, Abschnitt 5.2.3

**Antwort 7.11**
Bei Verlegung unter, im und sogar auf Putz auf der Rückseite der Bereiche 1 und 2 muß der Abstand zwischen dieser Leitung und der Wandfläche im Bade- oder Duschraum mindestens 6 cm sein! Das gilt auch für den Abstand zu Schaltern, Steckdosen oder dergleichen Gehäusen!

Nach DIN VDE 0100 Teil 701, Abschnitt 5.2.4

**Frage 7.12**
Dürfen Steckdosen, die über Trenntransformatoren gespeist werden, im Bereich 1 der Badewanne installiert werden?

**Frage 7.13**
Sind auch Ruf- und Signalanlagen im Bereich 1 und 2 verboten?

**Frage 7.14**
Ein neu installiertes Bad sei in die Schutzmaßnahmen „FI-Schutzschaltung" einbegriffen. Ist damit den Schutzvorschriften Genüge getan?

**Frage 7.15**
Welche Teile verbindet dieser zusätzliche örtliche Potentialausgleich?

**Antwort 7.12**
Nein, das Verbot gilt auch für sie, ebenso für Einbausteckdosen an Spiegelleuchten!

Steckdosen dürfen nur im Bereich 3 angeordnet werden. Außerdem muß eine der folgenden Schutzmaßnahmen angewendet werden: Schutzkleinspannung, Schutztrennung oder Fehlerstromschutzschaltung $I_{\Delta N} \leq 30$ mA. Damit wird nicht gefordert, einen solchen Schutzbereich bei Waschtischen, Geschirrspülen, Toiletten o. dgl. einzuhalten.

Nach DIN VDE 0100 Teil 701, Abschnitt 5.3.1

**Antwort 7.13**
Diese sind erlaubt, wenn für sie die Schutzmaßnahme „Schutzkleinspannung" mit max. 25 V Nennspannung verwendet wird; siehe auch Frage und Antwort 4.8.

Nach DIN VDE 0100 Teil 701, Abschnitt 5.4.3

**Antwort 7.14**
Nein! Es muß stets auch an einen zusätzlichen örtlichen Potentialausgleich gedacht werden.

Nach DIN VDE 0100 Teil 701, Abschnitt 4.2

**Antwort 7.15**
Er ist mit zugänglichen Klemmstellen anzuschließen

1. an die leitfähigen Ablaufstutzen;
2. an die leitfähigen Bade- und Duschwannen;
3. an die leitfähigen Rohrleitungen (Wasser, Gas, Heizung);
4. an den Schutzleiter, falls dies nicht an der Potentialausgleichsschiene geschieht.

Nach DIN VDE 0100 Teil 701, Abschnitt 4.2

**Frage 7.16**
Welchen Querschnitt muß der Leiter des zusätzlichen Potentialausgleichs haben?


**Frage 7.17**
Ist dieser Potentialausgleich gefährdet, wenn Teile der bisher metallenen Frischwasser-Rohre gegen solche aus nichtleitenden Werkstoffen ausgewechselt werden?

**Antwort 7.16**
Es ist mindestens 4 mm$^2$ Cu oder feuerverzinkter Bandstahl von mindestens 2,5 mm × 20 mm erforderlich.

Nach DIN VDE 0100 Teil 701, Abschnitt 4.2.2, und Teil 540, Abschnitt 9

**Antwort 7.17**
Ja, sofern die metallene Wasserverbrauchsleitung als Schutzleiter verwendet wurde, ist eine neue leitende Verbindung zwischen dem Schutzleiter und noch vorhandenen Metallrohren herzustellen. Die durchgehende Schutzleiterverbindung bis zur Hauptpotentialausgleichsschiene ist somit wieder aufgebaut. Das gilt besonders für den örtlichen Potentialausgleich im Bade- und Duschbereich. Unter Umständen muß bis zum Schutzleiter eines Verteilers verlängert werden, an dem ein Mindestquerschnitt von 4 mm$^2$ Cu zur Verfügung steht.

Nach DIN VDE 0100 Teil 410, Abschnitt 6.1.2, und Teil 701, Abschnitt 4.2

**Frage 7.18**
Was muß beim Aufstellen von beweglichen Bade- und Duscheinrichtungen beachtet werden?

**Frage 7.19**
Gelten die besprochenen Bestimmungen auch für Bade- oder Duschräume, die sich **nicht** in Wohnungen oder Hotels befinden?

**Antwort 7.18**

Zunächst sind die Bedingungen bezüglich der Schutzbereiche der Wanne zu beachten, also der ausreichende Abstand zu (bereits vorhandenen) Leitungen, Steckdosen und Schaltern (mindestens 0,6 m von der geöffneten Tür).

Die gesamte Anlage ist mit einer einzigen beweglichen, mindestens mittleren Gummischlauchleitung H05RN-F oder H07RN-F (früher NMHöu) über eine ortsfeste Geräteanschlußdose anzuschließen.

Auch hier darf der Potentialausgleich nicht fehlen; die Körper der Elektrogeräte sind mit der Wanne gut leitend zu verbinden!

Nach DIN VDE 0100 Teil 701, Abschnitt 5.2.6 und 5.3.2 (Für fabrikfertige Duschkabinen sind Bestimmungen in Vorbereitung.)

**Antwort 7.19**

In Badeanstalten und dergleichen zählen solche Räume zu den feuchten und nassen Räumen; es ist deshalb zusätzlich DIN VDE 0100 Teil 701, Tabelle 1 zu beachten. Für medizinisch genutzte Baderäume sind außerdem die Bestimmungen in DIN VDE 0107 maßgebend!

Nach DIN VDE 0100 Teil 701, Abschnitt 5

# 8  Feuergefährdete Betriebsstätten

**Frage 8.1**
Sind Papierfabriken „feuergefährdete Betriebsstätten" im Sinne der DIN-VDE-Normen?

**Frage 8.2**
Was ist in feuergefährdeten Betriebsstätten bei dem zu verwendenden Installationsmaterial besonders zu beachten?

**Frage 8.3**
Welche Merkmale haben Leuchten für feuergefährdete Betriebsstätten?

**Antwort 8.1**
Diese Frage ist falsch gestellt. Büroräume z. B. einer solchen Fabrik, zählen nicht zu den „feuergefährdeten Räumen", wohl aber die Arbeits-, Trocken- und Lagerräume, Räume also, in denen sich „leicht entzündliche Stoffe in gefahrdrohender Menge" den elektrischen Betriebsmitteln so nähern können, daß höhere Temperaturen oder Lichtbögen eine Brandgefahr bilden.

Leichtentzündliche Stoffe sind Heu, Stroh, Hobelspäne, Baum- und Zellwollfasern u. a. m.

Nach DIN VDE 0100 Teil 720, Abschnitt 2.2

**Antwort 8.2**
Die Steckvorrichtungen sollen ein Isolierstoffgehäuse haben und so gesetzt werden, daß sie gegen mechanische Beschädigung geschützt sind. Installationsschalter, Steckvorrichtungen, Abzweigdosen u. dgl. müssen mindestens der Schutzart IP X5 entsprechen, wenn sie sich in Räumen befinden, die durch Staub oder Faserstoffe feuergefährdet sind.

Nach DIN VDE 0100 Teil 720, Tabelle 1

**Antwort 8.3**
Sie müssen mit ▽▽ gekennzeichnet sein und in Räumen, die durch Staub oder Faserstoffe feuergefährdet sind, mindestens die Schutzart IP X5 haben. Ist mit mechanischer Beschädigung zu rechnen, sind entsprechend widerstandsfähige Schutzkörbe, Schutzgläser u. dgl. anzubringen.

Besondere Beachtung erfordert die brandsichere Montage von Leuchten für Leuchtstofflampen, weil an deren Vorschaltgeräten u. U. hohe Temperaturen auftreten können; siehe auch Frage und Antwort 5.21.

Nach DIN VDE 0100 Teil 720, Abschnitt 6.2.2, sowie Tabelle 1

**Frage 8.4**
Ist die Schutzmaßnahme Überstromschutz im TN-Netz auch in feuergefährdeten Betriebsstätten zulässig?

**Frage 8.5**
Schienenverteiler sind für größere Stromstärken geeignet und haben meistens ein Metallgehäuse.

Ist deshalb (Metallumhüllung!) in Anlagen mit Überstromschutzeinrichtungen auch ein 0,5-A-FI-Schutzschalter erforderlich?

**Antwort 8.4**

Als Schutzmaßnahme zur Verhütung von Bränden sind in feuergefährdeten Betriebsstätten entweder

– Überstromschutzorgane im TN-S-Netz bei einer max. Auslösezeit von 5 s oder
– Fehlerstromschutzeinrichtung mit einem Nennfehlerstrom $I_{\Delta N} = 0{,}5$ A oder
– Schutzabstand durch Verlegen einadriger Mantelleitung, einadriger Kabel oder z. B. Schienenverteiler

zulässig.

Bei TN-Netzen ist ab dem letzten Verteiler außerhalb der feuergefährdeten Betriebsstätten ein separater Schutzleiter vorgeschrieben, es ist also ein TN-S-Netz aufzubauen. Leitungen und Kabel müssen einen flammwidrigen Kunststoffmantel besitzen, z. B. PVC, VPE u. ä.

Nach DIN VDE 0100 Teil 720, Abschnitt 4

**Antwort 8.5**

Nein, die Schutzmaßnahme durch Überstromschutzeinrichtungen im TN-S-Netz genügt hierbei vollauf.

**Anmerkung**: Es wird zur Verhütung von Bränden dann keine spezielle Schutzmaßnahme gefordert, wenn die einzelnen Leiter voneinander und von leitfähigen geerdeten Teilen nicht durch brennbare Isolierung, sondern durch einen ausreichenden **Schutzabstand** getrennt sind. Auch getrennt verlegte einadrige Feuchtraumleitungen oder je eine H07V-U-Leitung (früher NYA) in je einem Kunststoffrohr oder Einaderkabel erfüllen den gleichen Zweck.

Nach DIN VDE 0100 Teil 720, Abschnitt 4.1

**Frage 8.6**
Darf in feuergefährdeten Betriebsstätten an Stelle der Schutzmaßnahme durch Überstromschutzeinrichtung im TN-S-Netz
auch die FI-Schutzschaltung verwendet werden?

**Frage 8.7**
In welchen Fällen sind für Verteilungen an den Neutralleiter-
schienen Trennklemmen (oder ähnliches) vorgeschrieben,
um den Isolationswiderstand auch des Neutralleiters ohne
Abklemmung messen zu können?

**Frage 8.8**
Wird der ankommende PEN-Leiter an diese Trennklemmen-
reihe angeschlossen?

**Antwort 8.6**
Ja; aber sie setzt voraus, daß für deren Anwendung innerhalb der Umhüllungen der Leitungen ein besonderer **Isolations-überwachungsleiter** mitgeführt wird. Das kann eine zusätzliche Ader in einer Feuchtraumleitung, der konzentrische Schirm in einem Kunststoffkabel oder ein blanker Leiter zusammen mit isolierten Leitungen in Kunststoffrohren sein. Damit ist auch hier ein Schutz gegen Brände vorgesehen. Ein FI-Schutzschalter darf hier bis zu 0,5 A Nenn-Fehlerstrom haben.

Nach DIN VDE 0100 Teil 720, Abschnitt 4.1.2

**Antwort 8.7**
Dies ist in Verteilungen für „feuergefährdete Räume" und in solchen für „Versammlungsstätten" u. dgl. vorgeschrieben; siehe auch Antwort 12.8

Nach DIN VDE 0100 Teil 720, Abschnitt 4.3, und DIN VDE 0108 Teil 1, Abschnitt 5.2.2.4

**Antwort 8.8**
Nein! Der (grün-gelbe) PEN-Leiter hat zuerst einmal Schutzfunktion. Er selbst ist ja vielfach geerdet! Deshalb muß er immer an die nichtisolierte, geerdete Schutzleiterschiene angeschlossen werden! Von dieser Anschlußstelle führt dann ein (hellblauer) Sammel-Neutralleiter zur isolierten Neutralleiterschiene, an die die einzelnen (hellblauen) Verbraucher-Neutralleiter über Trennklemmen angeschlossen sind.

Nach DIN VDE 0100 Teil 720, Abschnitt 4.3, Bild 1

**Frage 8.9**
Welche beweglichen Leitungen sind in feuergefährdeten Betriebsstätten zu verwenden?

**Frage 8.10**
Zu welcher Raumart gehören Garagen?*

**Frage 8.11**
Wie müssen Motoren in feuergefährdeten Betriebsstätten gegen Überlastung geschützt werden?

---

* Siehe auch „Empfehlungen für die elektrische Beheizung von Garagen", VWEW, Frankfurt/M.

**Antwort 8.9**
Mindestens mittlere, ölfeste und schwer entflammbare Gummischlauchleitungen, z. B. H07RN-F (früher NMHöu) oder gleichwertige Typen, sind hier nötig!

Nach DIN VDE 0100 Teil 720, Abschnitt 5.2

**Antwort 8.10**
Garagen zählen neuerdings zu den feuchten und nassen Räumen. Es dürfen hier aber keine Ausbesserungs- oder Reinigungsarbeiten vorgenommen werden, bei denen Kraftstoff in größeren Mengen austritt oder umgefüllt wird! Denn elektrische Anlagen in Ausbesserungswerkstätten und Großgaragen müssen teilweise explosionsgeschützt* ausgeführt werden. Für Fahrzeuge mit Gastanks gelten ebenfalls besondere Regelungen.

Näheres bestimmen in „Garagen-Verordnungen" die örtlichen Baubehörden und in „Technischen Anschlußbedingungen" die Elektrizitätsversorgungsunternehmen.

Nach DIN VDE 0100 Teil 737 und DIN VDE 0108 Teil 1 und Teil 6 sowie „Richtlinien für elektrische Anlagen in explosionsgefährdeten Betriebsstätten mit Beispielsammlung", lfd. Nr. 7.1

**Antwort 8.11**
Bei Motoren mit selbsttätigem Anlauf, ferngesteuerten Motoren u. ä. müssen Motorschutzschalter mit Wiedereinschaltsperre den Motor überwachen, so daß eine Überhitzung des Motors sicher verhindert wird. Da auch bei anderen Motoren, die nicht selbsttätig anlaufen, eine Überlastung nicht immer ausgeschlossen werden kann, ist auch hier ein Motorschutzschalter zu empfehlen.

Nach DIN VDE 0100 Teil 720, Abschnitt 6.2.1

---

\* Siehe auch Frage und Antwort 9.3.

**Frage 8.12**
Welche Wärmegeräte dürfen in feuergefährdeten Betriebsstätten eingesetzt werden?

**Frage 8.13**
Wie muß bei Trocknungsanlagen das Auftreten unzulässiger
Betriebstemperaturen verhindert werden?

**Antwort 8.12**
Neben den Warmwasserheizungssystemen sind auch Elektrowärmegeräte zulässig, deren Heizleiter nicht mit leichtentzündlichen Stoffen in Berührung kommen können. Die Oberflächentemperatur darf außerdem 115°C nicht überschreiten (Geringere Werte können durch das Baurecht der Bundesländer festgehalten sein).

Heizungen mit Kernspeicher dürfen in durch Staub oder Fasern feuergefährdeten Betriebsstätten nicht verwendet werden, wenn die Raumluft mit dem Speicherkern in Berührung kommt.

Nach DIN VDE 0100 Teil 720, Abschnitt 6.2.4 und 6.2.6

**Antwort 8.13**
Trocknungsanlagen müssen so beschaffen sein, daß bei Erreichen unzulässig hoher Temperaturen die Heizregister und Gebläse automatisch abgeschaltet werden. Die Trocknungsanlage darf nach einer Abschaltung infolge unzulässiger Temperaturen nicht wieder automatisch starten. Sie darf erst nach Beseitigung des Fehlers wieder in Betrieb gesetzt werden können.

Nach DIN VDE 0100 Teil 720, Abschnitt 6.2.7

**Frage 8.14**
Zu welcher Raumart zählen Räume mit Ölfeuerungsanlagen?
Was ist bei der Installation besonders zu beachten?

**Antwort 8.14**

Man unterscheidet zwischen Kompaktkesseln für den Hausgebrauch, die durch Laien betrieben werden und (Groß-) Feuerungsanlagen für den Einsatz in Wärmeversorgungsnetzen.

Räume mit Kompaktkessel-Heizanlagen für den Hausgebrauch zählen in der Regel zu den „trockenen" Raumarten. Bis auf einen Hauptschalter für die Heizungsanlage und deren Ölförderpumpe werden keine besonderen Installationsmaßnahmen gefordert.

Für (Groß-) Feuerungsanlagen sind die Bestimmungen der DIN VDE 0116 maßgebend. In dieser Norm sind Angaben zu Kabel- und Leitungswahl, über Freischalteinrichtungen, Gefahrenschalter usw. enthalten.

Nach DIN VDE 0116

Siehe auch DIN VDE 0722

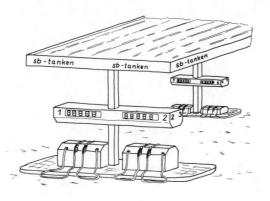

# 9 Explosionsgefährdete Bereiche

**Frage 9.1**
Was sind explosionsgefährdete Bereiche?


**Frage 9.2**
Woraus ersieht der Fachmann, welche Stoffe explosionsfähig sind?


**Frage 9.3**
Wie stellt man fest, ob und in welchem Umfang ein Raum oder ein örtlicher Bereich explosionsgefährdet ist?

**Antwort 9.1**

Das sind Orte oder auch nur begrenzte Bereiche, in denen sich Gase, Dämpfe, Nebel oder Stäube ansammeln können, die mit Luft explosionsfähige Gemische bilden, – falls das in gefahrdrohender Menge geschieht!

Nach DIN VDE 0165, Abschnitt 2.1

**Antwort 9.2**

Dafür sind in DIN VDE 0165 am Schluß Tafeln enthalten!

Nach DIN VDE 0165, Abschnitte 3.1, 3.2, 3.3 und Anhang A (Tabellen)

**Antwort 9.3**

Der Hauptverband der gewerblichen Berufsgenossenschaften (Zentralstelle für Unfallverhütung) hat „Richtlinien für die Vermeidung der Gefahren durch explosionsfähige Atmosphäre mit Beispielsammlung" aufgestellt. In diesem Heft sind zahlreiche praktische Beispiele angeführt; z. B. auch für häufig unklare Fälle, wie Garagen, Räume für Reinigungen mit brennbaren Flüssigkeiten, Farbspritzanlagen, Getreidemühlen, Anästhesieräume usw.

Grundsätzlich entscheidet aber in allen Zweifelsfällen die Aufsichtsbehörde!

Nach DIN VDE 0165, Abschnitt 1.1.2

**Frage 9.4**
Welche explosionsgefährdeten Bereiche unterscheidet man bei brennbaren Gasen, Dämpfen und Nebeln?*

**Frage 9.5**
Und wie ist es mit brennbaren Stäuben?

**Frage 9.6**
Welche Bedeutung hat der Flammpunkt einer Flüssigkeit in bezug auf die Explosionsgefahr?

---

* Siehe auch Frage und Antwort 14.25 bis 14.28.

**Antwort 9.4**
Die explosionsgefährdeten Bereiche werden in Zonen eingeteilt. Für brennbare Gase, Dämpfe und Nebel gilt:

Zone 0 – In diesem Bereich ist ständig oder langzeitig eine gefährliche explosionsfähige Atmosphäre vorhanden.

Zone 1 – In diesem Bereich ist damit zu rechnen, daß eine gefährliche explosionsfähige Atmosphäre nur gelegentlich auftritt.

Zone 2 – In diesem Bereich ist damit zu rechnen, daß eine gefährliche explosionsfähige Atmosphäre nur selten und dann auch nur kurzzeitig auftritt.

Nach DIN VDE 0165, Abschnitt 4.1, sowie ElexV, § 2

**Antwort 9.5**
Für brennbare Stäube gilt Zone 10 und 11.

In Zone 10 ist langzeitig oder häufig eine gefährliche explosionsfähige Atmosphäre vorhanden.

In Zone 11 ist damit zu rechnen, daß durch Aufwirbeln von Staubablagerungen gelegentlich und nur kurzzeitig eine gefährliche explosionsfähige Atmosphäre auftritt.

Nach DIN VDE 0165, Abschnitt 4.2, sowie ElexV, § 2

**Antwort 9.6**
Bei Temperaturen unterhalb ihres Flammpunktes verdunstet nur so wenig, daß keine Explosionsgefahr besteht. Je niedriger der Flammpunkt liegt, desto gefährlicher ist die Flüssigkeit (z.B. liegt er für Benzin niedriger als 21°C); er darf nicht mit dem viel höher liegenden Siedepunkt verwechselt werden (z.B. für Benzin bei 135°C)!

Nach DIN VDE 0165, Abschnitt 2.3 und Tabelle A.1

**Frage 9.7**
Wie werden die einzelnen Gase und Dämpfe in ihrer Explosionsgefahr unterschieden?

**Frage 9.8**
Gibt es dafür maßgebende Tafeln?

**Frage 9.9**
Wie trifft nun der Elektroinstallateur die für seinen Installationsfall richtige Gerätewahl?

**Antwort 9.7**
Die Gefährlichkeit der Gemische wird unterschieden durch

1. die Zündtemperatur (die niedrigste Temperatur, bei der sich das Gemisch gerade noch entzündet) und
2. die Explosionsgruppe (Zünddurchschlagsfähigkeit; der kleinste Spalt, durch den ein Zünddurchschlag erfolgt).

Bei Staubablagerungen ist außerdem die niedrigste Glimmtemperatur des Staubes maßgebend.

Nach DIN VDE 0165, Abschnitte 2.4, 2.5, 2.6 und 5.2

**Antwort 9.8**
Ja, die Tabelle A 1 der DIN VDE 0165 enthält die Kennzahlen der wichtigsten brennbaren Gase und Dämpfe. Hier entsprechen den Zündtemperaturen die „Temperaturklassen" T1 bis T6, den Zünddurchschlagsfähigkeiten die „Explosionsgruppen" II A bis II C.

Diese Abstufungen sind notwendig wegen der unterschiedlichen Herstellungskosten für den Ex-Schutz der Geräte!

Nach DIN VDE 0165, Abschnitte 2.3, 2.6 und Tabelle A 1

**Antwort 9.9**
Die Betriebsmittel sind nach den entsprechenden Zonen, der Temperaturklasse und der Explosionsgruppe der brennbaren Stoffe auszuwählen.

Es sollen auch nur unbedingt erforderliche elektrische Betriebsmittel in den explosionsgefährdeten Bereichen angebracht werden.

Nach DIN VDE 0165, Abschnitt 5.2

**Frage 9.10**
Welche Betriebsmittel dürfen denn nun in den einzelnen Zonen verwendet werden?

**Antwort 9.10**

In Zone 0 dürfen nur Betriebsmittel mit einer besonderen Bescheinigung für die Verwendbarkeit in Zone 0 eingebaut werden.

In Zone 1 sind Betriebsmittel der Zone 0 zulässig.

In Zone 2 können die Betriebsmittel der Zone 0 oder der Zone 1 verwendet werden.

In Zone 10 dürfen nur Betriebsmittel verwendet werden, die hierfür besonders zugelassen sind.

In Zone 11 wird für die Betriebsmittel keine besondere Prüfbescheinigung gefordert. Die Betriebsmittel müssen allerdings mindestens in Schutzart IP 54 ausgeführt sein. Es dürfen jedoch keine gefährlichen Staubablagerungen auftreten können, und die Zündtemperatur darf bestimmte Werte nicht übersteigen.

Nach DIN VDE 0165, Abschnitte 6.1.1, 6.2.1, 6.3.1, 7.1 und 7.2; siehe auch ElexV, § 8

**Frage 9.11**
Gibt es denn verschiedene Zündschutzarten?

**Frage 9.12**
Welche Aufschriften müssen explosionsgeschützte Betriebsmittel tragen?

**Antwort 9.11**

Ja; durch die Bauart vermeidet man entweder zündfähige Funken und Temperaturen, oder man kapselt das Gerät explosionsdicht. Außerdem kann man beides kombinieren.

Zu der ersten Bauart gehören die Zündschutzarten „Erhöhte Sicherheit" (Kennzeichen „e") – hier entstehen weder gefährliche Funken noch Temperaturen, und „Eigensicherheit" (Kennzeichen „i") – die Energie des Stromkreises ist zu gering für gefährliche Funken oder Temperaturen.

Zu der zweiten Bauart gehören die Zündschutzarten „Druckfeste Kapselung" („d"), „Vergußkapselung" („m"), „Sandkapselung" („q"), „Überdruckkapselung" („p"), „Ölkapselung" („o") und „Sonderschutz" („s").

Nach DIN VDE 0165, Abschnitt 6.1, und DIN VDE 0170/0171 Teil 1 bis Teil 9

**Antwort 9.12**

Ja; Beispiele enthält DIN VDE 170/0171 „DIN VDE-Bestimmungen für schlagwettergeschützte und explosionsgeschützte elektrische Betriebsmittel". Danach müssen neben den Angaben des Herstellers zur richtigen Kennzeichnung das Zeichen „EEx", die Zündschutzart (z. B. „p", „d", „q") und die Explosionsgruppe („I" für Schlagwetterschutz und „II" für Explosionsschutz) des Betriebsmittels angegeben sein. Für EEx-Gruppe II" ist außerdem die Temperaturklasse (T1 bis T6) oder die höchste Oberflächentemperatur (°C) anzugeben. Darüber hinaus sind eine Fertigungs-Nr., Jahr und Bescheinigungs-Nr. einer Prüfstelle erforderlich.

In Zweifelsfällen sind die „EEx-Richtlinien" der Berufsgenossenschaften vorrangig zu beachten.

Nach DIN VDE 0165, Abschnitte 2.5, 3.4, 5, 7, Tabelle 2 und Erläuterungen, sowie DIN VDE 0170/0171 Teil 1, Abschnitt V 26.5

**Frage 9.13**
Wie müssen also z. B. druckfest gekapselte Betriebsmittel gekennzeichnet sein, wenn es sich um den Explosionsschutz gegen Benzindämpfe (Ottokraftstoffe) handelt?

**Frage 9.14**
Gibt es auch für Kabel und Leitungen in explosionsgefährdeten Räumen besondere Beschränkungen?

**Antwort 9.13**

Sie müssen den Aufdruck „EEx d II A T3" tragen.

Nach DIN VDE 0165, Tabelle A 1, und DIN VDE 0170/0171 Teil 1, Abschnitt V, sowie Teil 1A3

**Antwort 9.14**

Jawohl! Die Kabel und Leitungen müssen den zu erwartenden Beanspruchungen standhalten, z. B. mechanischen, thermischen oder chemischen Einflüssen. Die äußeren Umhüllungen und Mäntel von Kabeln und Leitungen müssen flammwidrig sein, sofern sie nicht in sandgefüllten Kanälen oder im Erdreich verlegt werden.

Für **feste Verlegung** dürfen Kabel und Leitungen mit Kunststoff- oder Gummimänteln verwendet werden, z. B. Bleimantelleitungen, Mantelleitungen sowie Gummischlauchleitungen H07RN-F.

Geschirmte oder mit einer Bewehrung aus Drahtgeflecht versehene Kabel und Leitungen müssen einen äußeren Mantel aus Gummi oder Kunststoff haben. Umhüllte Rohrdrähte sind nicht erlaubt. In Schalt- und Verteilungsanlagen dürfen auch Kunststoffaderleitungen verwendet werden. Bei ortsveränderlichen Betriebsmitteln müssen als Anschlußleitungen Gummischlauchleitungen Typ H07RN-F oder mindestens gleichwertiger Ausführung Verwendung finden. Dies gilt insbesondere für Fußschalter, Handleuchten, Faßpumpen und Betriebsmittel mit ähnlichen Beanspruchungen. Hier ist außerdem ein Mindestquerschnitt von 1,5 mm$^2$ gefordert.

Für leichtere mechanische Beanspruchung sind unter bestimmten Voraussetzungen auch Gummischlauchleitungen Typ H05RN-F oder Kunststoffschlauchleitungen Typ H05VV-F (für Temperaturen über minus 5°C) mit einem Mindestquerschnitt von 1 mm$^2$ oder gleichwertige zulässig.

Nach DIN VDE 0165, Abschnitt 5.6

**Frage 9.15**
Welche erleichternden Bestimmungen gelten für Betriebsstätten, die nur staubexplosionsgefährdet sind?

**Frage 9.16**
Was ist bei Staubablagerungen mit größeren Schichtdicken
(dicker als 5 mm) besonders zu beachten?

**Frage 9.17**
Im Bereich einer Tankstelle soll ein neues Niederspannungskabel im Erdreich verlegt werden. Welcher Abstand muß
dabei von den unterirdischen Tanks und von den Versor-
gungsleitungen eingehalten werden?

**Antwort 9.15**
Hier genügen gegen Staubablagerung und gegen Spritzwasser geschützte Betriebsmittel (mindestens in Schutzart IP 54). Allerdings ist auch auf die Oberfläche zu achten: die Oberflächentemperatur muß genügend weit unterhalb der Glimmtemperatur des Staubes bleiben.

Nach DIN VDE 0165, Abschnitt 7.1

**Antwort 9.16**
Bei Schichtdicken über 5 mm ist eine starke Verminderung der Glimmeinsatztemperatur zu erwarten. Je nach Schichtdicke sind nur entsprechend geringere Oberflächentemperaturen zulässig. In staubexplosionsgefährdeten Bereichen ist die regelmäßige Reinigung der Betriebsmittel vorgeschrieben, um Staubansammlungen in gefahrdrohender Menge zu verhindern.

Nach DIN VDE 0165, Abschnitte 3.2, und 7.1.1.2, sowie ElexV, Anhang zu § 3 Absatz 1, Abschnitt 3.2

**Antwort 9.17**
Von den unterirdischen Tanks der Tankstellenanlagen muß ein Sicherheitsabstand von 1 m eingehalten werden. Dies gilt auch für die zu den Zapfsäulen führenden Treibstoffleitungen. In Zweifelsfällen ist die zuständige Behörde, dies sind in der Regel zuständige Stellen der Technischen Überwachungs-Vereine, zu befragen.

Nach TRbF*110 / 12.07.1990, Abschnitt 8.2(3). Siehe auch TRbF 121, 131, 221 und 231

---

\* Technische Regeln für brennbare Flüssigkeiten.

**Frage 9.18**
Wie weit gelten Tankstellen für Vergaserkraftstoffe als explosionsgefährdet?

**Frage 9.19**
Welchen Ausweg sucht man zunächst, wenn explosionsgefährdete Räume neu eingerichtet werden sollen?

**Frage 9.20**
Haben explosionsgefährdete Bereiche auch Einfluß auf die Installation in Nachbarräumen?

**Antwort 9.18**

Hier gilt als explosionsgefährdeter Bereich

1. das Innere der Zapfsäulen, der Domschacht zu unterirdischen Tanks sowie die unmittelbare Umgebung um die Entlüftungsrohre (Zone 1);
2. ein um diese Säulen gedachter Bereich mit allseits 0,2 m Abstand, vom Erdboden bis zur Bauhöhe der Zapfsäulen (Zone 2).

Im Erdreich ist kunststoffisoliertes Bleimantelkabel (NYKY) zu empfehlen.

Nach DIN VDE 0165, Abschnitt 6, und „Technische Regeln für brennbare Flüssigkeiten" vom 30. 3. 1989 (15. Änderung), TRbF 112, Seite 9 Bild 1 und Seite 10, Abschnitt 3.3 und 4.12

**Antwort 9.19**

Man versucht, die elektrische Anlage möglichst außerhalb des explosionsgefährdeten Bereiches zu installieren.

Nach DIN VDE 0165, Abschnitt 5.2.1

**Antwort 9.20**

Unter Umständen ja! Muß man damit rechnen, daß die durch Be- und Entlüftung austretenden Gase und Dämpfe auch noch in größerer Entfernung explosionsfähig sind, dann muß in einem erweiterten Bereich die Anlage explosionsgeschützt ausgeführt werden!

Leitungs-Durchführungsöffnungen müssen dicht verschlossen sein!

Nach DIN VDE 0165, Abschnitt 5.6.3.1, und „Ex-RL", Abschnitt C*

---

\* „Explosionsschutz-Richtlinien" der Berufsgenossenschaft der chemischen Industrie.

**Frage 9.21**
Wie verbindet man Leitungen in explosionsgeschützten Anlagen untereinander, und wie befestigt man sie an Anschlußklemmen?

**Frage 9.22**
Worauf muß geachtet werden, wenn zwischen leitfähigen Gehäusen und Konstruktionsteilen Spannungsunterschiede auftreten können (durch PEN-Leiter-Ströme, kapazitive Ströme u. dgl.)?

**Frage 9.23**
Wird für explosionsgefährdete Bereiche ein gemeinsamer Hauptschalter gefordert?

**Antwort 9.21**
Zur Verbindung von Leitern außerhalb von Betriebsmitteln sind neuerdings nur noch Preßverbindungen erlaubt. Die Isolation und den Schutz gegen Umgebungseinflüsse können Gießharzgarnituren oder Schrumpfschlauchmuffen übernehmen.

Der Anschluß an Maschinen, Transformatoren, Geräte usw. muß durch verdrehungssichere und gegen Lockern gesicherte Verschraubungen erfolgen. Unbefestigte Klemmen dürfen nicht verwendet werden. Mehr- und feindrähtige Leiter erhalten selbstverständlich einen Schutz gegen Aufspleißen durch Adernendhülsen oder durch geeignete Klemmen.

Nach DIN VDE 0165, Abschnitt 5.6.4, sowie DIN VDE 0170/0171 Teil 1, Abschnitte 8, 13 und 14

**Antwort 9.22**
Innerhalb von explosionsgefährdeten Bereichen – und nicht nur dort! – wird bei Schutzmaßnahmen mit Schutzleitern ein Potentialausgleich aller leitfähigen Teile gefordert.

Nach DIN VDE 0165, Abschnitt 5.3.3

**Antwort 9.23**
Es müssen diejenigen elektrischen Betriebsmittel gefahrlos abgeschaltet werden können, deren Weiterbetrieb bei Störungen gefährlich ist. Betriebsmittel aber, die bei Störungen zur Vermeidung von Gefahrenausweitung weiterarbeiten müssen, dürfen dabei **nicht** ausgeschaltet werden!

Nach DIN VDE 0105 Teil 1, Abschnitt 3.2, und DIN VDE 0165, Abschnitte 5.4 und 5.5

**Frage 9.24**
Wie wird diese Notabschaltung bestimmter Stromverbraucher bei mehreren Stromkreisen in größeren explosionsgefährdeten Bereichen erreicht?

**Frage 9.25**
In der Farbspritzkabine einer Lackiererei entstand ein Kurzschluß. Der Lackierer wollte die defekte Schmelzsicherung sofort auswechseln, wurde aber von einem zufällig anwesenden Elektroinstallateur daran gehindert. Wer hatte recht?

**Frage 9.26**
Ein elektrisches Gerät war an dem Teil, von dem der Explosionsschutz abhängig ist, schadhaft geworden. Es wurde von einer Elektromechaniker-Werkstatt wieder instand gesetzt. Darf das Gerät ohne weiteres von einem Elektroinstallateur in die Anlage wieder eingebaut und in Betrieb genommen werden?

**Antwort 9.24**
Hier sind in ausreichender Anzahl Befehlsgeräte „Not-Aus"
erforderlich.

Das sind auffällig rot gekennzeichnete, hand- oder fußbetä-
tigte Handhaben oder Druckknöpfe, von denen jedes glei-
chermaßen auf alle diejenigen Stromkreise einwirken kann,
die im Gefahrenfalle ausgeschaltet werden sollen.

Gegebenenfalls können auch die für den Betrieb erforderlichen Schalter benutzt werden.

Nach DIN VDE 0100 Teil 460, Abschnitt 6, und DIN VDE 0113
Teil 1, Abschnitt 9.2.5.4, sowie DIN VDE 0165, Abschnitt 5.5,
und DIN VDE 0199/3.88

**Antwort 9.25**
Der Elektroinstallateur! Nach einem Kurzschluß in einem
explosionsgefährdeten Bereich darf erst dann eingeschaltet
werden, wenn der Fehler beseitigt worden ist!

Nach DIN VDE 0105 Teil 9, Abschnitt 5.2

**Antwort 9.26**
Das Gerät muß, ähnlich wie ein neues Betriebsmittel, vor der
Wiederverwendung entweder vom ursprünglichen Hersteller
oder von einem amtlich anerkannten Sachverständigen auf
seinen wirksamen Explosionsschutz geprüft werden.

Nach DIN VDE 0170/0171 Teil 1, Abschnitt 25, und Elex-V, § 9

**Frage 9.27**

In einem explosionsgefährdeten Bereich ist ein dort üblicherweise vorhandenes explosionsfähiges Gemisch explodiert,
obwohl die gesamte elektrische Anlage einwandfrei explosionsgeschützt errichtet, betrieben und unterhalten wurde. Es
wurden auch keine anderen thermischen Zündquellen festgestellt.

Was kann noch die Ursache sein?

**Antwort 9.27**
Die Explosion kann auch durch eine zu große elektrostatische Aufladung mit nachfolgender Zündung durch Funkenentladung bewirkt worden sein! Errichter und Betreiber einer explosionsgefährdeten Betriebsstätte müssen also auch auf diese Gefahren achten, besonders bei der steigenden Verwendung von nicht-leitfähigen Kunststoffen!

Der Hauptverband der gewerblichen Berufsgenossenschaften (Zentralstelle für Unfallverhütung) hat deshalb ein Heft „Richtlinien für die Vermeidung von Zündgefahren infolge elektrostatischer Aufladungen" herausgegeben*.

**Beachte:** Jede Explosion muß der Aufsichtsbehörde unverzüglich angezeigt werden.

Nach DIN VDE 0165, Abschnitt 5.7, und Elex-V, § 17

---

*    Siehe auch Frage und Antwort 14.28.

**Frage 9.28**
Wodurch kann man elektrostatische Aufladungen gefahrlos
ausgleichen?

**Antwort 9.28**
Es gibt mehrere Möglichkeiten:

- Anordnen der Aufladung erzeugenden Betriebsmittel außerhalb der gefährdeten Bereiche.
- Verwendung von Einrichtungen, die keine Aufladung erzeugen (z. B. Zahnradgetriebe oder Direktantrieb statt Riemenantrieb).
- Verwendung leitfähiger Bauteile und Werkstoffe, statt hochisolierender. Dies gilt nicht nur für die Maschinen, sondern auch für Fußbodenbeläge, Schuhwerk und Kleidung der Arbeiter.
- Erdung leitfähiger Bauteile. Zur Vermeidung gefährlicher Aufladungen kann eine sog. elektrostatische Erdung über einen Widerstand von mindestens 15 k$\Omega$ ausreichen.
- Erhöhen der relativen Luftfeuchtigkeit, um den Oberflächenwiderstand, auch den des Fußbodens, zu verringern. Achtung: In Zone 0 ist diese Maßnahme nicht ausreichend.

Nach DIN VDE 0165, Abschnitt 5.7, und „Richtlinien für die Vermeidung von Zündgefahren infolge elektrostatischer Aufladungen" (Richtlinien „Statische Elektrizität"), Abschnitt 6 und 7

**Frage 9.29**
Welche Leitungs- und Kabelhüllen müssen durchgängig hellblau gefärbt sein?

**Frage 9.30**
Wer haftet grundsätzlich gegenüber der Aufsichtsbehörde für elektrische Anlagen in explosionsgefährdeten Räumen?

**Frage 9.31**
In welchen Zeitabständen müssen in explosionsgefährdeten Bereichen die elektrischen Anlagen geprüft werden, und wer führt diese Wiederholungsprüfungen durch?

**Antwort 9.29**
Das ist für die „eigensicheren Anlagen" vorgeschrieben; für alle anderen ist diese Kennzeichnung aber verboten!

Besondere Maßnahmen sind ggf. zu treffen gegen die Verwechslung mit dem hellblauen Neutralleiter von nicht-eigensicheren Stromkreisen.

Nach DIN VDE 0165, Abschnitt 6.1.3.2.3

**Antwort 9.30**
Es haftet derjenige, der eine Anlage

1. erstmals in Betrieb nimmt;
2. wesentlich ändert;
3. weiterbetreibt, nachdem der Raum explosionsgefährdet geworden ist.

Alle diese Fälle sind der Behörde unverzüglich anzuzeigen! Die vorsätzliche oder fahrlässige Unterlassung ist strafbar.

Nach „Elex-V", §§ 8, 9, 12, 13 und 17

**Antwort 9.31**
Die Wiederholungsprüfung explosionsgefährdeter Anlagen muß in solchen Zeitabständen erfolgen, daß zu erwartende Mängel rechtzeitig behoben werden können. Es ist jedoch mindestens alle drei Jahre eine Prüfung der Anlage durchzuführen. Der ordnungsgemäße Zustand muß von einer Elektrofachkraft oder unter deren Aufsicht und Leitung festgestellt werden.

Wird die elektrische Anlage unter Leitung eines Ingenieurs ständig überwacht, kann die Wiederholungsprüfung entfallen.

Nach DIN VDE 0105 Teil 6, Abschnitt 6, und ElexV § 12

# 10 Baustellen

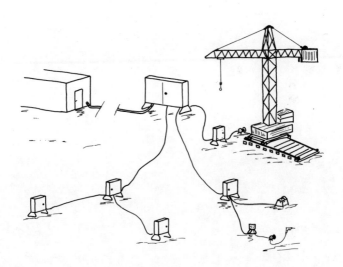

**Frage 10.1**
Ein Schlosser schweißt an einem Tor. Gilt dieser Arbeitsplatz im Sinne der DIN VDE 0100 als „Baustelle"?

**Frage 10.2**
Gelten bei „Baustellen" bestimmte Vorschriften für den Energie-Anschluß und den Schutz bei indirektem Berühren?

**Antwort 10.1**
Das kommt darauf an! „Baustellen" sind Arbeitsplätze auf Hoch- und Tiefbaustellen sowie bei Metallbaumontagen. Dabei ist es einerlei, ob nur ausgebaut, umgebaut, instand gesetzt oder abgebrochen wird!

Als Baustellen gelten **nicht** Stellen, an denen lediglich Handleuchten, Lötkolben, Schweißgeräte, Elektrowerkzeuge nach DIN VDE 0740 (Bohrmaschinen, Schleifer, Kreissägen usw.) einzeln verwendet werden. – Die vorgenannte Schlosserarbeit bedeutet also noch keine Baustelle.

Nach DIN VDE 0100 Teil 704, Abschnitt 1.2 und 2.1

**Antwort 10.2**
Jawohl! Betriebsmittel auf Baustellen müssen von besonderen Speisepunkten aus versorgt werden. Das geschieht meist über „Baustromverteiler". Wandsteckdosen von Hausinstallationen genügen dazu nicht! Als beste allgemein verwendbare Berührungsschutzmaßnahme gilt hier die FI-Schutzschaltung; die FI-Schutzschalter($I_{\Delta N} \leq 30$ mA für Steckdosenstromkreise bis 16 A Wechselstrom; sonstige Steckdosen $I_{\Delta N} \leq 500$ mA) können zugleich die für die Baustellenanlagen vorgeschriebenen Hauptschalter sein. Als weitere Speisepunkte sind auch Transformatoren mit getrennten Wicklungen oder der Baustelle besonders zugeordnete Abzweige vorhandener ortsfester Verteilungen oder Ersatzstromerzeuger erlaubt.

Nach DIN VDE 0100 Teil 704, Abschnitt 4 und 5.2.1

**Frage 10.3**
Ist die FI-Schutzschaltung auf Baustellen als Schutzmaßnahme ausreichend?

**Frage 10.4**
Müssen nun alle vorhandenen Baustromverteiler umgerüstet
werden?

**Antwort 10.3**
Nicht immer! In den Fällen, bei denen die Schutzkleinspannung oder die Schutztrennung vorgeschrieben ist, z. B. für Handleuchten oder Elektrowerkzeuge in metallenen Kesseln und ähnlichen engen Räumen aus leitfähigen Stoffen, sind diese Schutzmaßnahmen **zusätzlich** anzuwenden*. Außerdem ist die Schutzisolierung, z. B. für ortsveränderliche Trenntransformatoren, FI-Schutzschalter, Zähler und Verteilertafeln, entweder Vorschrift oder wenigstens empfohlen.

Nach DIN VDE 0100 Teil 410, Abschnitt 6.5.1.1, Teil 704, Abschnitt 4, 5.2, und 11, sowie Teil 706, Abschnitt 4.2

**Antwort 10.4**
Nein; eine Anpassung vorhandener Baustromverteiler wird nicht verlangt. Diese Baustromverteiler dürfen auch weiterhin verwendet werden, wenn sie seinerzeit nach DIN 57612/VDE 0612/5.74 gebaut wurden. Bei Neuanschaffungen muß auf die Einhaltung der neuen Bestimmungen geachtet werden.

Nach DIN VDE 0100 Teil 704, Abschnitt „Beginn der Gültigkeit"

---

* Siehe auch Fragen und Antworten 4.8 bis 4.20.

**Frage 10.5**
Welche Schrankarten zur Versorgung vorübergehend betriebener Anlagen auf Baustellen werden hinsichtlich ihrer Funktion unterschieden?

**Frage 10.6**
In welche Schutzmaßnahme ist das Gehäuse des Baustromverteilers einzubeziehen?

**Antwort 10.5**

Baustromverteiler werden unterteilt in:

1. Anschlußschrank,
2. Hauptverteilerschrank, Bemessungsstrom mindestens 630 A
3. Verteilerschrank, Bemessung größer als 125 A, maximal 630 A
4. Transformatorenschrank, Bemessungsstrom größer als 125 A, maximal 630 A
5. Endverteilerschrank, Bemessungsstrom maximal 125 A
6. Steckdosenverteiler, Bemessungsstrom maximal 63 A

Nach DIN VDE 0660 Teil 501, Abschnitte 2.9 und 9

Ausführliche Erläuterungen siehe Anhang A 3.5

**Antwort 10.6**

Es gibt schutzisolierte Baustromverteiler, für die allerdings besonders strenge Herstellervorschriften gelten.

Metallgehäuse von Baustromverteilern sind an den Schutzleiter der Fl-Schutzschaltung anzuschließen. (Ab Einführung der Anschlußleitung bis Fl-Schutzschalter einschließlich besteht Schutzisolierung).

Nur wenn das versorgende EVU die Netzform TN- bzw. TN-S-Netz an der Übergabestelle mit Sicherheit gewährleisten kann, darf die Netzform TN-S-Netz zusammen mit der Fehlerstromschutzeinrichtung angewendet werden. Kann dies nicht gewährleistet werden, muß ab der Übergabestelle ein TT-Netz mit Fehlerstromschutzeinrichtung aufgebaut werden.

Nach DIN VDE 0100 Teil 410, Abschnitt 6.1.7.2, und Teil 704, Abschnitt 5.1 und Erläuterungen dazu

**Frage 10.7**
Welche Schutzart ist gegen das Eindringen von Staub und
Wasser vorgeschrieben für:

1. Gehäuse von Baustromverteilern;
2. Gehäuse von Baumaschinen und -geräten;
3. Baustellen-Installationsmaterial?

**Frage 10.8**
Und welche Schutzart gilt speziell für Leuchten?

**Antwort 10.7**
1. Baustromverteiler müssen mindestens entsprechend der Schutzart IP 43 gebaut sein (was auch für das Einführen der Leitungen gilt!).
2. Schaltgeräte, Anlasser, Transformatoren und Maschinen müssen mindestens der Schutzart IP 44 entsprechen; für Wärmegeräte genügt Schutzart IP X4 oder ⚠.
3. Installationsmaterial (Steckvorrichtungen, Schalter und Abzweigdosen) erfordert die Schutzart IP X4 bzw. ⚠. Als Steckvorrichtungen dürfen nur genormte Steckvorrichtungen für erschwerte Bedingungen ⬦ mit Isolierstoffgehäuse verwendet werden; insbesondere sind für Drehstrom die runden CEE-Steckvorrichtungen vorgeschrieben (siehe auch Frage und Antwort 5.12).

Nach DIN VDE 0100 Teil 704, Abschnitt 7 bis 11, DIN VDE 0660 Teil 501, Abschnitt 7.2, sowie DIN 40050

**Antwort 10.8**
Für Leuchten ist mindestens die Schutzart IP X3 vorgeschrieben. Handleuchten müssen sogar der Schutzart IP X5 entsprechen. Werden die Leuchten oder Handleuchten allerdings an Schutzkleinspannung angeschlossen, sind diese Schutzarten nicht gefordert.

Nach DIN VDE 0100 Teil 704, Abschnitt 11

**Frage 10.9**
Welche Leitungsarten sind für bewegliche Leitungen auf Baustellen vorgeschrieben?

**Frage 10.10**
Welchen Mindestquerschnitt müssen Anschluß- und Erdungsleitungen auf Baustellen haben?

**Antwort 10.9**

1. Als bewegliche Leitungen sind Gummischlauchleitungen H07RN-F bzw. A07RN-F oder gleichwertige Arten zu verwenden. An besonders beanspruchten Stellen sind sie zu schützen, z. B. durch Hochlegen; dabei darf eine zusätzliche Zugentlastung von Kupplungsstellen nicht vergessen werden.
2. Für handgeführte Elektrowerkzeuge und Leuchten genügen mittlere Gummischlauchleitungen H05RN-F bei einer maximalen Länge bis zu 4 m; je nach Beanspruchung sind auch schwere Gummischlauchleitungen H07RN-F (früher NSHöu) oder gleichwertige Arten erforderlich.

Nach DIN VDE 0100 Teil 704, Abschnitt 11, DIN VDE 0282, DIN VDE 0298 Teil 3

**Antwort 10.10**

Bereits die kleinsten Schränke (25 A) benötigen beim Einsatz in TN-C-Netzen Anschlußleitungen mit einem Mindestquerschnitt von 10 mm$^2$ Cu, für die Erdungsleitungen werden 16 mm$^2$ Cu empfohlen.

Nach DIN VDE 0100 Teil 540, Teil 704, Abschnitt 5.1

**Frage 10.11**
Auf einer Baustelle soll der Anschlußschrank mit den Verteilerschränken durch vieradrige Gummischlauchleitungen verbunden werden. Ist das zulässig?

**Frage 10.12**
Gelten besondere Bestimmungen für die einzusetzenden Fehlerstromschutzschalter?

**Antwort 10.11**
Ja, bei der Anwendung des TN-C-Netzes und gleichzeitiger Verwendung von Leiterquerschnitten über 10 mm$^2$ Cu ist für die Zuleitung von der Übergabestelle zum Baustromverteiler ein vieradriges Kabel zulässig. Da es sich beim 4. Leiter des TN-C-Netzes um einen PEN-Leiter handelt, muß der 4. Leiter grün-gelb gekennzeichnet sein*.

Die Anwendung des TN-C-Netzes ist nur dann erlaubt, wenn das Kabel während des Betriebes nicht bewegt wird, der Leiterquerschnitt über 10 mm$^2$ Cu beträgt und das Kabel zusätzlich gegen mechanische Beschädigung geschützt ist.

Nach DIN VDE 0100 Teil 540, Abschnitt 8.2, und Teil 704, Abschnitt 5.1 und Erläuterungen

**Antwort 10.12**
Alle Fehlerstromschutzeinrichtungen auf Baustellen sollen auch bei winterlichen Temperaturen noch sicher funktionieren und müssen daher für Temperaturen bis $-25\,°C$ geeignet sein.

Nach DIN VDE 0100 Teil 704, Abschnitt 10.1

---

\* Siehe auch Frage und Antwort 3.10.

# 11 Landwirtschaftliche Betriebsstätten

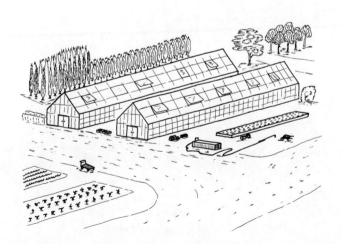

**Frage 11.1**
Warum gelten für elektrische Anlagen in landwirtschaftlichen Betriebsstätten besondere Vorschriften?

**Frage 11.2**
Fallen unter diese besonderen Vorschriften auch die Hausinstallationen in ländlichen Anwesen?

**Frage 11.3**
Zählen Ställe zu den feuchten oder zu den feuergefährdeten Räumen?

**Frage 11.4**
Ist in landwirtschaftlichen Betriebsstätten im oder unter Putz Stegleitung zulässig?

**Antwort 11.1**
Das sind Räume, Orte oder auch Bereiche, in denen durch Feuchtigkeit, Staub oder chemische Einflüsse (Tierausdünstungen, Jauche, chemische Düngemittel usw.) mit einer Beeinträchtigung der Isolierung gerechnet werden muß. Dadurch erhöht sich die Unfallgefahr für Mensch und Nutztier. Bei Vorhandensein leicht entzündlicher Stoffe besteht außerdem erhöhte Brandgefahr! Da das hier fast die Regel ist, muß auch DIN VDE 0100 Teil 720 („Feuergefährdete Betriebsstätten") beachtet werden!

Nach DIN VDE 0100 Teil 200 und Teil 705, Abschnitt 3

**Antwort 11.2**
Nein, neuerdings gelten die Bestimmungen für landwirtschaftliche und gartenbauliche Anlagen nicht mehr für die elektrischen Anlagen in dortigen Wohnungen.

Nach DIN VDE 0100 Teil 705, Abschnitt 4.7

**Antwort 11.3**
Ställe und deren Nebenräume zählen zu den feuchten **und** den feuergefährdeten Räumen; ferner zählen dazu: Räume für Geflügelhaltung, Scheunen, Häcksellager, Heu- und Strohböden, Tennen, Körnertrocknungsanlagen, Schrotmühlenräume u. dgl.

Nach DIN VDE 0100 Teil 200, Abschnitt A.6.4

**Antwort 11.4**
Nein, das ist keine Leitung für feuchte Räume. Hier sind nur Leitungen mit Kunststoffmänteln, z. B. NYM, oder gleichwertige Kabel mit Kunststoffmänteln erlaubt!

Nach DIN VDE 0100 Teil 705, Abschnitt 5.2.1

**Frage 11.5**
Durch welche Merkmale hebt sich eine Verteilung für eine landwirtschaftliche Betriebsstätte gegenüber einer Verteilung für normale Hausinstallation heraus?*

**Frage 11.6**
Ist jeder Stromkreis zu kennzeichnen?

---

\* Siehe auch Frage und Antwort 8.7 bis 8.9.

**Antwort 11.5**

1. Es müssen gekennzeichnete Hauptschalter vorgesehen sein, abschnittsweise oder im ganzen, deren Schaltstellungen erkennbar sind! Als solche können auch FI-Schutzschalter dienen.

2. Eine Trennung von Kurzschlußschutz und Überlastschutz ist nicht erlaubt, alle Überstromschutzorgane sind also stets am Leitungsanfang anzuordnen.

3. Elektrische Betriebsmittel für den normalen Gebrauch müssen IP 44 entsprechen. Bei besonderen äußeren Einflüssen sind auch höhere Schutzarten erforderlich*.

Nach DIN VDE 0100 Teil 510, Abschnitt 7.1 und 7.5, sowie Teil 705, Abschnitt 5.1

**Antwort 11.6**

Das empfiehlt sich in jedem Fall auch ohne besondere Vorschrift.

Nach DIN VDE 0105 Teil 15, Abschnitt 4.3.3

---

* Siehe auch Frage und Antwort 11.14.

**Frage 11.7**
Gibt es eine besondere Vorschrift, um Nutztiere, die ja bekanntlich empfindlich gegen den elektrischen Strom sind, zu schützen?

**Frage 11.8**
Aber wie kann diese Forderung erfüllt werden?

Dazu Rechenbeispiel, Anhang A 1.5

**Antwort 11.7**

Ja; statt 50 V sind hier nur höchstens 25 V Berührungsspannung zugelassen! Das gilt für alle elektrischen Betriebsmittel in und an Großvieh-Ställen, z. B. für Wasserpumpen, Heißwasserspeicher, Entmister, Dunggreifer, Rübenschneider, Futterdämpfer, Jauchepumpen und natürlich für alle in diesem Bereich befindlichen Schutzkontakte von Steckdosen; siehe auch Frage und Antwort 4.21.

Nach DIN VDE 0100 Teil 705, Abschnitt 3.3, und DIN VDE 0105 Teil 15, Abschnitt 4.9

**Antwort 11.8**

Die Schutzkleinspannung ($U_N \leqq 25$ V) wäre dazu ideal geeignet, ist aber bei größeren Leistungen zu unwirtschaftlich.

Die Schutzisolierung eignet sich zwar gut für die Beleuchtung; sie ist auch für Viehpflegegeräte zulässig, doch bleibt eine Unfallgefahr durch Zertreten und Zerbeißen der Anschlußleitungen.

Die gesamte elektrische Anlage schützt man daher zweckmäßig mit einer Fehlerstrom(FI)-Schutzeinrichtung. Diese muß bei max. 0,5 A (bei Steckdosen-Stromkreisen max. 0,03 A) Fehlerstrom ansprechen, hierbei darf der Erdungswiderstand höchstens 25 V : 0,5 A = 50 $\Omega$ betragen.

Nach DIN VDE 0100 Teil 705, Abschnitte 3.2 und 4.1

**Frage 11.9**
Sollte man nicht trotzdem alle metallenen Leitungen (Wasserleitungen und Rohrleitungen von Melkeinrichtungen usw.),
die in den Stall führen, durch Isoliermuffen gegen außen
abtrennen?

**Frage 11.10**
Ist es zulässig, den Hof eines landwirtschaftlichen Anwesens
mit blanken Aluminiumseilen von 25 mm$^2$ in 4,5 m Höhe zu
überspannen?

**Frage 11.11**
Und wie ist es mit den beweglichen Leitungen? Was darf verwendet werden?

**Antwort 11.9**
Nein, wie bekannt wurde, konnte die Isoliermuffe Schäden an Tieren durch elektrischen Schlag nicht verhindern. Aus neuen Erkenntnissen heraus wurde die DIN-VDE-Norm den Gegebenheiten angepaßt. So wird nun ein umfassender Potentialausgleich aller leitfähigen Teile gefordert und die Einbringung einer Potentialsteuerung in den Standbereich der Tiere empfohlen. Die Potentialsteuerung im Standbereich erfolgt mit dem Anschluß der im Beton befindlichen Baustahlmatten an den Potentialausgleich.

Nach DIN VDE 0100 Teil 705, Abschnitt 3.4

**Antwort 11.10**
Das wäre nur im nichtbefahrbaren Teil zulässig, wo mindestens 4 m Leitungshöhe vorgeschrieben sind.

Innerhalb des befahrbaren Teiles von landwirtschaftlichen Hofräumen dürfen aber – außer Kabeln mit Kunststoffmänteln (Verlegung im Erdboden!) – nur selbsttragende Mantelleitungen NYMZ oder gleichwertige Bauarten in mindestens 5 m Höhe verwendet werden*.

Nach DIN VDE 0100 Teil 705, Abschnitt 5.2.3, DIN VDE 0105 Teil 15, Abschnitt 4.6.3, und DIN VDE 0211, Abschnitt 14.1

**Antwort 11.11**
Für durchschnittliche Beanspruchung kann Gummischlauchleitung, z. B. H07RN-F (früher NMHöu), verwendet werden; für schwere Beanspruchung ist aber NSHöu (oder gleichwertiges) vorzuziehen!

Nach DIN VDE 0282 Teil 810 sowie DIN VDE 0298 Teil 3

---

\*   Siehe auch Fragen und Antworten 6.6 bis 6.8.

**Frage 11.12**
Sollte man nicht für einen bestimmten Bauernhof nur eine einzige Art von Steckvorrichtungen verwenden?

**Frage 11.13**
Ist ein besonderer Berührungsschutz für Leuchten vorgesehen?

**Frage 11.14**
In welcher Schutzart gegen Eindringen von Staub und Wasser sollen die Geräte in landwirtschaftlichen Betriebsstätten ausgeführt sein?

**Frage 11.15**
Ist ein Motorschutzschalter für Motoren vorgeschrieben?

**Antwort 11.12**
Gewiß, soweit sich das für eine bestimmte Polzahl und Stromstärke einhalten läßt. Es müssen stets genormte Steckvorrichtungen sein! Und sie müssen alle Isolierstoff-Gehäuse haben!

Man wird die Steckdosen dorthin setzen, wo sie frei von leicht entzündlichen Stoffen bleiben und gegen mechanische Beschädigung geschützt sind, z. B. in Mauernischen.

Nach DIN VDE 0100 Teil 705, Abschnitt 9

**Antwort 11.13**
Leuchten müssen durch stabile Kunststoffhüllen, Drahtkörbe oder robuste Glasabdeckungen gegen mechanische Beanspruchungen so geschützt sein, daß eine Beschädigung von Bauteilen und Lampen sicher verhindert wird. Als Handleuchten dürfen nur schutzisolierte Bauarten verwendet werden. Die Schutzart muß mindetens IP 4X (wenn kein Staub auftritt) oder IP 5X (wenn mit Staub gerechnet werden muß) sein.

Nach DIN VDE 0105 Teil 15, Abschnitt 4.7

**Antwort 11.14**
Wenn kein Staub auftritt und keine besonderen äußeren Einflüsse vorliegen, ist die Schutzart IP 44* ausreichend. Bei höheren äußeren Einflüssen ist mindestens die Schutzart IP 54 zu verwenden.

Nach DIN VDE 0100 Teil 705, Abschnitte 4.2 und 5.2

**Antwort 11.15**
Er ist für alle Motoren empfohlen; Vorschrift ist er jedoch für solche Motoren, die selbsttätig geschaltet, ferngesteuert oder nicht ständig beaufsichtigt werden!

Nach DIN VDE 0100 Teil 705, Abschnitt 8.3

---

\* Elektrowerkzeug nach DIN VDE 0740 erfüllt bereits die Mindestanforderungen.

**Frage 11.16**
Wie werden Wärmestrahlgeräte zur Tieraufzucht oder Tierhaltung fachgerecht montiert?

**Frage 11.17**
Ist bei Dunkelstrahlern etwas Besonderes zu beachten?

**Frage 11.18**
Gibt es für Kükenaufzuchtbatterien besondere Vorschriften?

**Antwort 11.16**
Sie werden – falls nicht fest installiert – z. B. an einer starken Kette (nicht etwa an der Zuleitung) sicher aufgehängt, und zwar so, daß sie von den Tieren oder brennbaren Baustoffen allseits mindestens 0,5 m\* entfernt sind!

Nach DIN VDE 0100 Teil 705, Abschnitt 4.1, und DIN VDE 0105 Teil 15, Abschnitt 4.8

**Antwort 11.17**
Ja: Diese dürfen nur in Ställen angebracht werden, deren Bodenbedeckung aus Kurzstreu, Sand oder dgl. besteht!

Nach DIN VDE 0105 Teil 15, Abschnitt 4.8.4

**Antwort 11.18**
Ja, wenn die Tierwärmegeräte auf dem Boden liegend betrieben werden, muß das Gerät nach Schutzklasse III (⟨Ⅲ⟩) gebaut sein. Die Nennspannung darf zudem höchstens 24 V betragen. Als Schutz gegen Feuchtigkeit ist bei solchen Geräten „wasserdicht (◆◆)" gefordert. Ansonsten genügt „spritzwassergeschützt (⚠)". Wird das Tierwärmegerät mindestens 50 cm über dem Boden aufgehängt, ist „tropfwassergeschützt (◆)" ausreichend.

Genaue Vorgaben, welche Aufschriften auf diesen Geräten angebracht sein müssen und welche Angaben die Gebrauchsanweisung enthalten muß, sollen ebenfalls zu einem sicheren Betrieb der Geräte beitragen.

Nach DIN VDE 0700 Teil 216, Abschnitt 7, 22.1 und 22.2

---

\* Falls der Hersteller nicht andere Angaben macht.

**Frage 11.19**
Was ist besser: metallene Zäune (z. B. Drahteinfriedungen von Weideflächen) mit in der Nähe stehenden Leitungsmasten (z. B. geerdeten Stahlgittermasten) zu verbinden oder jene von diesen fernzuhalten?

**Frage 11.20**
Elektro-Weidezäune und Elektro-Wildsperrzäune: Welche Abstände von Wegen, welche Hinweisschilder sind erforderlich?

**Frage 11.21**
Sind Abstände der Zaundrähte gegenüber Freileitungen vorgeschrieben?

**Antwort 11.19**

Es muß streng darauf geachtet werden, sie wegen der Gefahr des Stromübertritts getrennt zu halten. Das gilt erst recht für Elektrozaunanlagen!

Nach DIN VDE 0131, Abschnitt 3.2.8

**Antwort 11.20**

An Wegen sind die für Zäune üblichen Abstände einzuhalten; nach oben zu Freileitungen sind mindestens 5 m erforderlich. Alle 100 m (evtl. öfter) sollen Warnschilder angebracht sein.

Nach DIN VDE 0131, Abschnitte 3.2.3 und 3.2.4

**Antwort 11.21**

Ja. Elektrozäune dürfen unter Freileitungen mit Betriebsspannungen bis 1 kV eine Bauhöhe von 2 m nicht überschreiten, bei Freileitungen mit Betriebsspannungen über 1 kV darf die Bauhöhe nur 1,50 m innerhalb eines beiderseitigen Schutzstreifens von 10 m betragen.

Nach DIN VDE 0131, Abschnitt 3.2.5 und 3.2.7

**Frage 11.22**
Kann wenigstens für die Zuleitung des Elektrozaunes das Gestänge einer vorhandenen Freileitung mitverwendet werden?

**Frage 11.23**
Welche Anforderungen werden an die Betriebserdung und welche an den Isolationswiderstand des Zaunes gestellt?

**Frage 11.24**
Was ist bei der Unterbringung des Elektrozaungerätes in Gebäuden zu beachten?

**Antwort 11.22**
Nein. Selbst die Annäherung solcher Zuleitungen an Freileitungen mit Betriebsspannungen bis 1 kV darf 2 m nach keiner Seite unterschreiten. Bei Hochspannungsfreileitungen muß der waagerechte Abstand der Zuleitungen vom äußersten Leiter mindestens 10 m betragen.

Nach DIN VDE 0131, Abschnitte 3.2.5 und 3.2.8

**Antwort 11.23**
Die zu erdende Anschlußklemme des Zaunstromkreises wird mit einem besonderen Betriebserder verbunden. Sein Erdungswiderstand ist nicht vorgeschrieben; der Erder muß aber mindestens 0,5 m tief im feuchten, möglichst bewachsenen Erdreich liegen, von anderen Erdungen mindestens 10 m entfernt.

An die andere Klemme wird die Zaunleitung und ihre Überspannungs-Schutzeinrichtung angeschlossen; ein Mindest-Isolationswiderstand (siehe Betriebsanleitung) ist aus der einwandfreien Funktion der eingebauten Kontrollgeräte ersichtlich.

Nach DIN VDE 0131, Abschnitte 3.2.9, 3.2.12 und 3.3.3

**Antwort 11.24**
1. Zaungeräte für Außenbetriebsanlagen dürfen nicht in feuergefährdeten Räumen, z. B. Scheunen oder Stallungen, angebracht werden.
2. Die Zaunzuleitung muß am Gebäude-Austritt mit einer Funkenstrecke oder dgl. versehen sein (auf feuerhemmendem Bauteil). Ist ein Blitzableiter vorhanden, sind beide Erdungsleitungen miteinander zu verbinden.
3. Netzzaungeräte müssen allpolig abschaltbar sein; in Innenräumen ist dazu eine Steckvorrichtung erlaubt.

Nach DIN VDE 0131, Abschnitte 3.2.9, 3.2.14 und 3.2.15

**Frage 11.25**
Ist es zweckmäßig, für die Speisung eines weitläufigen Elektrozaunes ein zweites Elektrozaungerät parallelzuschalten?

**Frage 11.26**
Der Elektroinstallateur hat in einem landwirtschaftlichen Betrieb ein elektrisches Gerät installiert, das er nun dem Eigentümer des Anwesens zur Benutzung übergibt. – Auf was sollte er als Fachmann den Landwirt besonders hinweisen?

**Antwort 11.25**
Nein; ein Zaun darf nur von **einem** Gerät gespeist werden. (Bei zwei Geräten müßten Spannungsimpulse und -pausen genau synchron arbeiten!)

Zwischen zwei Zäunen, die von zwei Geräten versorgt werden, ist sogar ein Abstand von mindestens 2 m vorgeschrieben. Gegebenenfalls darf die Lücke nur mit nichtleitendem Material geschlossen werden.

Nach DIN VDE 0131, Abschnitte 3.2.1 und 3.2.2

**Antwort 11.26**
Er sollte ihm klar machen, daß

1. ein Abschalten noch keinen unbedingten Schutz bei Reinigungsarbeiten bietet. Dazu sollte stets allpolig spannungsfrei gemacht werden, am besten durch einen Hauptschalter;
2. leicht entzündliche Stoffe, wie Heu und Stroh, von elektrischen Anlagen fernzuhalten sind, um Brände zu verhüten;
3. bei mehrmaligem Ansprechen der Überstrom-Schutzorgane ein Fehler in der Anlage zu vermuten ist und deshalb ein Fachmann zur Nachschau und Beseitigung des Fehlers zugezogen werden muß;
4. Mängel an elektrischen Anlagen umgehend durch eine Elektrofachkraft beseitigt werden müssen.

Nach DIN VDE 0105 Teil 15, Abschnitt 3.3.1, 4.1.1, 4.1.5, 4.5.3, 4.6.1 und 5

## 12 Versammlungsstätten · Großbauten · Sicherheitsbeleuchtung

**Frage 12.1**
Eine besondere DIN-VDE-Norm wurde für Versammlungsstätten, Hochhäuser, Sportstätten und sonstige Großbauten geschaffen. Was fällt unter diesen Begriff?

**Frage 12.2**
In diesen Bestimmungen erscheint bisweilen ein senkrechter schwarzer Randstrich. Was bedeutet er?

**Frage 12.3**
Wie findet sich der Elektroinstallateur in solchen meist sehr umfangreichen Anlagen am besten zurecht?

## Antwort 12.1

Es handelt sich um die DIN VDE 0108. Ihre Bestimmungen gelten für

1. Versammlungsstätten (Theater, Kinos, Mehrzweckhallen, Schulen, Sportflächen, Wanderzirkusse usw.)     ab 100 Besucher
2. Geschäftshäuser     ab 2000 m$^2$ Nutzfläche
3. Ausstellungsstätten     ab 2000 m$^2$ Nutzfläche
4. Gast- und Beherbergungsstätten     ab 400 Gastplätze
    60 Betten
5. Geschlossene Großgaragen     ab 1000 m$^2$ Nutzfläche
6. Hochhäuser     ab 22 m Fußbodenhöhe
    (etwa 8 Stockwerke)
7. Schulen aller Art     ab 3000 m$^2$ Geschoßfläche
    200 Besucherplätze (siehe 1.)
8. Arbeitsstätten
9. Andere bauliche Anlagen, wenn bau- oder gewerberechtlich vorgeschrieben

Nach DIN VDE 0108 Teil 1, Abschnitte 1 und 2, und Erläuterungen

## Antwort 12.2

Bei den mit Randbalken versehenen Bestimmungen können Vorschriften des Baurechts – sie gehen den DIN-VDE-Normen vor! – anderslautende Anforderungen stellen.

Nach DIN VDE 0108 Teil 1, Vorbemerkung

## Antwort 12.3

Hierzu werden in der DIN VDE 0108 Übersichtsschaltpläne mit Angaben über die allgemeine Stromversorgung, die Sicherheitsstromversorgung und die Kabel- und Leitungsanlage gefordert. Diese Pläne müssen bei dem Hauptstromverteiler, den Schaltanlagen und den Ersatzstromquellen vorhanden sein.

Weiterhin werden Schaltpläne der Sicherheitsbeleuchtung, Installationspläne, Verbraucherlisten und Betriebsanleitungen verlangt.

Nach DIN VDE 0108 Teil 1, Abschnitt 7

**Frage 12.4**
In welchen Räumen dürfen die Hauptverteiler untergebracht sein?

**Frage 12.5**
Gelten diese strengen Anforderungen auch für die Verteiler (früher Unterverteilungen genannt)?

**Frage 12.6**
In Versammlungsstätten und sonstigen Großbauten sind Aufzüge, Löschwasserpumpen u. dgl. besonders wichtig. Stehen deren Schaltanlagen unter besonders strengen Bestimmungen?

**Antwort 12.4**

Hauptverteiler müssen in Räumen untergebracht sein, die

1. gegen allgemein zugängliche Räume oder Räume mit erhöhter Brandgefahr feuerbeständig getrennt sind (für Türen genügt feuerhemmende Ausführung),
2. auch bei Feuer und Verqualmung erreichbar bleiben und
3. gegen den Zugriff Unbefugter gesichert sind.

Nach DIN VDE 0108 Teil 1, Abschnitte 5.2.1 und 6.3

**Antwort 12.5**

Bei Verteilern genügt es, wenn sie gegen den Zugriff Unbefugter gesichert sind. Bei Unterbringung außerhalb elektrischer Betriebsstätten müssen sie allerdings eine allseitige Verkleidung aus Blech oder aus stoßfestem, schwer entflammbarem Isolierstoff haben.

Nach DIN VDE 0108 Teil 1, Abschnitt 5.2.2

**Antwort 12.6**

Alle Schaltanlagen müssen auch außerhalb der Betriebszeit die volle Wirksamkeit von Sicherheitseinrichtungen ermöglichen. Dazu zählen insbesondere die Lüftungsanlagen, die Rauchabzugseinrichtungen, die Löschwasserversorgung einschließlich ihrer Pumpen und die Aufzüge. Die Hauptschalter und Schalter für solche Einrichtungen sind auffällig „gelb" zu kennzeichnen, falls durch deren Ausschalten Gefahr entstehen kann.

Nach DIN VDE 0108 Teil 1, Abschnitt 5.2.2, sowie DIN VDE 0199

**Frage 12.7**
Ist in Versammlungsstätten und Warenhäusern der Schutz durch Überstromschutzeinrichtungen im TN-Netz als alleinige Schutzmaßnahme gegen zu hohe Berührungsspannung zulässig?

**Frage 12.8**
Wird bei jedem Stromkreis die Möglichkeit einer Isolationsprüfung ohne Abklemmen des Neutralleiters gefordert?

**Antwort 12.7**

Die Schutzmaßnahme ist erlaubt; es muß aber bei allen Querschnitten von der letzten Verteilung ab bis zu den zu schützenden Geräten ein besonderer – der fünfte – Leiter als Schutzleiter geführt werden (TN-C-S-Netz). An diesen, nicht an den Neutralleiter, werden Schutzleiterklemmen der Geräte und Schutzkontakte der Steckdosen angeschlossen!

Nach DIN VDE 0100 Teil 410, Abschnitt 6.1.3, und DIN VDE 0108 Teil 1, Abschnitte 5.2.3.4 und 6.77

**Antwort 12.8**

Ja. Bei jedem Stromkreis mit Leitungen, die außerhalb von Schalt- und Verteilungsanlagen verlaufen und Leiterquerschnitte unter 10 mm² haben, muß eine Isolationsmessung aller Leiter gegen Erde ohne Abklemmen der Neutralleiter möglich sein, z. B. durch Einbau von Neutralleiter-Trennklemmen in die Schalt- und Verteilungsanlagen.

Selbstverständlich sind Leitungen (oder ihre Klemmen) an den Verteilungsanlagen eindeutig zu kennzeichnen, und zwar übereinstimmend mit den Schaltplänen.

Nach DIN VDE 0108 Teil 1, Abschnitte 5.2.2.4 und 5.2.2.5

**Frage 12.9**
Wird grundsätzlich flammwidriges Installationsmaterial verlangt?

**Frage 12.10**
Welchen Einschränkungen unterliegen die beweglichen Leitungen?

**Antwort 12.9**

Folgendes ist zu beachten: Schalter- und Verbindungsdosen müssen z. B. flammwidrige Gehäuse, Deckel, Klemmenhalter und Dosenklemmen besitzen; siehe DIN VDE 0606.

In Hohlräumen, die von brennbaren Stoffen umgeben sind, dürfen nur Kabel (z. B. NYY) und Leitungen (z. B. NYM) verlegt werden, deren Umhüllungen oder Mäntel sowohl nichtleitend als auch flammwidrig sind. In bestimmten Bereichen von Versammlungsstätten (z. B. Bühnenhaus) sollen nur halogenfreie Leitungs- und Kabelbauarten verwendet werden, die sich durch ein verbessertes Verhalten im Brandfalle auszeichnen. Siehe DIN VDE 0250 Teil 214.

Nach DIN VDE 0108 Teil 1, Abschnitt 5.2.3, und DIN VDE 0108 Teil 2, Abschnitt 5.2.6, sowie DIN VDE 0604 und 0605

**Antwort 12.10**

Für Versammlungsstätten und besonders für Bühnen dürfen als nicht festverlegte Leitungen nur Leitungen mit ausreichender Festigkeit, z. B. Gummischlauchleitungen (H05RR-F oder A05RR-F, H07RN-F oder A07RN-F, früher NLH, NMH oder NSHöu), Theaterleitungen (NTSK) oder gleichwertige Bauarten verwendet werden.

Für Lichterketten dürfen außerhalb des Handbereiches auch Illuminationsflachleitungen (NIFLöu) verwendet werden.

In Waren- und Geschäftshäusern darf leichte Gummischlauchleitung H05RR-F oder A05RR-F (früher NLH, NMH) sowie mittlere Kunststoffschlauchleitung H05VV-F oder A05VV-F (früher NYMHY) benutzt werden; dabei ist auf das Verbot ortsveränderlicher Steckvorrichtungen in Schaufenstern zu achten.

Für Hotels und Hochhäuser sind keinerlei derartige Beschränkungen vorgeschrieben.

Nach DIN VDE 0108 Teil 1 bis Teil 8, jeweils Abschnitt 5.2

**Frage 12.11**
Werden an die Verbraucheranlagen ebenfalls besondere Anforderungen gestellt?

**Frage 12.12**
In welchen Räumen müssen Schalter und Überstromschutzorgane gruppenweise zusammengefaßt und dem Zugriff Unbefugter entzogen sein?

**Antwort 12.11**

Selbstverständlich, da diese in der Gesamtheit einen wesentlichen Faktor der Sicherheit darstellen.

- In Räumen und Bereichen mit Sicherheitsbeleuchtung müssen die Leuchten auf mindestens 2 Stromkreise verteilt werden.
- Steller, Anlasser, Leuchten, Scheinwerfer u. ä. wärmeabgebende Betriebsmittel müssen so angebracht werden, daß keine gefährliche Erwärmung auftreten kann.
- Schalter und Steckdosen müssen so angebracht werden, daß sie vor mechanischer Beschädigung geschützt sind.
- Steckvorrichtungen für unterschiedliche Stromarten und Spannungen müssen unverwechselbar sein.
- Schalter in Besucherräumen müssen dem unbefugten Zugriff entzogen werden. Sie sind bereichsweise zusammenzufassen.
- Im Handbereich und an Stellen, an denen mit einer Beschädigung von Lampen gerechnet werden muß, sind Schutzkörbe, Abdeckungen oder widerstandsfähige Gläser für einen ausreichenden Schutz anzubringen.
- Leuchten müssen so befestigt werden, daß die Befestigung mindestens das 5fache Gewicht der Leuchte tragen kann. Für freihängende Leuchten über 5 kg müssen zwei Aufhängevorrichtungen (jede mit einer 5fachen Sicherheit) vorhanden sein.
- Nicht beaufsichtigte Motoren müssen einen Motorschutzschalter oder Gleichwertiges erhalten, nach dessen Ansprechen ein automatischer Wiederanlauf verhindert wird.

Nach DIN VDE 0108 Teil 1, Abschnitt 5.2.4

**Antwort 12.12**

Das ist vorgeschrieben für die eben genannten Versammlungsstätten in Räumen für Besucher, aber auch für Waren- und Geschäftshäuser ganz allgemein.

Nach DIN VDE 0108 Teil 1 bis Teil 8, jeweils Abschnitt 5.2

**Frage 12.13**
Was versteht man unter Bereichsschaltern?

**Frage 12.14**
Sind diese Bereichsschalter in den Hauptverteilungen zu finden?

**Frage 12.15**
Was versteht man unter Sicherheitsbeleuchtung?

**Antwort 12.13**
Das sind Schalter, durch die während betrieblicher Ruhezeiten nur bestimmte Teile der Anlagen spannungsfrei gemacht werden, z. B. in Umkleideräumen, Werkstätten, Bildwerferräumen, Ausstellungen, Kantinen, Lager- und Verkaufsräumen.

Solche Bereichsschalter (ihre Einschaltstellung muß durch eine Kontrollampe kenntlich sein) stellen insbesondere in Theatern und Warenhäusern wichtige Hilfsmittel zur Verhütung von Bränden dar; notwendige Beleuchtung bleibt also eingeschaltet!

Sollen z. B. Kühlgeräte und Datenverarbeitungsanlagen von der Abschaltung ausgenommen werden, so sind für diese Anlagen besondere Steckvorrichtungssysteme zu wählen.

Nach DIN VDE 0108 Teil 1, Abschnitt 2.2.13, und DIN VDE 0108 Teil 2, Abschnitt 5.2.5.5, sowie Teil 3, Abschnitt 5.2.2

**Antwort 12.14**
Nein; sie müssen leicht erreichbar sein und befinden sich deshalb in Nähe der Eingangstüren zu diesen Bereichen. Sie besitzen (wie oben erwähnt) eine die Einschaltstellung anzeigende leuchtende Kontrollampe.

In Waren- und Geschäftshäusern sowie in Versammlungsstätten müssen diese Schalter dem Zugriff Unbefugter entzogen sein.

Nach DIN VDE 0108 Teil 1, Abschnitt 2.2.13, Teil 2, Abschnitt 5.2.5.5, sowie Teil 3, Abschnitt 5.2.2

**Antwort 12.15**
Sicherheitsbeleuchtung ist eine Beleuchtung, die bei Störung der allgemeinen Beleuchtung Räume, Arbeitsplätze und Rettungswege mit einer Mindestbeleuchtungsstärke erhellt.

Nach DIN VDE 0108 Teil 1, Abschnitte 2.2.2 und 3.3.1

**Frage 12.16**
Wozu ist dieser Aufwand erforderlich?

**Frage 12.17**
Erfordern alle Großbauten Sicherheitsbeleuchtungen?

**Frage 12.18**
Was ist „Sicherheitsbeleuchtung in Dauerschaltung"?

**Antwort 12.16**

Das ist besonders wichtig in Räumen mit größeren Menschenansammlungen (Versammlungsstätten, Waren- und Geschäftshäusern) zur Verhinderung einer Panik. Bei einem Stromausfall muß die Sicherheitsbeleuchtung innerhalb von 1 s wirksam sein; bei Arbeitsstätten mit besonderer Gefährdung sind nur 0,5 s für die Umschaltung zulässig.

In Gebäuden, in denen eine Panik weniger zu befürchten ist (Hochhäuser, Hotels), darf für die Ersatzstromversorgung diese Frist 15 s betragen.

Nach DIN VDE 0108 Teil 1, Abschnitt 3.3.1 und Tabelle 1

**Antwort 12.17**

Im Prinzip ja. Es gibt jedoch verschiedene Möglichkeiten:

1. Sicherheitsbeleuchtung in Dauerschaltung (früher „Notbeleuchtung");
2. Sicherheitsbeleuchtung in Bereitschaftsschaltung (früher „Panikbeleuchtung");
3. Ersatzstromversorgung;
4. Sonderbeleuchtung.

Nach DIN VDE 0108 Teil 1, Abschnitt 6.2, und Teil 2, Abschnitt 5.2.8

**Antwort 12.18**

Die Sicherheitsbeleuchtung in Dauerschaltung wird aus dem Netz der allgemeinen Beleuchtung so lange gespeist, bis dessen Spannung unter einen bestimmten Wert sinkt; dann übernimmt eine Batterie die Speisung.

Das kann in der Weise geschehen, daß sich die Sicherheitsbeleuchtung im Notfall auf die Batterie umschaltet (Umschaltbetrieb) oder dadurch, daß sie aus dem Netz über ein Gleichrichtergerät gespeist wird, dem eine Batterie parallelgeschaltet ist (Bereitschaftsparallelbetrieb).

Nach DIN VDE 0108 Teil 1, Abschnitte 2.2.3, 2.2.4, 2.2.11, 2.2.12 und 6.2.1

328

**Frage 12.19**
Speist die Batterie auch die „Sicherheitsbeleuchtung in Bereitschaftsschaltung"?

**Frage 12.20**
Was ist eine „Ersatzstromquelle"?

**Frage 12.21**
Was ist „Sonderbeleuchtung"?

**Antwort 12.19**
Die Sicherheitsbeleuchtung in Bereitschaftsschaltung ist – wie ihr Name sagt – normal außer Betrieb. Sie schaltet sich aber selbständig auf eine Batterie, sobald die Netzspannung der allgemeinen Beleuchtung unter einen bestimmten Wert sinkt.

An die Batterie darf nur die Sicherheitsbeleuchtung angeschlossen werden!

Nach DIN VDE 0108 Teil 1, Abschnitte 2.2.4 und 6.2.1

**Antwort 12.20**
Eine Ersatzstromquelle ist eine Energiequelle, die bei Ausfall der allgemeinen Stromversorgung notwendige Sicherheitseinrichtungen weiter mit Energie versorgt. Zu den Ersatzstromquellen zählen Einzel-, Gruppen- und Zentralbatterieanlagen, Stromerzeugungsaggregate, Ersatzstromaggregate, Schnell- und Sofortbereitschaftsaggregate.

Nach DIN VDE 0108 Teil 1, Abschnitt 2.2.10

**Antwort 12.21**
Die Sonderbeleuchtung ist ein Teil der allgemeinen Beleuchtung. Sonderbeleuchtungen sind für betriebsmäßig verdunkelte Räume gedacht. Dort muß unabhängig von der Stellung der Verdunkelungseinrichtung jederzeit die Möglichkeit bestehen, Licht einzuschalten.

Nach DIN VDE 0108 Teil 2, Abschnitt 5.2.8

**Frage 12.22**
Welche Schutzmaßnahmen sind für eine Sicherheitsbeleuchtung zulässig?

**Antwort 12.22**

Für die Sicherheitsbeleuchtung dürfen bei Einspeisung aus der allgemeinen Stromversorgung alle Schutzmaßnahmen und Netzformen nach DIN VDE 0100 Teil 410 (siehe Frage und Antwort 1.8 und 2.1) angewendet werden.

Bei Einspeisung aus der Ersatzstromquelle sind die folgenden Schutzmaßnahmen bevorzugt zu verwenden:

– Schutzisolierung,
– Schutzkleinspannung*,
– Funktionskleinspannung*,
– Schutztrennung,
– Schutz durch Meldung mit Isolationsüberwachungseinrichtungen im IT-Netz.

Schutz durch Abschaltung im TN-C-S-Netz darf unter bestimmten Bedingungen ebenfalls verwendet werden.

Nicht zulässig sind Fehlerstromschutzeinrichtungen!

Nach DIN VDE 0108 Teil 1, Abschnitt 6.5

---

* Bestimmungen zur neuen Bezeichnung von Schutz- und Funktionskleinspannung sind in Vorbereitung (s. Anhang A 3.5).

**Frage 12.23**

Gibt es für den Betrieb der elektrischen Einrichtungen in Versammlungsstätten, Waren- und Geschäftshäusern, Hochhäusern, Beherbergungsstätten und Krankenhäusern besondere Bestimmungen, wonach in gewissen zeitlichen Abständen bestimmte Tätigkeiten vorgeschrieben werden?

**Antwort 12.23**

Das ist für solche Großanlagen selbstverständlich. So müssen z. B. die einzelnen Teile in angemessenen Zeitabständen auf äußerlich erkennbare Mängel überprüft werden. Die Batterien sind regelmäßig zu warten. Bei den Stromerzeugungsaggregaten ist ein monatlicher Probelauf durchzuführen. Täglich muß die Funktion der Sicherheitsbeleuchtung mit Zentralbatterie durch Betätigen des Tasters geprüft werden; bei Einzelbatterien ist wöchentlich Funktionsprüfung erforderlich. Über diese Prüfungen sind Prüfbücher zu führen. Täglich ist zu prüfen, ob die Kontrollampen der Bereichsschalter funktionieren. Die Anlagen sind nach bauordnungsrechtlichen Vorschriften durch behördlich anerkannte Sachverständige in bestimmten Zeitabständen zu überprüfen.

Nach DIN VDE 0108 Teil 1, Abschnitt 9

**Frage 12.24**
Zählen Akkumulatorenräume zu den explosionsgefährdeten
Betriebsstätten?

**Frage 12.25**
Wie geht man am zweckmäßigsten vor, wenn man vor der Aufgabe steht, eine Starkstromanlage in einer Versammlungs-
stätte zu errichten?

**Antwort 12.24**
Nein; sie enthalten entweder nur gasdichte Akkumulatoren, oder sie unterliegen strengen Lüftungsbestimmungen. Früher mußten die Lüfter selbst explosionsgeschützt sein, neuerdings nur dann, wenn die Lüfter im Nahbereich der Batterie (0,5 m Umkreis) betrieben werden.

Betriebsmittel, an denen Funken auftreten können (Schalter, Steckdosen, Leuchten), müssen einen Mindestabstand von 0,5 m zu den Zellen haben. Andernfalls ist für sie Explosionsschutz erforderlich.

Handleuchten sind nur in Schutzart IP 54, jedoch schutzisoliert und nur ohne Schalter zulässig. Im übrigen gelten die Bestimmungen für „feuchte und nasse Räume"; installierte elektrische Betriebsmittel müssen mindestens der Schutzart IP X2 entsprechen.

**Beachte:** Batterien nicht unter Strom an- oder abklemmen! Außerdem müssen umfangreiche Sicherheitsmaßnahmen für den Umgang mit Säuren und ätzenden Stoffen beachtet werden.

Nach DIN VDE 0510 Teil 2 Abschnitte 6.8, 7.1, 7.3.1 und 9.2.4 sowie Erläuterungen zu Abschnitt 7.3

**Antwort 12.25**
Gerade die DIN VDE 0108 enthält neben Grundsätzlichem zahlreiche Ausnahmen und Zusatzbestimmungen. Das ist bei dem Umfang und der Verschiedenartigkeit dieser Anlagen kaum anders möglich. Der Installateur muß sich also, sobald der konkrete Fall vorliegt, anhand dieser DIN-VDE-Norm selbst über alle Einzelpunkte genau informieren.

Nach DIN VDE 0108, Inhaltsverzeichnis auf Seite 2 und 3

## 13 Leuchtröhrenanlagen

**Frage 13.1**
Was besagt der Begriff „Höchste Spannung gegen Erde" bei Leuchtröhrenanlagen über 1000 V, und wie hoch darf diese sein?

**Frage 13.2**
Auf einem älteren Vorschaltgerät für eine Leuchtröhrenanlage ist als „Höchste Nennspannung" 12 kV angegeben. Ist diese Spannung überhaupt erlaubt?

**Frage 13.3**
Wie hoch darf die Nennausgangsleistung von Transformatoren für Leuchtröhrenanlagen sein?

**Frage 13.4**
Müssen bereits bestehende Leuchtröhrenanlagen dieser DIN-VDE-Norm angepaßt werden?

**Antwort 13.1**
Das ist die größte zulässige Spannung gegen Erde, die in einem Leuchtröhrenkreis (das ist ein baulich und elektrisch von der übrigen Anlage getrennter Teil) auftreten kann; sie darf höchstens 3,75 kV betragen.

Nach DIN VDE 0128, Abschnitte 3.2.1.2 und 5.2

**Antwort 13.2**
Nein; es sind nur 7,5 kV zulässig, wenn der Mittelpunkt der Sekundärseite geerdet wird. Die „Höchste Spannung gegen Erde" beträgt dann nur jeweils die Hälfte, also 3,75 kV.

Nach DIN VDE 0128, Abschnitte 3.2.1.1 und 5.1

**Antwort 13.3**
Sie darf 2,5 kVA betragen. Bei einem Erdschlußfehler muß innerhalb von 0,2 s selbsttätig abgeschaltet werden. In kleineren Anlagen mit einem Erdschlußstrom unter 25 mA ist dieser Schutz nicht unbedingt gefordert.

Nach DIN VDE 0128, Abschnitte 5.3 und 9.2

**Antwort 13.4**
Ja, in gewissen Fällen. Zur Vermeidung von Bränden z. B. müssen Leuchtröhrenanlagen mit brennbaren Reliefkörpern einen Erdschlußschutz erhalten.

Nach DIN VDE 0128, Abschnitt 9.2

**Frage 13.5**
Leuchtröhrenanlagen haben z. B. mit Bade- und Duschräumen ein gemeinsames Installationsmerkmal. Was ist das?

**Frage 13.6**
DIN VDE 0128 gilt für Leuchtröhrenanlagen mit Spannungen über 1000 V. – Gilt sie auch für solche Anlagen in Fahrzeugen?

**Frage 13.7**
Für welche Einrichtungen gilt DIN VDE 0128 nicht?

**Frage 13.8**
Woran erkennt man schon äußerlich eine Leuchtröhrenleitung?

**Antwort 13.5**
Das ist die Schutzleitung, auch Potentialausgleichsleitung genannt. In Leuchtröhrenanlagen verbindet sie alle metallenen Schutzkästen, Schutzrohre, Schutzhüllen und Teile der Traggerüste und den PEN-Leiter bzw. Schutzleiter des speisenden Netzes. Wird ein Punkt eines Sekundärstromkreises betriebsmäßig geerdet, so ist auch dieser mit dem Schutzleiter zu verbinden.

Nach DIN VDE 0100 Teil 540, Teil 701 und DIN VDE 0128, Abschnitt 7

**Antwort 13.6**
Ja, sie gilt auch für solche Anlagen in Fahrzeugen.

Nach DIN VDE 0128, Abschnitt 3.3.1

**Antwort 13.7**
Sie gilt nicht für Anlagen unter 1000 V und schließlich nicht für Bestrahlungseinrichtungen zu medizinischen Zwecken.

Nach DIN VDE 0128, Abschnitte 1 und 3.1.2

**Antwort 13.8**
Sie ist gelb, einadrig und trägt in Abständen von etwa 20 cm schwarz aufgedruckt ihre Nennspannung.

Nach DIN VDE 0250 Teil 105, Abschnitte 4.4 und 7

**Frage 13.9**
Darf für die Hochspannungsseite von Leuchtröhrenanlagen in jedem Fall kunststoffisolierte Leuchtröhrenleitung (NYL) verlegt werden?

**Frage 13.10**
Zwei Leuchtröhrenstromkreise sollen über einen gemeinsamen Rückleiter angeschlossen werden. Da die Rückleiter geerdet sind, soll eine einadrige Mantelleitung (NYM) zur Anwendung kommen. Ist das zu befürworten?

**Frage 13.11**
Eine Leuchtröhrenleitung und eine Niederspannungsleitung für die allgemeine Beleuchtung sollen unmittelbar parallelgeführt werden. Ist das erlaubt?

**Antwort 13.9**
Nein, diese Leitungsart ist nur zulässig zur geschützten Verlegung in Reliefkörpern, Kaschierungen, Panzerrohren und Leitungskanälen von Fahrzeugen.

Ungeschützt sind Kunststoff-Leuchtröhrenleitungen mit Metallmantel (NYLRZY oder gleichwertige Arten) zu verwenden. Alle Verbindungsleitungen auf der Hochspannungsseite sind möglichst kurz zu halten, weil sonst bei großen Leiter-Erde-Kapazitäten durch deren Entladestromstöße die Lebensdauer der Leuchtröhren wesentlich herabgesetzt wird!

Nach DIN VDE 0128, Abschnitt 11.1, sowie DIN VDE 0250, Teil 105 und Teil 211 und DIN VDE 0298 Teil 3, Abschnitte 9.2.19 und 9.2.20

**Antwort 13.10**
Nein! Die Leuchtröhrenstromkreise müssen je einen Rückleiter erhalten. Für die Rückleiter muß ebenfalls eine entsprechend isolierte Leuchtröhrenleitung verwendet werden.

Nach DIN VDE 0128, Abschnitt 11.3

**Antwort 13.11**
Nein. Bei Näherungen von Hoch- und Niederspannungen muß ein Abstand von mindestens 10 mm eingehalten werden, oder es ist eine geerdete metallene Trennwand vorzusehen. Wenn eine der Leitungen eine geerdete metallene Umhüllung besitzt, kann auf den Abstand oder die geerdete Trennwand verzichtet werden.

Nach DIN VDE 0128, Abschnitt 9.5

**Frage 13.12**
Können die ausnahmsweise nicht gekapselten Vorschaltgeräte einer Leuchtröhrenanlage im Hohlraum einer Zwischendecke untergebracht werden, um die Gefahr zufälliger Berührung auszuschließen? Ist das nicht eine recht praktische Lösung?

**Frage 13.13**
Wie groß muß der Abstand von Vorschaltgeräten zu brennbaren Baustoffen sein?

**Frage 13.14**
Dürfen Wand- oder Deckenöffnungen zur leichteren Fehlersuche offen bleiben?

**Antwort 13.12**
Auch Hohlräume in Zwischendecken bieten gegen zufälliges Berühren keine ausreichende Gewähr; deshalb sind auch dort die vorgeschriebenen Abdeckungen unerläßlich. Sie dürfen sogar nur mittels Werkzeugs abnehmbar sein. Beim Entfernen müssen sich alle zur gleichen Leuchtengruppe gehörenden Primärstromkreise zwangsläufig allpolig vom Netz abtrennen. – Nur in abgeschlossenen elektrischen Betriebsräumen können nicht abgedeckte Vorschaltgeräte unter bestimmten Voraussetzungen verwendet werden.

Nach DIN VDE 0128, Abschnitte 6 und 15

**Antwort 13.13**
Der Mindestabstand zu brennbaren Baustoffen muß 10 cm betragen, gegen die Decke eines Raumes sogar mindestens 20 cm.

Nach DIN VDE 0128, Abschnitt 15.1.3

**Antwort 13.14**
Nein! Wand- und Deckendurchbrüche müssen nach der Installation so abgedichtet werden, daß sie die Brandschutzanforderungen erfüllen.

Nach DIN VDE 0128, Abschnitt 15.3

**Frage 13.15**
Woran erkennt man, welche Schalter und Sicherungen zu einer Leuchtröhrenanlage gehören?

**Frage 13.16**
Was muß der Elektroinstallateur einer Leuchtröhrenanlage vor deren Übergabe tun?

**Antwort 13.15**
Alle Schalter und Sicherungen müssen als zur Leuchtröhrenanlage gehörend gekennzeichnet werden; ggf. muß auch die Zuordnung zu den einzelnen Leuchtengruppen bzw. Stromkreisen eindeutig erkennbar sein.

Für jede derartige Anlage ist primärseitig ein Hauptschalter mit Sicherung gegen irrtümliches oder unbefugtes Einschalten vorzusehen, der alle Außenleiter schaltet und eine erkennbare Ausschaltstellung besitzt.

Nach DIN VDE 0128, Abschnitt 8.1

**Antwort 13.16**
Er muß feststellen, ob die Anlagen in allen Teilen DIN VDE 0128 entspricht, außerdem muß er alle Schutzvorrichtungen, den Isolationszustand und die Betriebsströme prüfen. An der Anlage müssen an gut sichtbarer Stelle (an den Vorschaltgeräten oder dgl.), z. B. in Form eines unverwischbaren Schildes, folgende Angaben gemacht werden:

1. Firmenbezeichnung des Errichters;
2. Baujahr.

Nach Fertigstellung ist dem Auftraggeber ein Schaltbild der Anlage auszuhändigen. Der Auftraggeber ist darauf aufmerksam zu machen, daß das Schaltbild sorgfältig aufzubewahren ist.

Nach DIN VDE 0128, Abschnitt 17

# 14  Medizinisch genutzte Räume

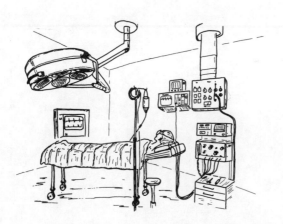

**Frage 14.1**
In welche drei Hauptgruppen werden medizinisch genutzte
Räume gegliedert?

## Antwort 14.1

Sie werden nach steigendem Aufwand für die Sicherheit elektrischer Anlagen eingeteilt in

- Räume der Anwendungsgruppe 0
  U. a. Bettenräume, OP-Sterilisations- und Waschräume sowie einige Praxisräume der Human- und Dentalmedizin, in denen keine Anwendungen elektromedizinischer Geräte erfolgen. Ausgenommen sind Geräte, die ausdrücklich für eine Anwendung außerhalb medizinisch genutzter Räume zugelassen sind. Dies muß in den Begleitpapieren solcher Geräte besonders bescheinigt sein. Ausnahmen bilden medizinische Geräte, die ausschließlich aus eingebauten Batterien versorgt werden.
- Räume der Anwendungsgruppe 1
  Hier werden netzabhängige elektromedizinische Geräte angewendet, die mit dem Patienten in Berührung kommen. Ein Ausfall der Stromversorgung kann ohne Gefährdung der Patienten hingenommen werden. Die Unterbrechung der Behandlung und die spätere Fortsetzung oder Wiederholung ist gefahrlos möglich. Zu dieser Anwendungsgruppe zählen: Bettenräume\*, Räume für physikalische oder Hydro-Therapie, Massageräume, bestimmte Praxisräume der Dental- und Humanmedizin, Räume für Radiologie und Endoskopie, chirurgische Ambulanzen, Dialyseräume, Räume zur Intensivuntersuchung sowie Entbindungsräume.
  Die Nutzung elektromedizinischer Geräte erfolgt hier am oder im Körper des Patienten nur über natürliche Körperöffnungen. Kleinere operative Eingriffe der sogenannten „kleinen Chirurgie" sind hier ebenfalls möglich.
- Räume der Anwendungsgruppe 2
  Hier werden netzabhängige elektromedizinische Geräte eingesetzt, die lebenswichtige Körperfunktionen aufrechterhalten müssen. Ein Ausfall dieser Geräte kann zu einer erheblichen Gefährdung des Patienten führen. Bei Störung des Versorgungsnetzes oder beim ersten Körperschluß müssen die elektromedizinischen Geräte weiterbetrieben werden können.
  Räume der Anwendungsgruppe 2 sind z. B. Räume zur Intensivuntersuchung, Überwachungsräume, Aufwachräume, Endoskopieräume\*, Herzkatheterräume, klinische Entbindungsräume, Räume für Radiologie sowie Räume für Notfall- und Akutdialyse. Operationen jeder Art an Organen werden in diesen Räumen durchgeführt.

Nach DIN VDE 0107, Abschnitt 2.2 und Tabelle 1

---

\* Je nach Art der vorgesehenen medizinischen Nutzung können Räume zu der einen oder anderen Anwendungsgruppe zählen.

**Frage 14.2**
Wie unterscheidet der Elektroinstallateur zwischen den eben genannten Intensivuntersuchungsräumen einerseits und den Intensivüberwachungsräumen andererseits?

**Frage 14.3**
Gibt es Bereiche in Krankenhäusern, in denen besonders hohe Anforderungen an die Energieversorgung gestellt werden müssen?

**Antwort 14.2**

Das festzulegen ist eigentlich nicht seine Aufgabe, sondern Sache seiner Auftraggeber. Aber als erster Anhaltspunkt diene ihm folgendes:

Während in Intensiv**untersuchungsräumen** Patienten zwecks „intensiver Untersuchung" (also nicht: zwecks Behandlung!) gleichzeitig an **mehrere** elektromedizinische Meß- oder Überwachungseinrichtungen angeschlossen werden oder **ein** derartiges Gerät **in** den Körper eingebracht wird, unterliegen in Intensiv**stationen** stationär Behandelte dem Einfluß spezieller Geräte (meist vor oder nach Operationen) zwecks Dauerüberwachung oder -pflege (wobei die angezeigten Meßwerte auch dazu benutzt werden, ärztlichen oder pflegerischen Einsatz auszulösen).

Nach DIN VDE 0107, Abschnitte 2.3.7 und 2.3.8

**Antwort 14.3**

Besondere Anforderungen an eine sichere Stromversorgung werden für die Räume gestellt, die der Anwendungsgruppe 2 zugeordnet werden. Eigene Verteiler, mindestens aber durch eine Zwischenwand mit eigener Abdeckung vom Verteiler anderer Räume getrennt, sind für die elektrische Versorgung solcher Räume vorzusehen. Das für Räume der Anwendungsgruppe 2 geforderte IT-Netz muß über zwei Zuleitungen und diese besonderen Verteiler versorgt werden können.

Selbst die Anschlußpunkte dieser beiden Zuleitungen im Hauptverteiler sind vorgeschrieben. Die erste Zuleitung muß von der Schiene abzweigen, die auch der Sicherheitsstromversorgung dient. Die zweite Zuleitung muß in der Hauptverteilung auf die Schiene des Netzes aufgelegt sein. Ist eine weitere Sicherheitsstromversorgung zur Versorgung des IT-Netzes vorhanden, kann diese alternativ verwendet werden.

Nach DIN VDE 0107, Abschnitt 3.3.3

**Frage 14.4**
Aus Kostengründen soll nur ein IT-Netz für mehrere OP-Räume der Anwendungsgruppe 2 installiert werden. Eine geschickt ausgeklügelte Schaltung soll für weitgehende Sicherheit sorgen. Ist das statthaft?

**Frage 14.5**
Wie muß die Verbraucheranlage der Anwendungsgruppe 2 ausgeführt sein?

**Antwort 14.4**
Nein! Wenn in den Räumen lebenswichtige Operationen und Eingriffe vorgenommen werden, muß jeder(!) Raum ein eigenes IT-Netz erhalten. Die speisenden Transformatoren (nach DIN VDE 0550 gebaut) müssen außerhalb der medizinisch genutzten Räume fest installiert werden. Besondere Anforderungen an die Art des Transformators, die Kabel- und Leitungsverlegung und die Schutzmaßnahmen ergänzen die strengen Maßnahmen zur Versorgungssicherheit.

Nach DIN VDE 0107, Abschnitt 3.3.3.3 bis 3.3.3.9

**Antwort 14.5**
Auch für die Verbraucheranlage innerhalb dieser Anwendungsgruppe sind ebenso strenge Maßstäbe gegeben. Alle Steckdosenstromkreise mit zweipoligen Steckvorrichtungen mit Schutzkontakt sollen möglichst aus dem IT-Netz gespeist werden. Sind in dem gleichen Raum auch andere Steckdosen, die nicht aus dem IT-Netz gespeist werden, vorhanden, so müssen die Steckdosen des IT-Netzes eindeutig gekennzeichnet werden. Jedem Patientenplatz sind mindestens zwei Steckdosenstromkreise zuzuordnen, mit nicht mehr als 6 Steckdosen je Stromkreis. Allpolig schaltende Leitungsschutzschalter müssen im Kurzschlußfall selektiv gegenüber den vorgeschalteten Schutzeinrichtungen wirken.

Nach DIN VDE 0107, Abschnitt 3.4

**Frage 14.6**
Sind Maßnahmen zum Schutz bei indirektem Berühren in
Räumen der Anwendungsgruppe 0 (Bettenräume, Sprech-
und Untersuchungszimmer) überhaupt erforderlich?

**Antwort 14.6**

Grundsätzlich werden stets solche Schutzmaßnahmen gefordert, also auch für medizinisch genutzte Räume. Für Installationen in Räumen der Anwendungsgruppe 0 sowie für Räume, die außerhalb der medizinischen Nutzung liegen, sind für die Stromversorgung die Schutzmaßnahmen nach DIN VDE 0100 ausreichend. Wird aus einer Sicherheitsstromquelle eingespeist, sind folgende Schutzmaßnahmen zu bevorzugen:

- IT-Netz mit Isolationsüberwachung und Meldung,
- Schutzisolierung,
- Schutzkleinspannung (SELV*),
- Funktionskleinspannung (PELV* und FELV*),
- Schutztrennung.

Schutz durch Abschaltung nach DIN VDE 0100 Teil 410, Abschnitt 6.1 ist nur zulässig, wenn rechnerisch nachgewiesen wurde, daß bei einem Fehler an einer beliebigen Stelle im Netz eine selektive Auslösung der vorgeschalteten Schutzeinrichtung selbsttätig und innerhalb der festgelegten Abschaltzeiten erfolgt.

Als Fehler wird hier ein Fehler mit vernachlässigbarer Impedanz zwischen einem Außenleiter und dem Schutzleiter oder einem an diesen angeschlossenen Körper angenommen.

Nach DIN VDE 0107, Abschnitt 4.2

---

* Erläuterung der Abkürzungen siehe DIN VDE 0100 Teil 410 A2 – z. Z. Entwurf.
Siehe auch Anhang A 3.5.

**Frage 14.7**
Welche Schutzmaßnahmen zum Schutz bei indirektem Berühren sind in den Anwendungsgruppen 1 und 2 gefordert?

## Antwort 14.7

In den medizinisch genutzten Räumen der Anwendungsgruppe 1 und 2 stehen Patienten zwecks medizinischer Behandlung in direktem Kontakt mit den elektromedizinischen Geräten bzw. werden an diese angeschlossen. Aus diesem Grunde sind hier besondere Sicherheitsanforderungen an die Stromversorgung zu stellen, um gefährliche Körperströme zu verhindern. Grundsätzlich ist hier ein zusätzlicher Potentialausgleich gefordert. Die folgenden Schutzmaßnahmen* dürfen angewendet werden:

- Schutzisolierung
  (Schutzklasse II für elektrische Betriebsmittel),
- Schutzkleinspannung (SELV)*
  (bis AC 25 V bzw. DC 60 V),
- Funktionskleinspannung (PELV und FELV)*
  (bis AC 25 V bzw. DC 60 V. Für OP-Leuchten ist die Funktionskleinspannung ohne sichere Trennung nicht zulässig),
- Schutz durch Abschaltung*
  nur mittels Fehlerstromschutzeinrichtung und einem Nennfehlerstrom $I_{\Delta N}$ = 0,03 A für Stromkreise mit Überstromschutzeinrichtungen bis 63 A. Für Stromkreise außerhalb des Handbereiches und in Stromkreisen mit Überstromschutzeinrichtungen über 63 A sind Fehlerstromschutzeinrichtungen mit einem Nennfehlerstrom $I_{\Delta N}$ = 0,3 A zulässig. In Räumen der Anwendungsgruppe 2 ist die Anwendung dieser Schutzmaßnahme nur für Stromkreise von Röntgengeräten, Großgeräten über 5 kW Anschlußleistung, Steckdosenstromkreise für nichtmedizinische Geräteanwendungen, allgemeine Beleuchtungsstromkreise und elektrische Ausrüstung von OP-Tischen gestattet.
  Achtung: Besonderheiten im TT-Netz beachten!
- Schutz durch Meldung* im IT-Netz
  mit besonderen Anforderungen an die Isolationsmeß- und Meldeeinrichtungen,
- Schutztrennung
  mit nur einem Verbrauchsmittel.

Nach DIN VDE 0107, Abschnitt 4.3

---

\* Für Räume der Anwendungsgruppe 2 gelten teilweise höhere Anforderungen!

**Frage 14.8**
Welche Anforderungen werden an den zusätzlichen Potentialausgleich gestellt, und wie muß er aufgebaut sein?

## Antwort 14.8

Zum Schutz der Patienten müssen Potentialunterschiede zwischen den Körpern der elektrischen Betriebsmittel und den festeingebauten, fremden leitfähigen Teilen durch Potentialausgleichsmaßnahmen beseitigt werden. Hierzu müssen in jedem Verteiler oder in dessen Nähe Potentialausgleichs-Sammelschienen angebracht werden. Mit dieser Sammelschiene sind einzeln lösbar und übersichtlich folgende Teile zu verbinden:

– Schutzleitersammelschienen,
– leitfähige Teile im Bereich von 1,25 m um die Patientenposition, wenn der Widerstand, zum Schutzleiter gemessen, bestimmte Werte unterschreitet und die Teile mit dem Schutzleiter nicht in Verbindung stehen.
  (Anwendungsgruppe 1 – kleiner 7 k$\Omega$; Anwendungsgruppe 2 – kleiner 2,4 M$\Omega$),
– Abschirmungen gegen Störfelder,
– Ableitnetze,
– ortsfeste, nicht elektrisch betriebene OP-Tische ohne Schutzleiterverbindung,
– OP-Leuchten mit Funktionskleinspannung mit sicherer Trennung (PELV).

In einigen Räumen mit besonderen medizinischen Eingriffen sind weitergehende Maßnahmen gefordert, wie:

– Anschlußbolzen für den Anschluß von Potentialausgleichsleitern zu ortsveränderlichen elektromedizinischen Geräten und OP-Tischen,
– Spannungen zwischen fremden leitfähigen Teilen und dem Körper festangeschlossener Betriebsmittel und Schutzkontakte dürfen im fehlerfreien Betrieb die folgenden Werte nicht überschreiten:
  1 V in Räumen der Anwendungsgruppe 1 bei bestimmten Untersuchungen,
  10 mV (!) in Räumen der Anwendungsgruppe 2, wenn Behandlungen im oder am freigelegten Herzen vorgenommen werden.
– Wenn für mehrere Räume gemeinsame Meß- oder Meldeeinrichtungen verwendet werden, ist zwischen den Potentialausgleichssammelschienen der betroffenen Räume jeweils ein Potentialausgleichsleiter zu verlegen.

Nach DIN VDE 0107, Abschnitt 4.4

**Frage 14.9**
Welche Folgen hat in einem Krankenhaus oder in einer Poliklinik der Ausfall der allgemeinen Stromversorgung für die Patienten? Müssen in diesem Fall die gerade laufenden Operationen rasch abgebrochen werden, bis der Hauselektriker den Fehler in der Stromversorgung behoben hat?

**Antwort 14.9**

Nein, das wäre nicht zu verantworten. Operationsleuchten müssen z. B. beim Absinken der Versorgungsspannung um mehr als 10% innerhalb 0,5 s selbsttätig aus Sicherheitsstromquellen weiterversorgt werden können und das für eine Mindestbetriebsdauer von 3 h.

Andere, weniger wichtige Einrichtungen können aus einer Sicherheitsstromversorgung mit Umschaltzeiten bis zu 15 s weiterversorgt werden. Dazu zählen Sicherheitsbeleuchtung von Rettungswegen und -zeichen, Beleuchtung in Arbeits- und Maschinenräumen sowie Räume der Schaltanlagen. In Räumen der Anwendungsgruppe 1 und in sonstigen für den Krankenhausbetrieb wichtigen Räumen muß mindestens eine Leuchte aus der Sicherheitsstromversorgung weiterbetrieben werden können; in Räumen der Anwendungsgruppe 2 sind alle Leuchten aus der Sicherheitsstromversorgung weiter zu versorgen. Weitere Einrichtungen, die innerhalb 15 s wieder versorgt werden müssen, sind Feuerwehr- und Bettenaufzüge, notwendige Lüftungsanlagen, Personenruf-, Alarm- und Warnanlagen, Anlagen zur Feuerlöschung, medizinisch-technische Einrichtungen zur medizinischen Gasversorgung (Druckluft – Vakuum), Überwachungseinrichtungen usw.

In Räumen der Anwendungsgruppe 2 müssen medizinische Geräte und Einrichtungen, die für Operationen erforderlich sind, weiterversorgt werden. Dies gilt auch für sonstige Verbrauchsgeräte in diesen Räumen.

Nach DIN VDE 0107, Abschnitt 5, 5.1 und 5.3

**Frage 14.10**
Müssen bei einem Ausfall der Stromversorgung wirklich alle
elektrischen Einrichtungen und Verbrauchsgeräte in weniger
als 15 s wieder versorgt werden?

**Antwort 14.10**

Je nach den betrieblichen Anforderungen des Krankenhauses müssen z. B. Einrichtungen wie Sterilisationsanlagen, Heizungs-, Lüftungs- und Klimaanlagen, sonstige Aufzüge, Kücheneinrichtungen u. ä. ebenfalls aus der Sicherheitsstromquelle versorgt werden. Als Umschaltzeiten dieser Einrichtungen können i. allg. mehr als 15 s zugelassen werden und richten sich nach den Erfordernissen des geordneten Krankenhausbetriebes.

Besitzt die Sicherheitsstromquelle ausreichende Leistungsreserven, so dürfen auch weitere Anlagen und Verbrauchsmittel des Krankenhauses versorgt werden.

Achtung, hier müssen Baurechtsvorschriften der Länder sowie arbeitsrechtliche Bestimmungen vorrangig beachtet werden.

Nach DIN VDE 0107, Abschnitt 5.2

**Frage 14.11**
Welche Stromquellen sind für die Sicherheitsstromversorgung von Krankenhäusern und Polikliniken zugelassen?

**Antwort 14.11**

In DIN VDE 0100 Teil 560 werden als Stromquellen für Sicherheitszwecke genannt:

– Akkumulatoren-Batterien,
– Primärelemente,
– Generatoren mit Antriebsmaschinen.

Bei der Auswahl der Stromquellen ist u. a. folgendes zu beachten:

– Übernahme der Last bei mehr als 10% Spannungseinbruch,
– sofort nach der Umschaltung müssen 80% der Nennleistung zur Verfügung stehen,
– Toleranzen der Nennspannung und der Nennfrequenz bei Einspeisung der Stromquelle müssen eingehalten werden,
– Oberschwingungsanteile dürfen bis zur Nennlast nicht mehr als 5% betragen,
– Funkentstörgrad N muß eingehalten werden,
– Baugruppen der Sicherheitsstromquelle müssen erd- und kurzschlußsicher ausgeführt sein,
– Schieflast von 100% muß möglich sein,
– Überlastbarkeit von 10% bei 1 h Dauer,
– Meß-, Überwachungs- und Betätigungseinrichtungen sind genau vorgegeben.

Nach DIN VDE 0100 Teil 560, Abschnitt 3.1, und DIN VDE 0107, Abschnitt 5.4

**Frage 14.12**

Wenn solch umfassende Anforderungen an die Stromquelle gestellt werden müssen, wie sehen dann die Anforderungen an das Leitungsnetz der Sicherheitsstromversorgung aus?

**Antwort 14.12**

Von der Sicherheitsstromquelle ausgehend müssen bis zum ersten Schutzorgan alle Kabel- und Leitungen erd- und kurzschlußsicher verlegt werden. Im Hauptverteiler der Versorgungsanlage müssen die Schalt- und Steuereinrichtungen angeordnet sein, die beim Absinken der Versorgungsspannung um mehr als 10% das Einschalten der Sicherheitsstromquelle und das Umschalten auf diese bewirken.

In den Hauptverteilern der Gebäude muß eine Umschalteinrichtung vorhanden sein, die schon bei Ausfall eines Außenleiters auf die Zuleitung der Sicherheitsstromquelle umschaltet.

Für die Verlegung von Kabeln der Sicherheitsstromversorgung müssen separate Trassen gewählt und ein Abstand von mindestens 2 m zu den Kabeln der allgemeinen Stromversorgung eingehalten werden. Schutz vor mechanischer Beschädigung ist im Nahbereich von Gebäuden gefordert, wenn der Abstand von 2 m nicht eingehalten werden kann.

Kabel der Sicherheitsstromversorgung dürfen nur dann in einem gemeinsamen Kabelkanal angeordnet werden, wenn eine mindestens 90minütige Funktionsfähigkeit im Brandfalle gewährleistet ist.

Bei der Auswahl von Leiterquerschnitt und Zuordnung des Überstromschutzorganes muß beachtet werden, daß der aus der Sicherheitsstromquelle fließende kleinste Kurzschlußstrom eine Abschaltung innerhalb 5 s bewirkt. Dabei muß eine selektive Auslösung des Schutzorganes gewährleistet sein.

Nach DIN VDE 0107, Abschnitt 5.8

**Frage 14.13**
Muß bei der Anordnung von Starkstromkabeln auf empfindliche medizinische Einrichtungen geachtet werden?

**Frage 14.14**
Bei welchen Räumen muß man besonders auf solch störende Auswirkungen elektrischer oder magnetischer Felder achten?

**Antwort 14.13**
Ja. Es wird empfohlen, auf die Auswirkungen von elektrischen und magnetischen Feldern zu achten. Die empfindlichen Meßgeräte zur Messung von kleinsten Reaktionsspannungen des menschlichen Körpers können durch elektrische oder magnetische Felder der Stromversorgung bis hin zur Funktionsunfähigkeit gestört werden.

Nach DIN VDE 0107, Abschnitt 7

**Antwort 14.14**
Besonders zu schützen sind

- Räume, in denen EEG*-, EKG*- und EMG*-Untersuchungen durchgeführt werden,
- Intensivuntersuchungsräume und -überwachungsräume,
- Herzkatheterräume,
- Operationsräume.

Schon bei der Planung sollten diese Räume besonders beachtet werden, da spätere Änderungen meist sehr teuer sind.

Nach DIN VDE 0107, Abschnitt 7.1

---

* EEG = Elektro-Enzephalogramm (Messung der Hirnströme)
  EKG = Elektro-Kardiogramm (Aufzeichnung der Herzströme)
  EMG = Elektromyogramm (Aufzeichnung der Muskelströme)

**Frage 14.15**
Welche Maßnahmen können hier gegen elektrische Felder
angewendet werden?

**Antwort 14.15**

Die elektrischen Felder von Kabeln und Leitungen können relativ einfach durch geschirmte Kabel und Leitungen oder durch leitfähige Umhüllungen (z. B. metallene Kabelschächte) beseitigt werden. Die Schirme der Umhüllungen sollen dabei sternförmig untereinander und mit dem Potentialausgleich verbunden werden.

Eine andere Maßnahme zur Abschirmung ist das Einbringen von Metallfolien oder Abschirmgewebe in Decke, Fußboden und Wände des betreffenden Raumes.

Nach DIN VDE 0107, Abschnitt 7.2.2

**Frage 14.16**
Wie wird gegen magnetische Felder abgeschirmt?

## Antwort 14.16

Eine Abschirmung gegen magnetische Felder ist nicht so einfach möglich wie die Abschirmung des elektrischen Feldes. Die erforderlichen, möglichst hochpermeablen Werkstoffe sind teuer und kommen daher selten zum Einsatz. Im allgemeinen kann durch ausreichenden Abstand zwischen den Untersuchungsplätzen der Patienten und der magnetischen Störquelle Abhilfe geschaffen werden.

Am Patientenplatz darf die magnetische Flußdichte bei 50 Hz die Werte

$B_{ss} = 2 \cdot 10^{-7}$ T für EEG und
$B_{ss} = 4 \cdot 10^{-7}$ T für EKG

nicht überschreiten.

| Betriebsmittel | erforderlicher Mindestabstand in allen Richtungen in m |
|---|---|
| Vorschaltgerät einer Leuchte | 0,75 |
| Transformatoren der Starkstromanlage, elektrische Maschinen und andere induktive Betriebsmittel | 6 |
| mehradrige Kabel und Leitungen 10 ... 70 mm² | 3 |
| 95 ... 185 mm² | 6 |
| >185 mm² | 9 |
| einadrige Kabel, Leitungen und Stromschienensysteme | Größere Abstände können notwendig werden. Die Abstände sind von der Anordnung der Leiter abhängig und müssen im Einzelfall ermittelt werden. Es bleibt abzuschätzen, ob hier die erwähnten magnetischen Abschirmungen wirtschaftlich angewendet werden können. |

Ströme aus 16 2/3-Hz-Wechselstrom-Bahnanlagen können ebenfalls zu Beeinflussungen führen. In diesem Fall sollte unbedingt Verbindung mit dem Betreiber der Wechselstrom-Bahnanlage aufgenommen werden.

Nach DIN VDE 0107, Abschnitt 7.3

**Frage 14.17**
Welche Maßnahmen sehen die Bestimmungen für medizinische Einrichtungen außerhalb von Krankenhäusern und Polikliniken vor?

**Frage 14.18**
Ist in Human- und Dentalpraxisräumen ein zusätzlicher Potentialausgleich erforderlich?

**Frage 14.19**
Wie sieht es in den Praxisräumen mit der Sicherheitsstromversorgung aus? Hier sind doch sicherlich einfachere Stromversorgungsanlagen erlaubt, oder?

**Antwort 14.17**
Da auch in Räumen der Human- und Dentalmedizin Menschen behandelt werden, sind die Anforderungen und die Einstufungen in die Anwendungsgruppen denen des Krankenhausbetriebes vergleichbar.

Die Behandlungs- und Untersuchungsräume gelten in der Regel als Räume der Anwendungsgruppe 1 mit den gleichen Schutzmaßnahmen (siehe Frage und Antwort 14.1).

In Räumen der Anwendungsgruppe 2 muß die Schutzmaßnahme „Meldung durch Isolationsüberwachungseinrichtungen im IT-Netz" angewendet werden. Auch hier darf beim ersten Körperschluß kein Ausfall der Versorgung eintreten.

Nach DIN VDE 0107, Abschnitt 8.1

**Antwort 14.18**
Im Bereich, den der Patient während einer Behandlung oder Untersuchung mit elektromedizinischen Geräten erreichen kann, muß ein zusätzlicher Potentialausgleich unter Einbeziehung fremder leitfähiger Teile erfolgen.

Nach DIN VDE 0107, Abschnitt 8.13

**Antwort 14.19**
Auch hier muß in Räumen der Anwendungsgruppe 2 eine Sicherheitsstromversorgung vorhanden sein, die folgende Einrichtungen für mindestens 3 h weiterversorgt:

| Einrichtung | max. Umschaltzeit auf die Sicherheitsstromversorgung |
|---|---|
| Operationsleuchten | $\leq 0{,}5$ s |
| lebenswichtige elektro-medizinische Geräte | $\leq 15$ s |

Nach DIN VDE 0107, Abschnitt 8.1.4

**Frage 14.20**
Wie können Heimdialysegeräte elektrisch versorgt werden?

**Antwort 14.20**

Es bieten sich zwei Möglichkeiten zur Versorgung von Dialysegeräten in Räumen von Wohnungen an:

1. Maßnahmen in der elektrischen Anlage
   - separater Stromkreis von der Unterverteilung ausgehend mit Fehlerstromschutzeinrichtung ($I_{\Delta N}$ = 30 mA),
   - besondere Steckvorrichtungen, die mit den Steckdosen der Wohnung unverwechselbar sein müssen,
   - zusätzlicher Potentialausgleich unter Einbeziehung aller fremden leitfähigen Teile, die im Bereich des Patientenplatzes erreichbar sind.

oder

2. Besondere Anschlußeinrichtung zwischen Steckdose der Hausinstallation und Dialysegerät:

   - Die Anschlußeinrichtung muß schutzisoliert sein,
   - als Anschlußleitung ist eine 2adrige Leitung ohne Schutzleiter mindestens der Bauart H05VV oder gleichwertige zu verwenden,
   - die Ausgangsseite der Anschlußeinheit muß durch einen Trenntransformator sicher vom Netz getrennt sein,
   - mit der Hausinstallation unverwechselbare Steckdosen sind für die Ausgangsseite vorgeschrieben,
   - jede(!) ausgangsseitige Steckdose muß entweder jeweils über eine eigene Fehlerstromschutzeinrichtung ($I_{\Delta N}$ = 30 mA) verfügen, oder eine Isolationsüberwachungseinrichtung überwacht die Leiter gegen den ungeerdeten Potentialausgleichsleiter,
   - die Schutzkontakte der ausgangsseitigen Steckdosen müssen über einen ungeerdeten, isolierten Potentialausgleichsleiter miteinander verbunden werden.

Hier stellt sich die Frage, ob nicht auch in der 2. Variante eine separate Zuleitung mit getrennten Schutzeinrichtungen eine sinnvolle Ergänzung darstellt. Andernfalls ist beim Auftreten eines Fehlers in einem Nachbarraum, der eventuell am gleichen Stromkreis angeschlossen ist, auch die Dialyseanlage vom Fehler betroffen.

Nach DIN VDE 0107, Abschnitt 8.2

**Frage 14.21**
Welche Unterlagen, Pläne usw. sind für den sicheren Betrieb
der elektrischen Anlagen in Krankenhäusern bereitzuhalten?

**Frage 14.22**
Welche Pläne müssen in den Verteilern greifbar sein?

**Antwort 14.21**
Folgende Pläne und Unterlagen müssen vorhanden sein:
- Übersichtspläne in einpoliger Darstellung des
  - Verteilungsnetzes der allgemeinen Stromversorgung,
  - Verteilungsnetzes der Sicherheitsstromversorgung mit genauen Angaben über die Lage der Unterverteilungen im Gebäude,
  - der Schaltanlagen und Verteiler,
- Elektroinstallationspläne,
- Stromlaufpläne von Steuerungen,
- Bedienungs- und Wartungshinweise der Sicherheitsstromquelle,
- Rechnerischer Nachweis
  - des Schutzes durch Abschaltung für Räume der Anwendungsgruppe 0 und
  - der selektiven Abschaltung innerhalb 5 s bei Versorgung aus der Sicherheitsstromquelle,
- Liste aller an die Sicherheitsstromquelle fest angeschlossenen Verbraucher mit Angabe der Nenn- und Anlaufströme,
- Prüfnachweis mit den Ergebnissen aller vor der Inbetriebnahme erforderlichen Prüfungen.

Nach DIN VDE 0107, Abschnitt 9

**Antwort 14.22**
In jedem Verteiler muß der dazugehörige Übersichtsschaltplan vorhanden sein. Aus ihm müssen
- Stromart und Nennspannung,
- Anzahl und Leistung der Transformatoren und Sicherheitsstromquellen,
- Stromkreisbezeichnung und Nennstrom der Überschutzeinrichtungen,
- Leiterquerschnitt und -werkstoff
erkennbar sein.

Nach DIN VDE 0107, Abschnitte 9.2 und 9.3

**Frage 14.23**
Welche Prüfungen sind für Starkstromanlagen in Krankenhäusern vor der Inbetriebnahme und während des Betriebes vorgeschrieben?

## Antwort 14.23

Wie bei anderen elektrischen Anlagen sind hier Erst- und in bestimmten Zeitabständen Wiederholungsprüfungen vorgesehen. Neben den umfangreichen Prüfungen nach DIN VDE 0100 Teil 600 (s. Kap. 17) sind für medizinische Stromversorgungsanlagen weiterführende Prüfungen vorzunehmen. Hier sind nur die wichtigsten der zusätzlichen Prüfungen genannt:

Funktionsprüfung
– Umschalteinrichtungen in den beiden Zuleitungen zu Verteilern für Räume der Anwendungsgruppe 2,
– Isolationsüberwachung der IT-Netze,
– Start- und Anlaufverhalten von Verbrennungsmotoren für Sicherheitsstromquellen.

Prüfung
– Richtige Auswahl der Überstromschutzeinrichtungen der Sicherheitsstromversorgung,
– des Aufstellraumes von Sicherheitsstromquellen und Stromerzeugungsaggregaten,
– der Batterie auf ausreichende Kapazität,
– Bemessung der Stromerzeugungsaggregate unter Berücksichtigung der angeschlossenen Verbraucher,
– der Aggregateschutzeinrichtungen,
– der Sicherheitsstromversorgung durch Unterbrechung der Netzzuleitung.

Messung
– zum Nachweis, daß fremde leitfähige Teile in Räumen zur Heimdialyse und in Räumen der Anwendungsgruppen 1 und 2 in den Potentialausgleich einbezogen wurden;
– der Spannung zwischen Schutzkontakten von Steckdosen, Körpern von fest angeschlossenen Verbrauchsmitteln und fremden leitfähigen Teilen. Diese Messungen müssen bei Belastung der Gebäudestromversorgung durchgeführt werden, um mögliche Einflüsse, die ja hier gemessen werden sollen, auch wirklich festzustellen.

Weitere Prüfungen hinsichtlich des Brandschutzes gemäß den Verordnungen der Länder, staatlicher Vorschriften zum Krankenhausbetrieb und Arbeitsschutzvorschriften der Berufsgenossenschaften vervollständigen die Liste der Erstprüfungen. Sie werden hier nicht weiter erörtert, da sie nicht Gegenstand dieses Buches sind.

Nach DIN VDE 0107, Abschnitt 10.1

**Frage 14.24**
Was muß bei wiederkehrenden Prüfungen geprüft werden?

**Antwort 14.24**

Grundsätzlich sind wiederkehrende Prüfungen nach DIN VDE 0105, GUV und VBG4 sowie den Verordnungen des Baurechtes der Länder durchzuführen. Außerdem gibt die DIN VDE 0107 eine ganze Reihe von regelmäßigen Prüfungen vor, die in einem Prüfbuch dokumentiert werden müssen.

Geprüft werden unter anderem:

| Prüfungen | Wiederholungs-zeitraum |
| --- | --- |
| Funktionsprüfung der Sicherheitsstromver-sorgung<br>– Start- und Anlaufverhalten<br>– Lastübernahme<br>– Schalt-, Regel- und Hilfseinrichtungen | monatlich |
| Funktionsprüfung des Lastverhaltens der Sicherheitsstromquelle mit mindestens 50% der Nennlast<br>– Stromquellen mit Batterien; mindestens 15 min Betriebsdauer<br>– Stromquellen mit Verbrennungsmotor; mindestens 60 min Betriebsdauer | monatlich |
| Umschalteinrichtungen | monatlich |
| Fehlerstrom- und Isolationsüberwachungsein-richtungen | 6 Monate |
| Isolationswiderstand von OP-Leuchten mit Funktionskleinspannung | 6 Monate |
| Messung der Spannungsdifferenzen | jährlich |
| Kapazitätsprüfung der Batterie (nur außerhalb der erwarteten Einsatzzeiten!) | jährlich |
| Feststellen, ob die Leistung der Sicherheits-stromquelle für eventuell gestiegenen Leistungsbedarf noch ausreicht | jährlich |

Nach DIN VDE 0107, Abschnitt 10.2

**Frage 14.25**
Enthalten Anästhesieräume besonders gefährdete Bereiche?

**Frage 14.26**
Wie werden in medizinisch genutzten Räumen die explosionsgefährdeten Zonen bezeichnet?

**Antwort 14.25**
Ja! In diesen Räumen werden Narkosen mit entzündlichen Gasen oder Flüssigkeiten vorbereitet oder durchgeführt. Es können deshalb in einem bestimmten Umfang explosionsgefährdete Zonen vorhanden sein!

Durch neue geschlossene Atmungs-Anästhesiesysteme konnten die explosionsgefährdeten Zonen erheblich verringert werden.

Nach DIN VDE 0107, Abschnitt 6, und Ex-RL, Tabelle Beispielsammlung Lfd. Nr. 8

**Antwort 14.26**
Die explosionsgefährdeten Zonen werden bezeichnet mit

– Zone G:  Umschlossene medizinische Gassysteme (z. B. Verdampfer, Mischkopf des Anästhesiegerätes sowie Hohlräume der Beatmungsgeräte). Hier muß dauernd oder zeitweise mit geringen Mengen explosibler Gemische gerechnet werden.
– Zone M:  Medizinische Umgebung; in dieser Zone ist für nur kurze Zeit und in geringen Mengen mit einer explosiblen Atmosphäre zu rechnen (z. B. bei Verwendung von medizinischen Desinfektions- und Hautreinigungsmitteln in Teilen des Raumes).

Nach DIN VDE 0107, Abschnitt 6, DIN VDE 0107 Beiblatt 1 und Ex-RL, Abschnitt E 2.1

**Frage 14.27**
In einer chirurgischen Ambulanz soll ein Gerät mit einem Elektromotor fest installiert werden. Was muß der Elektroinstallateur hinsichtlich des Explosionsschutzes bei der Geräteauswahl beachten?

**Frage 14.28**
Wie begegnet man den in Anästhesieräumen möglichen gefährlichen elektrostatischen Aufladungen?

**Frage 14.29**
Darf der Elektroinstallateur eine defekte Netzanschlußleitung eines elektromedizinischen Gerätes gegen eine entsprechende neue Anschlußleitung auswechseln?

**Antwort 14.27**
Nach Möglichkeit ist das Gerät außerhalb der explosionsge-fährdeten Zone zu installieren. Ist dies unmöglich, muß fest-gestellt werden, um welche Zone es sich handelt. In der „Zone G" dürfen nur elektromedizinische Geräte in „AP-G"-Ausfüh-rung (Geräte mit **A**nästhesiemittel-**P**rüfung für den Gebrauch in Zone **G**) angebracht sein.

Geräte in „AP-M"-Ausführung dürfen entsprechend in „Zone M" montiert werden.

Nach DIN VDE 0107, Abschnitt 6, und Ex-RL

**Antwort 14.28**
Leitfähige Fußböden in Verbindung mit Ableitnetzen, die an die Potentialausgleichsschiene angeschlossen werden, kön-nen diese Gefahren verhindern*.

Nach Richtlinie für die Vermeidung von Zündgefahren infolge elektrostatischer Aufladungen (ZH 1/200)

**Antwort 14.29**
Nein, das ist nicht erlaubt!

Elektromedizinische Geräte dürfen nur vom Hersteller oder durch von ihm ausdrücklich hierfür ermächtigte Stellen instand gesetzt werden.

Das Auswechseln der Netzanschlußleitung gilt als Instand-setzung.

Nach DIN VDE 0750 Teil 1/12.91, Abschnitt 6.8.2 b

[EN 60601-1]

---

* Siehe auch Fragen und Antworten 9.27 und 9.28.

## 15 Betrieb von Starkstromanlagen · Bekämpfung von Bränden

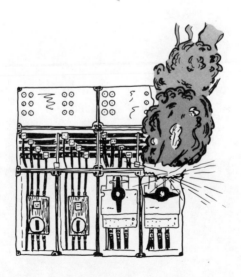

**Frage 15.1**
Welche Starkstromanlagen müssen durch **Fachleute** immer wieder geprüft werden?

**Frage 15.2**
Ein Schalttafel-Umbau wird von drei Monteuren in Angriff genommen. Dazu muß der spannungsfreie Zustand hergestellt **und sichergestellt** werden. Wie geschieht das?

**Frage 15.3**
Der Aufsichtführende einer Arbeitskolonne veranlaßt fern-mündlich, daß freigeschaltet wird. Ist das zulässig?

**Antwort 15.1**
Alle gewerblichen, industriellen, landwirtschaftlichen und medizinischen Anlagen sind in angemessenen Zeiträumen durch Fachleute bzw. Sachverständige zu überprüfen.

Nach DIN VDE 0105 Teil 1, Abschnitt 5.3

**Antwort 15.2**
Einer von den drei Monteuren ist zu bestimmen, der alles Notwendige verantwortlich veranlaßt!
Folgende fünf Maßnahmen sind durchzuführen:

1. Freischalten!
2. Gegen Wiedereinschalten sichern!
3. Spannungsfreiheit feststellen!
4. Erden und Kurzschließen!
5. Benachbarte unter Spannung stehende Teile abdecken oder abschranken!

**Beachte:** „Herstellung und Sicherstellung des spannungsfreien Zustandes" ist ein umfassender Begriff; „Freischalten" ist nur ein Teil davon!

Nach DIN VDE 0105 Teil 1, Abschnitt 9

**Antwort 15.3**
Ja, wenn er die Bestätigung abwartet. Grob fahrlässig wäre die Vereinbarung eines Zeitpunktes! Auch das Ausbleiben der Spannung ist keine Bestätigung!
Außerdem muß ihm der Name des Freischaltenden bekannt sein.

Nach DIN VDE 0105 Teil 1, Abschnitt 9.4

**Frage 15.4**
In einem gewerblichen Betrieb wurde die Anlage freigeschaltet, wie auch der Augenschein lehrt. Trotzdem ergibt die Spannungsprüfung an der Arbeitsstelle, daß noch Spannung da ist. Was kann vergessen worden sein?

**Frage 15.5**
In einem halbfertigen Geschäftshaus-Neubau schickt der Meister einen Gesellen an die Verteilertafel, die sich in einem anderen Raum befindet, um freizuschalten. Dieser löst weisungsgemäß die Leitungsschutzsicherung und steckt sie ein. Er unterrichtet seinen Meister. Ist der Meister zufrieden?

**Frage 15.6**
In einer gußgekapselten Verteilungsanlage ist ein Schalter defekt. Bis zum Einbau eines Ersatzes wird der Bedienungshebel mit Kette und Schloß in der Ausschaltstellung gehalten. Genügt das als Sicherungsmaßnahme?

**Frage 15.7**
Der Reflektor einer mit beweglicher Leitung angeschlossenen Arbeitsplatzleuchte soll gereinigt werden. Durch Betätigung des Schalters wird die Leuchte abgeschaltet. Genügt das?

**Frage 15.8**
In welchen Zeitabständen sind Spannungsprüfer auf ihre einwandfreie Funktion zu überprüfen?

**Antwort 15.4**
Wahrscheinlich führt die Anlage noch Spannung über Spannungsmeßgeräte oder Kapazitäten, z. B. Kabel oder Kondensatoren! Letztere müssen u. U. durch geeignete Vorrichtungen entladen werden!*

Nach DIN VDE 0105 Teil 1, Abschnitte 9.6 und 9.7

**Antwort 15.5**
Nein; es muß ein Verbotsschild (Anhang A 8) angebracht werden! Sonst wäre die Verteilertafel gegen Wiedereinschalten, z. B. durch Einschrauben anderer Leitungsschutzsicherungen durch andere Handwerker, nicht genügend gesichert.

Nach DIN VDE 0105 Teil 1, Abschnitt 9.5

**Antwort 15.6**
Nein, es ist auch hier ein Verbotsschild (Anhang A 8) erforderlich.

Nach DIN VDE 0105 Teil 1, Abschnitt 9.5

**Antwort 15.7**
Nein; bei Steckdosenanschluß ist keine Gewähr dafür gegeben, daß der Schalter den spannungsführenden Leiter unterbrochen hat. Man muß den Stecker aus der Steckdose ziehen, da immerhin Gefahr besteht, an spannungsführende Teile zu gelangen.

Nach DIN VDE 0105 Teil 1, Abschnitt 5.1.7

**Antwort 15.8**
Dies muß vor jedem Benutzen geschehen!

Nach DIN VDE 0105 Teil 1, Abschnitt 9.6.3.1

---

* Siehe auch Frage und Antwort 1.26.

**Frage 15.9**
An einer isolierten Leitung oder an einem Kabel soll gearbeitet werden. Weder durch Lageplan noch durch Suchgerät kann die fragliche Leitung – unter anderen gleichartigen – einwandfrei ermittelt werden. Was kann man tun?

**Frage 15.10**
Wann darf der Elektroinstallateur vom Erden und Kurzschließen an der Arbeitsstelle absehen?

**Frage 15.11**
An einer Freileitung unter 1000 V Nennspannung soll gearbeitet werden. Dazu wurde in der Transformatorenstation freigeschaltet; es wurde dort gegen Wiedereinschaltung gesichert, die Spannungsfreiheit festgestellt, geerdet und kurzgeschlossen. Kann nun mit der Arbeit begonnen werden?

**Antwort 15.9**
Man kann in die vermutlich richtige Leitung, die man freigeschaltet hat, z. B. mit einem Kabelschießgerät, einen Dorn ein-
treiben. Auf jeden Fall muß vorher an den Schaltstellen die
Spannungsfreiheit festgestellt werden.

Nach DIN VDE 0105 Teil 1, Abschnitt 9.6.4

**Antwort 15.10**
Er darf darauf verzichten, wenn folgende Bedingungen
g l e i c h z e i t i g erfüllt sind:

1. Die Anlage darf höchstens 1000 V Nennspannung haben;
2. es darf sich nicht um Freileitungen handeln, auch nicht
   teilweise, ausgenommen schutzisolierte Freileitungen
   (z. B. NFA2X);
3. es muß die Spannungsfreiheit hergestellt, gesichert und
   festgestellt sein.

Vorsicht: gegen benachbarte Teile muß man sich jedoch
gegebenenfalls schützen!

Nach DIN VDE 0105 Teil 1, Abschnitt 9.7.3

**Antwort 15.11**
Nein; an der Arbeitstelle muß

1. die Spannungsfreiheit nochmals allpolig festgestellt und
2. hier, also an der Arbeitsstelle, allpolig (einschließlich evtl.
   Schalt- und Steuerleitungen!) geerdet und kurzgeschlossen werden, für den Fall der Auftrennung der Leitung
   sogar an beiden Enden.
3. Bei gefahrbringender Nähe anderer unter Spannung stehender Leitungen ist gegen diese abzudecken!

Nach DIN VDE 0105 Teil 1, Abschnitte 9 und 9.7.3

**Frage 15.12**
Nach Beendigung der Arbeit soll die Anlage wieder unter Spannung gesetzt werden. Was muß man als Wichtigstes beachten?

**Frage 15.13**
Was ist, kurz gesagt, bei Arbeiten in der Nähe von unter Spannung stehenden Teilen zu beachten?

**Antwort 15.12**
1. Entbehrliche Personen, Werkzeuge und Abdeckungen entfernen!
2. Kurzschlußverbindungen aufheben!
3. Erdungen aufheben!
4. Betriebsmäßige Schutzverkleidungen und Sicherheitsschilder anbringen!
5. Einschaltbereitschaft durch den Aufsichtführenden melden!
6. Sicherheitsmaßnahmen an der Ausschaltstelle aufheben!

Nach DIN VDE 0105 Teil 1, Abschnitt 10

**Antwort 15.13**
Zunächst muß geprüft werden, ob es nicht doch möglich ist, den spannungsfreien Zustand an der Arbeitsstelle herzustellen.
Muß dennoch in der Nähe von unter Spannung stehenden Teilen gearbeitet werden, ist folgendes wichtig:
1. unter Spannung stehende Teile sind gesichert abzudecken oder abzuschranken;
2. die Unverwechselbarkeit der Arbeitsstelle ist sicherzustellen durch Markierungen, Ketten, Bänder, Gitter u. ä. der benachbarten Schaltfelder;
3. für festen Standort, bei dem der Arbeitende beide Hände frei hat, ist zu sorgen;
4. Schutzabstände müssen unter allen Umständen eingehalten werden, auch beim Umgang mit sperrigen Gegenständen wie Leitern, Seilen, Drähten u. ä.;
5. enganliegende Kleidung ist zu tragen;
6. Unterrichtung der Mitarbeiter über die getroffenen Schutzmaßnahmen mit Hinweisen auf eventuelle Besonderheiten;
7. Laien müssen durch Fachkräfte oder unterwiesene Personen beaufsichtigt werden.

Nach DIN VDE 0105, Abschnitt 11

**Frage 15.14**
Sind Arbeiten direkt an „unter Spannung stehenden Teilen"
erlaubt?

**Frage 15.15**
Welche wichtigsten Bestimmungen sind inhaltlich bei solchen Arbeiten zu beachten?

**Antwort 15.14**

Solche Arbeiten bergen stets erhöhte Gefahren. Sie sind, abgesehen von Sonderregelungen, nicht erlaubt.
Der Regelfall ist das Arbeiten an freigeschalteten elektrischen Anlagen[*].

Nach DIN VDE 0105 Teil 1, Abschnitt 12

**Antwort 15.15**

1. Bei Nennspannungen b i s AC 50 V bzw. DC 120 V darf „unter Spannung" gearbeitet werden; in feuergefährdeten (ex-gefährdeten) Betriebsstätten allerdings nur dann, wenn im Arbeitsbereich keine Brandgefahr (Ex-Gefahr) besteht. Das gilt auch für Prüfungen, z. B. Spannungsprüfungen!

2. Bei Nennspannungen ü b e r AC 50 V (DC 120 V) b i s 1000 V (AC oder DC) dürfen nur erfahrene Fachkräfte Arbeiten „unter Spannung" ausführen; für einfache Tätigkeiten genügen unterwiesene Personen.

3. In feuchten und nassen Räumen und im Freien muß außer der Fachkraft eine mindestens unterwiesene zweite Person anwesend sein, wenn ungünstige Raum- oder Witterungsverhältnisse vorliegen.

4. Handelt es sich nicht um einfache Arbeiten, muß eine verantwortliche Person entsprechende Weisungen erteilen!

Nach DIN VDE 0105 Teil 1, Abschnitte 12.1 bis 12.3, und Teil 9, Abschnitt 8

---

[*]  Siehe auch Frage und Antwort 15.3.

**Frage 15.16**
Und wie ist es bei Nennspannungen über 1000 V?

**Frage 15.17**
Warum wird man bei einem Brand in Stromversorgungs- oder Verteilungsanlagen

1. so wenig wie möglich abschalten und
2. auch bei Tag die Beleuchtung einschalten?

**Frage 15.18**
In einer Lackfabrik war eine Verteilertafel in Brand geraten. Ein beherzter Betriebselektriker sprang hinzu, bereit, die Anlage auszuschalten. Warum zögerte er plötzlich?

**Antwort 15.16**
Hier sind „unter Spannung" nur einfache Tätigkeiten erlaubt, wie das Heranführen von Spannungsprüfern, Auswechseln von Sicherungen unter Verwendung von Sicherungszangen, Arbeiten an Akkumulatoren (unter Beachtung geeigneter Vorsichtsmaßnahmen) u. dgl.; sie dürfen auch von unterwiesenen Personen durchgeführt werden.

Nach DIN VDE 0105 Teil 1, Abschnitt 12.4

**Antwort 15.17**
Es dürfen nur die vom Brand direkt betroffenen oder bedrohten Anlagenteile abgeschaltet werden mit Rücksicht auf die Brandbekämpfung selbst (Wasserversorgung, Fernmeldeeinrichtungen usw.) und die Allgemeinheit (Verdunkelung der Straßen, Stillegung gewerbl. Betriebe, Gefährdung von Operationen in Krankenhäusern usw.). Die Beleuchtung raucherfüllter Räume aber erleichtert die Rettungsarbeiten.

Nach DIN VDE 0132, Abschnitt 4.1.3

**Antwort 15.18**
In explosionsgefährdeten Betrieben (Lackfabrik!) können durch Abschaltungen* elektrischer Betriebsmittel erhöhte Brand- und Explosionsgefahren ausgelöst werden; hier war es klug, auf die Ankunft des schnell verständigten Betriebsleiters zu warten. Dieser kennt die Gegebenheiten der Fabrik genau und weiß, wie die chemischen Prozesse sicher und ohne zusätzliche Gefahren heruntergefahren werden müssen.

Nach DIN VDE 0105 Teil 1, Abschnitt 4.3, und DIN VDE 0132, Abschnitt 4.1.3, und DIN VDE 0165, Abschnitt 5.5

---

\*   Siehe Fragen und Antworten 9.23 bis 9.25.

**Frage 15.19**
Ein Elektriker wird zu einem Brand gerufen. Er stellt fest, daß inzwischen umfangreiche Zerstörungen, auch der elektrischen Anlage, eingetreten sind. Wird er nun alles abschalten und spannungslos machen?

**Frage 15.20**
Was muß bei Anlagen beachtet werden, wenn polychlorierte Biphenyle (PCB) in Isolierflüssigkeiten vorhanden sind?

**Antwort 15.19**
Ja. Hier ist das erforderlich, weil der Isolationszustand erheblich herabgesetzt sein kann und Metallteile aller Art (Regenrinnen, Blechdächer, Metallzäune, Motorgehäuse usw.) unter lebensgefährlicher Spannung stehen können.
Nach DIN VDE 0132, Abschnitt 4.2.1

**Antwort 15.20**
Diese chemisch sehr stabilen Verbindungen wandeln sich bei hohen Temperaturen (Lichtbogen!) in giftige Zersetzungsprodukte um. Deshalb muß ein rascher Löscheinsatz erfolgen. Atemschutz und Kontaminationsschutzhauben sorgen für die Sicherheit der Einsatzkräfte gegen Kontaminierung (Verseuchung). Weitere Maßnahmen hängen von Kontaminierungsprüfungen ab. Einschlägige bundes- und landesrechtliche Festlegungen sind zu beachten.

Auch ohne Brandeinwirkung werden PCB-haltige Isolier- und Kühlflüssigkeiten in der Gefahrstoffverordnung als giftig eingestuft. Betriebsmittel mit PCB-Anteilen müssen besonders augenfällig als solche gekennzeichnet sein!

Ein sofortiger Austausch PCB-haltiger Isoliermittel ist der beste Schutz vor eventuellen späteren Folgen. Ohnehin sind Fristen für den Austausch per Gesetz vorgegeben:

– Kondensatoren mit mehr als 1 l PCB-haltiger Flüssigkeit sind bis zum 31. 12. 1993 auszuwechseln.
– Transformatoren und kleine Kondensatoren mit PCB-Gehalt dürfen bis zum 31. 12. 1999 betrieben werden, falls nicht vorher eine Außerbetriebnahme erfolgt.

Nach DIN VDE 0132, Abschnitte 3.1.2, 4.1.6 und 6.4, und PCB-Verordnung. BGBl. I, S. 1482, v. 18. 7. 1989; s. auch [37].

**Frage 15.21**
Mit welchen Löschmitteln können elektrische Brände gelöscht werden, und welche Abstände zu den elektrischen Anlagen müssen mindestens eingehalten werden?

**Antwort 15.21**

Als Löschmittel eignen sich Wasser, Schaum, Halon, Kohlendioxid und Pulver. Bei der Verwendung sind Abstände und Einschränkungen zu beachten:

| Lösch-mittel | Gefahren und Einschränkungen | Abstände in m, bei Spannungen | | |
| --- | --- | --- | --- | --- |
| | | bis 1 kV | 30 kV | 380 kV |
| Wasser | Sprühstrahl* | 1 | 3 | 5 |
| | Vollstrahl* | 5 | 5 | 8 |
| | Elektrisch leitend; Frostschutzzusätze beachten. | | | |
| Schaum | Schaum darf grundsätzlich nur bei spannungsfreien Anlagen eingesetzt werden. Dies gilt auch für benachbarte Anlagen. Ausnahmen möglich. Elektrisch leitend. | | | |
| Halon | Gesundheitsschädliche Zersetzungsprodukte im Lichtbogen; Erstickungsgefahr in engen Räumen; Korrosionsschäden möglich; Elektrisch nichtleitend. | 1 | 3 | 5 |
| Kohlen-dioxid | Lebensgefahr in engen Räumen durch Ersticken! Elektrisch nichtleitend; Keine Rückstände; Im Freien Wirkung begrenzt. | 1 | 3 | 5 |
| Pulver | Nur mit Zustimmung des Betreibers der Anlage; Löschpulver verursacht teils Schmelzbeläge, die nur schwer entfernbar sind; Unter Feuchtigkeitseinflüssen sind kurzschlußartige Ströme möglich; – Einsatz möglichst vermeiden – | 1 | (3)** | (5)** |

\* Möglichst Sprühstrahl verwenden (Strahlrohr CM – DIN 14365); Fließdruck 5 bar.

\*\* Je nach Anwendungsform und Kennzeichnung des Feuerlöschers nur an spannungsfreien Anlagenteilen verwendbar.

Nach DIN VDE 0132, Abschnitt 5

**Frage 15.22**
Kann man einen Verunglückten dadurch aus seiner lebensbedrohenden Lage befreien, daß man die spannungsführenden Leitungsdrähte erdet und kurzschließt?

**Frage 15.23**
Ein Monteur ist soeben an die Spannung geraten und liegt nun bewußtlos da. Sein Helfer ist die einzige noch anwesende Person. Wird er nach einem Arzt laufen?

**Antwort 15.22**
Im Notfall kann man das versuchen, falls es sich um Niederspannung handelt. Bei Hochspannung aber ist das lebensgefährlich! Aber auch bei Niederspannung kann eine solche Gewaltmaßnahme nur von erfahrenem Personal und auch da nicht ohne Gefahr für die eigene Person durchgeführt werden. Es wird stets besser sein, zu versuchen, die zugehörige Schalteinrichtung zu betätigen.

Nach DIN VDE 0132, Abschnitte 4.2.3 und 4.3.3

**Antwort 15.23**
Nein! Das dauert viel zu lange! Jede Minute ist kostbar; das Gehirn des Bewußtlosen, bei dem wahrscheinlich Herzkammerflimmern eingetreten ist (daher die Bewußtlosigkeit), wird nicht mehr über die Blutbahn mit Sauerstoff versorgt. Bei Herz-Kreislauf-Stillstand sind folgende Anzeichen gleichzeitig vorhanden:

1. Bewußtlosigkeit (nicht ansprechbar, bewegungslos),
2. Atemstillstand (keine sicht- und fühlbaren Atembewegungen, kein hörbares Atemgeräusch),
3. Kreislaufstillstand (an beiden Seiten des Halses kein Puls feststellbar).

Bei gleichzeitiger Feststellung der genannten Anzeichen muß **sofort** mit der Herz-Lungen-Wiederbelebung* begonnen werden. Der Helfer kann dabei um Hilfe rufen, bis jemand kommt, der den nächsten Arzt holt. Bis zum Erfolg dürfen die Wiederbelebungsversuche keinen Augenblick unterbrochen werden, auch nicht während der Überführung ins Krankenhaus!

Nach DIN VDE 0132, Abschnitt 7.4, und DIN VDE 0134, C

---

\* Die Firmen bieten ihren Mitarbeitern meist Ausbildungsmaßnahmen zur Ersten Hilfe an. Dort ist die Herz-Lungen-Wiederbelebung in speziellen Kursen erlernbar.

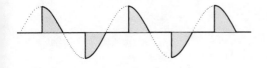

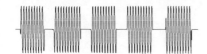

# 16 Allgemeine Versorgungsbedingungen ·
Technische Anschlußbedingungen

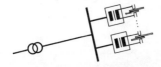

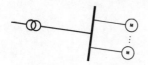

**Frage 16.1**
Wo findet man zusammengefaßt die gesetzlichen Grundlagen für das Vertragsverhältnis zwischen Elektrizitätswerk und Abnehmer?

**Frage 16.2**
Wozu dienen im Gegensatz zu den DIN-VDE-Normen die Technischen Anschlußbedingungen (TAB) der Vereinigung Deutscher Elektrizitätswerke (VDEW)?

Sind sie für den Elektroinstallateur verbindlich?

**Frage 16.3**
Darf das einzelne Elektrizitätsversorgungsunternehmen (EVU) die TAB ändern oder ergänzen?

**Antwort 16.1**

Sie standen früher in den „Allgemeinen Bedingungen für die Versorgung mit elektrischer Arbeit aus dem Niederspannungsnetz der Elektrizitätsversorgungsunternehmen" – kurz „AVB" genannt. Am 1. 4. 1980 wurde die vorgenannte AVB abgelöst durch die „Verordnung über Allgemeine Bedingungen für die Elektrizitätsversorgung von Tarifkunden" – kurz AVBEltV genannt.

**Antwort 16.2**

Während die DIN-VDE-Normen vorwiegend zum Schutz von Leben und Sachgütern geschaffen sind, dienen die TAB hauptsächlich der Sicherung einer einwandfreien, also möglichst störungsfreien Versorgung des Abnehmers.

Die Anlage des Abnehmers muß auch nach den TAB errichtet, unterhalten und betrieben werden, weil sie „technische Anforderungen" im Sinne der AVBEltV sind.

Nach AVBEltV, § 17, und TAB, Abschnitt 1

**Antwort 16.3**

Ja! Das EVU kann ändernd oder ergänzend zu den TAB besondere – technisch oder wirtschaftlich bedingte – Bestimmungen und Installationsvorschriften herausgeben*.

Nach TAB, Abschnitt 1

---

\*  Darauf sei besonders hingewiesen! Für den Elektroinstallateur ist es also notwendig, stets mit dem zuständigen Elektrizitätsversorgungsunternehmen Fühlung zu halten. Das in diesem Kapitel Besprochene bezieht sich auf den TAB-Musterwortlaut der VDEW.

**Frage 16.4**
Muß ein EVU in seinem Versorgungsgebiet jedermann an das Verteilungsnetz anschließen und mit elektrischem Strom versorgen?

**Frage 16.5**
Wo findet man übersichtlich dargestellte Empfehlungen über zweckmäßige Planung und Ausführung von elektrischen Anlagen im Wohnungsbau?

**Frage 16.6**
In einem gerichteten Neubau sind Maurer dabei, unter der Anleitung des Elektrikers mit Drucklufthämmern und -bohrern zahlreiche Schlitze, Durchführungsöffnungen und Aussparungen für das Verlegen elektrischer Leitungen im Beton und im Mauerwerk herzustellen. Ist das erlaubt?

415

**Antwort 16.4**
Ja, wenn der Abnehmer die „Verordnung über Allgemeine Bedingungen..." (AVBEltV) erfüllt. Bei höherer Gewalt, betriebsnotwendigen Arbeiten oder wenn die allgemeinen Tarife zeitliche Beschränkungen vorsehen, ruht jedoch diese Verpflichtung.

Nach AVBEltV, § 5

**Antwort 16.5**
Solche Empfehlungen sind in DIN 18015 – Elektrische Anlagen in Wohngebäuden – zusammengefaßt. Dieses Normblatt besteht aus drei Teilen, nämlich aus dem

Teil 1: „Planungsgrundlagen", aus dem
Teil 2: „Art und Umfang der Ausstattung" und aus dem
Teil 3: „Leitungsführung und Anordnung der Betriebsmittel"

Nach TAB, Abschnitt 7.4
siehe auch Angaben im Anhang dieses Buches

**Antwort 16.6**
Das ist zwar nicht verboten, aber unklug; denn diese Arbeiten sind schon bei der Planung, spätestens beim Rohbau zu berücksichtigen!

Außerdem sind sie nur so weit zulässig, als sie die Standfestigkeit und Tragfähigkeit der Bauteile nicht beeinträchtigen. In Wänden aus Hohlblocksteinen und Lochsteinen dürfen Schlitze nur lotrecht und nur bis zu 30 mm Tiefe* gefräst werden.

In Schornsteinwangen sind Schlitze, Durchführungsöffnungen und Aussparungen überhaupt nicht zulässig.

Nach DIN 18015 Teil 1, Abschnitte 3.1 und 3.2

---

* in Abhängigkeit von der Wanddicke, siehe DIN 1053, Abschnitt 8.3.
Siehe auch Anhang A 5.2.

**Frage 16.7**
Wer darf die Anlage des Abnehmers ausführen und unterhalten?

**Frage 16.8**
Welche Anlagen und Verbrauchsgeräte unterliegen grundsätzlich der Anmeldepflicht beim EVU?

**Antwort 16.7**

Abnehmeranlagen dürfen – außer durch das EVU – nur durch einen zugelassenen Elektroinstallateur ausgeführt und unterhalten werden.

Nach AVBEltV, § 12 (2)

**Antwort 16.8**

Nichtanmeldepflichtig sind

1. alle haushalttypischen Elektrogeräte, die in Haushalten an zweipolige Steckdosen bis 16 A angeschlossen werden können;
2. alle Klima- und Raumheizgeräte mit einem Gesamtanschlußwert bis 2 kW je Haushalt;
3. kleinere Geräte in Haushalten, die mit Phasenanschnitt- oder Schwingungspaket-Steuerung betrieben werden und deren gesteuerte Leistung festgelegte Werte nicht überschreitet.

Dagegen sind – vor der Planung! – anmeldepflichtig:

1. Neuanlagen;
2. Änderungen bzw. Erweiterungen, wenn sich dadurch die tariflichen bzw. vertraglichen Bemessungsgrößen ändern;
3. Anschluß solcher Verbrauchsmittel, die das Netz erheblich belasten (z. B. durch den Anschlußwert);
4. Anschluß solcher Verbrauchsmittel, die den Netzbetrieb sonstwie stören (z. B. durch stoßweise Belastung oder Oberschwingungen);
5. Eigenerzeugungsanlagen, Schausteller-, Baustellen-Anschlüsse und ähnliches.

Einzelheiten siehe Quellenangabe!

Nach AVBEltV, §§ 5 und 15, sowie TAB, Abschnitte 2 und 8

**Frage 16.9**
Gehören die Hausanschlußsicherungen zur **Verbraucher**anlage des Abnehmers, und kann er deshalb hier ein Eigentumsrecht geltend machen?

**Frage 16.10**
Welcher Spannungsfall darf in den Leitungen der Verbraucheranlagen höchstens auftreten?

Dazu Rechenbeispiele, Anhang A 1.7, A 1.9 und A 3.2

**Antwort 16.9**
Nein, das Verteilungsnetz, also das Eigentum des EVU, reicht vom Stromerzeuger bis zum Hausanschlußkasten und den Hausanschlußsicherungen einschließlich! Die Verbraucheranlage beginnt erst mit der Haupt-(Steig-)Leitung. Ort, Art, Anzahl und Änderungen der Hausanschlüsse werden vom EVU bestimmt; es muß auch für die Herstellung und Unterhaltung sorgen. Die Kosten dafür muß jedoch der Abnehmer dem EVU erstatten.

Nach DIN VDE 0100 Teil 732, Abschnitt 2.4, sowie AVBEltV, §§ 9 und 10

**Antwort 16.10**
Der Spannungsfall darf in den Leitungen vom Hausanschluß bis zu den Zählern nicht mehr als 0,5% betragen, in den Leitungen vom Zähler bis zu den Stromverbrauchsgeräten darf er 3% nicht übersteigen.

Nach TAB, Abschnitt 7*, AVBEltV, § 12 (5), DIN 18015 Teil 1, Abschnitt 4.3.1 (5)

---

\* Siehe Fußnote zu Antwort 16.3.

**Frage 16.11**
Was ist in Neubauten vorsorglich mit zu verlegen, wenn diese über Freileitungen (Dachständer- oder Wandanschlüsse) versorgt werden?

**Frage 16.12**
Wodurch wird der Gebäudepotentialausgleich (Hauptpotentialausgleich) wirksamer?

Dazu Rechenbeispiel, Anhang A 1.1

421

**Antwort 16.11**
Bei Freileitungsanschlüssen ist die Hauptleitung so auszuführen, daß die Anlage später auch über einen Kabelanschluß versorgt werden kann. Zu diesem Zweck ist ein Leerrohr von mindestens 36 mm lichter Weite bis in den Keller durchzuführen.

Dieses Leerrohr kann bis zur Herstellung des Kabelanschlusses die Potentialausgleichsleitung aufnehmen. Sie verbindet den Hauptleitungs-PEN-Leiter oder den Gebäude-Schutzleiter mit der Haupterdungsschiene zwecks Hauptpotentialausgleichs.

Der Dachständer samt Anschlußkasten wird jedoch nicht geerdet.

Nach DIN VDE 0100 Teil 410, Abschnitt 6.1.3.2, Teil 520, Abschnitt 5.4, sowie TAB, Abschnitte 7.4.2 und 10

**Antwort 16.12**
Bei Neubauten muß ein Fundamenterder eingebaut sein entsprechend den „Richtlinien für das Einbetten von Fundamenterdern in Gebäudefundamente" der VDEW. Durch seinen Anschluß an die Haupterdungsschiene wird die Schutzwirkung bedeutend verbessert.

Nach DIN VDE 0100 Teil 540, Abschnitt 4.1, DIN 18015 Teil 1, Abschnitt 7, und TAB, Abschnitt 10*

---

\* Siehe auch Fragen und Antworten 2.1 bis 2.9.

**Frage 16.13**
Wie ist nach DIN 18015 Teil 1 die Absicherung einer Wohneinheit, zweier Wohneinheiten und dreier Wohneinheiten mit Warmwasserbereitung festgelegt?

**Frage 16.14**
Was ist zu beachten, wenn Mehrtarifzähler und Verbrauchsgeräte zentral gesteuert werden sollen?

**Antwort 16.13**
Es gelten folgende Zuordnungen zur Absicherung nach DIN 18015 Teil 1, Kurve A, mit Warmwasserbereitung:

1 Wohneinheit................................. 63 A
2 Wohneinheiten.............................. 80 A
3 Wohneinheiten............................. 100 A

Ohne Warmwasserbereitung ist nach Kurve B bis 10 Wohneinheiten 80 A als Absicherung ausreichend.

Bei mehr Wohneinheiten, erst recht bei Landwirtschafts- oder Gewerbebetrieben und in Sonderfällen, z. B. Elektroheizung, ist Rücksprache mit dem EVU erforderlich.

Nach TAB, Abschnitte 7 und 8.2 bis 8.5*, sowie DIN 18012, DIN 18013 und DIN 18015 Teil 1, Abschnitt 4.3.1 (4). Siehe auch DIN VDE 0100 Teil 732

**Antwort 16.14**
Um Mehrtarifzähler und -geräte zentral steuern zu können, sind Steuerleitungen mit numerierten Adern (7 × 1,5 mm$^2$ ohne grün-gelbe Ader) oder – zur späteren Nachinstallation – Kunststoffleerrohre mit mindestens 29 mm lichter Weite erforderlich.

Nach TAB, Abschnitt 7.5

---

\* Siehe Fußnote zu Antwort 16.3.

## Frage 16.15

Für den Neubau eines größeren Wohnhauses werden 160-A-Hausanschlußsicherungen gewählt. – Wird man auch sog. Zähler-Vorsicherungen vorsehen?

## Frage 16.16

Eine Aufzugsanlage ist im Bau fast fertiggestellt. Ein 12-kW-Drehstrom-Asynchronmotor soll demnächst installiert werden; der Installateur meldet deshalb die Anlage beim EVU an.

Darf dieser Motor unmittelbar an das Ortsnetz angeschlossen werden, wenn er eine Anlaßvorrichtung besitzt, die den Anzugsstrom auf das zweifache des Motornennstroms begrenzt?

Dazu Rechenbeispiel, Anhang A 1.9

Siehe auch Kap. 20 Netzrückwirkungen.

**Antwort 16.15**

1. Solche Überstromschutzorgane für alle Hauptleitungsabzweige empfehlen sich grundsätzlich in Mehrfamilienhäusern schon deshalb, damit Störungen oder Abschaltungen wegen Arbeiten im Zählerschrank oder im Stromkreisverteiler einer Wohnung nicht auf Anlagen anderer Abnehmer einwirken.
2. Es muß stets damit gerechnet werden, daß in den Wohnungen LS-Schalter verwendet werden. Vor diesen sind in der Regel Schmelzsicherungen erforderlich, die höchstens 63 A Nennstrom haben dürfen! Zähler dürfen mit Schmelzsicherungen der Betriebsklasse gL bis 100 A abgesichert werden.
3. In den meisten Fällen sind diese Sicherungen vor den Zählern und den Abzweigleitungen als deren zugeordneter Kurzschluß- oder Überlastschutz ohnehin unerläßlich.

Nach DIN VDE 0100 Teil 430, Abschnitte 5, 6 und 7, DIN VDE 0100 Teil 550, DIN VDE 0105 Teil 1, Abschnitt 9.3, und TAB, Abschnitt 7.3, sowie DIN 18015 Teil 1, Abschnitt 4.3

(Siehe auch DIN VDE 0100 Teil 530 – z. Z. in Vorbereitung)

**Antwort 16.16**

Nein! Bereits vor der Planung des Anschlusses von größeren Motoren und von Motoren, die Netzstörungen durch besonders schweren Anlauf, häufiges Einschalten oder schwankende Stromaufnahme (z. B. Sägegatter, Cuttermotoren, Aufzugsmotoren) verursachen können, sind die zu treffenden Maßnahmen mit dem EVU zu vereinbaren.

Wechselstrommotoren bis 1,4 kW und Drehstrommotoren, deren Anzugsstrom 60 A nicht überschreitet, verursachen im allgemeinen keine störenden Spannungsabsenkungen im Netz. Ist der Anzugsstrom nicht bekannt, so ist das 8fache des Nennstroms anzusetzen.

Nach TAB, Abschnitt 8.1.2

**Frage 16.17**
Was ist beim Anschluß von Lichtbogenschweißgeräten wegen der durch sie verursachten Spannungsschwankungen zu beachten?

**Frage 16.18**
Sind Kondensatoren zur Deckung des Blindleistungsbedarfs zwangsläufig mit den kompensierten Geräten zu- oder abzuschalten?

**Frage 16.19**
Durch wen wird die Abnehmeranlage an das Ortsnetz angeschlossen und in Betrieb gesetzt?

**Antwort 16.17**
Falls es sich nicht um Motor-Generatoren handelt, rufen Schweißgeräte oftmals Störungen in benachbarten Anlagen hervor. Ihre stoßweise Stromaufnahme verursacht häufig schon bei einem Anschlußwert von mehr als 2 kVA lästige Spannungsschwankungen. Daher ist bei größeren Geräten unbedingt Rücksprache mit dem EVU erforderlich.

Die Blindleistung der Schweißtransformatoren soll so gedeckt werden, daß bei Nennbetrieb der Leistungsfaktor mindestens 0,7 (induktiv) beträgt.

Nach AVBEltV, §§ 15 und 22, sowie TAB, Abschnitt 8.1.5*

**Antwort 16.18**
Ja! Die Kondensatoren sollen stets nur dem tatsächlich erforderlichen Blindlastbedarf angeglichen sein (als Einzel- oder Gruppenkompensation). Deshalb sind sie entweder zusammen mit dem Gerät zu- und abzuschalten oder über Regeleinrichtungen anzuschließen. Der Leistungsfaktor der Anlage soll auf etwa cos $\varphi$ = 0,9 (induktiv) gehalten werden.

Nach AVBEltV, § 22, und TAB, Abschnitt 8.2.3*

**Antwort 16.19**
Das erfolgt ausschließlich durch Beauftragte des EVU. Sie setzen die – ordnungsgemäße – Anlage **bis zu den Haupt- oder Verteilungssicherungen** unter Spannung. Das nennt man die **Inbetriebsetzung!**

Dabei soll der Elektroinstallateur zugegen sein.

Nach AVBEltV, § 13, und TAB, Abschnitt 3*

---

\* Siehe Fußnote zu Antwort 16.3 sowie Kap. 20.

**Frage 16.20**
Durch wen wird die Abnehmeranlage verbraucherseitig unter Spannung genommen?

**Frage 16.21**
Welche Anlagenteile müssen plombiert sein? In welchen besonderen Fällen dürfen solche Plombenverschlüsse von anderen Personen als den EVU-Beauftragten geöffnet werden?

**Antwort 16.20**

Das geschieht durch den Elektroinstallateur. Bevor er die Abnehmeranlage jedoch in Betrieb nimmt, muß er sie auf einwandfreien Zustand prüfen, nämlich auf Einhaltung der DIN-VDE-Normen, der Technischen Anschlußbedingungen und sonstiger einschlägiger Vorschriften.

Als Prüfprotokolle eignen sich die im Anhang A 10 wiedergegebenen Formulare.

Nach AVBEltV, § 13, und TAB, Abschnitt 3*

**Antwort 16.21**

Es müssen folgende Anlagenteile plombiert sein:

Hausanschlußkästen,
Zähler mit ihren Tafeln oder Schränken,
Hauptleitungs-Abzweigkästen,
Tarif-Steuerungsanlagenteile wie Schaltuhren u. dgl.,

also alle Teile, in denen nicht gemessene elektrische Energie fließt („ungezählter Strom").

Die Plomben dürfen nur mit **vorheriger** Zustimmung des EVU geöffnet werden; sonst droht Stromsperre mit strafrechtlicher Verfolgung!

Wenn aber **Gefahr** im Verzuge ist, dürfen Plombenverschlüsse eigenmächtig geöffnet werden. In diesem Fall ist das EVU nachher umgehend zu benachrichtigen.

Niemals jedoch dürfen die Eichplomben an den Meßgeräten (Zählern u. dgl.) entfernt werden, weder vom Elektroinstallateur noch vom Abnehmer!

Nach AVBEltV, §§ 12 (3) und 23, sowie TAB, Abschnitt 4*

---

\* Siehe Fußnote zu Antwort 16.3.

**Frage 16.22**
Übernimmt das EVU eine Haftung, wenn es eine vom Elektroinstallateur errichtete Anlage überprüft?

**Frage 16.23**
Welche drei grundsätzlichen Arten von Vorschriften muß der Elektroinstallateur beim Errichten einer Abnehmeranlage beachten, und welche elektrotechnischen Fertigerzeugnisse sind zu verwenden?

**Antwort 16.22**

Nein! Durch Vornahme oder Unterlassung der Prüfung sowie durch ihren Anschluß an das Leitungsnetz übernimmt das EVU keinerlei Haftung. Es behält sich aber vor, die Anlage eines Abnehmers jederzeit nachzuprüfen und die Abstellung etwaiger Mängel zu verlangen.

Bei erheblichen Mängeln ist das EVU berechtigt, den Anschluß zu verweigern; bei Gefahr für Leib und Leben sogar dazu verpflichtet.

Ganz allgemein: Wer sich mit Errichtung oder Betrieb elektrischer Anlagen befaßt, ist verantwortlich, daß die „anerkannten Regeln der Elektrotechnik" eingehalten werden! Als solche sind die DIN-VDE-Normen ausdrücklich aufgeführt.

Nach AVBEltV, § 14, sowie DIN VDE 0022, Abschnitt 7

**Antwort 16.23**

Es müssen beachtet werden:
1. Die geltenden behördlichen Vorschriften oder Verfügungen (z. B. Bau- und Gewerbeordnungen, Ex- und Brandschutzverordnungen, Unfallverhütungsvorschriften);
2. die Bestimmungen des Verbandes Deutscher Elektrotechniker (DIN-VDE-Normen);
3. die besonderen technischen Anforderungen des EVU (Technische Anschlußbedingungen – TAB).

Es dürfen nur Materialien und Geräte verwendet werden, die entsprechend dem in der Europäischen Gemeinschaft gegebenen Stand der Sicherheitstechnik hergestellt sind. Das Zeichen einer amtlich anerkannten Prüfstelle (zum Beispiel VDE-Zeichen, GS-Zeichen) bekundet, daß diese Voraussetzungen erfüllt sind.*

Nach AVBEltV, § 12

---

* Siehe auch Frage und Antwort 1.2.

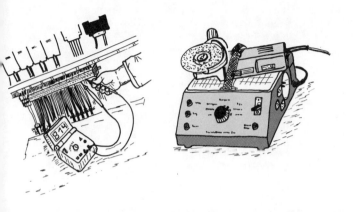

# 17 Prüfen elektrischer Anlagen

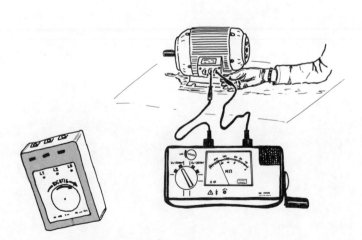

**Frage 17.1**
Welche Arten von Prüfungen werden bei elektrischen Anlagen unterschieden?

**Antwort 17.1**

Bei der Prüfung elektrischer Anlagen unterscheidet man Erstprüfungen und Wiederholungsprüfungen, auch wiederkehrende Prüfungen genannt (Siehe Frage und Antwort 17.18 u. 17.19).

Erstprüfungen müssen vor der ersten Inbetriebnahme einer Starkstromanlage durchgeführt werden. Ziel dieser Erstprüfung ist es, eventuelle Mängel an der elektrischen Anlage festzustellen, bevor es zu einer Gefährdung für Menschen, Nutztiere oder Sachwerte kommen kann. Auch nach Änderungen, Instandsetzung und Erweiterungen einer elektrischen Anlage muß durch eine Erstprüfung festgestellt werden, ob in der elektrischen Anlage Mängel vorliegen.

Wiederholungsprüfungen werden, mit Ausnahme von Wohnungen, für alle Starkstromanlagen gefordert. Die Zeiträume (Prüffristen) für die Prüfung dieser Anlagen sind in der Gewerbeordnung (§ 24), den Bauordnungen der Länder, den Unfallverhütungsvorschriften und in sonstigen Zusatzbedingungen der Sachversicherer zu finden.

Nach DIN VDE 0100 Teil 600, Abschnitt 3, und DIN VDE 0105 Teil 1, Abschnitt 5

**Frage 17.2**
Wie lauten die drei Arbeitsabschnitte, die zusammen erst eine
Prüfung der Starkstromanlage ergeben?

**Antwort 17.2**

Die Erstprüfung wie auch die Wiederholungsprüfung umfaßt folgende Arbeitsabschnitte:

1. Besichtigen;    2. Erproben;    3. Messen.

Zu 1. Besichtigen

Dazu zählt beispielsweise auch das Kontrollieren von Abständen, von Sicherheitsbereichen um Betätigungselemente, der richtigen Schottung von Kabeln und Leitungskanälen beim Durchgang durch Brandabschnitte, der richtigen Einstellung von Überstromschutzorganen, die Kontrolle, ob die Kurzschlußfestigkeit der elektrischen Anlage für den Einsatzort ausreichend ist. Außerdem ist festzustellen, ob alle erforderlichen Überwachungs- und Schutzeinrichtungen richtig ausgewählt wurden und richtig eingestellt sind. Durch Besichtigen muß festgestellt werden, ob die geforderte Kennzeichnung der Stromkreise und Betriebsmittel durchgeführt wurde und ob die elektrische Anlage ausreichend mit Schaltplänen dokumentiert wurde.

Zu 2. Erproben

Mit dem Erproben soll die einwandfreie Funktion der Sicherheitseinrichtungen einer Anlage getestet werden. Das gilt ganz besonders für feuer- und explosionsgefährdete Bereiche, hier muß eine erfahrene, fachkundige Person bestellt werden, die sich mit den besonderen Gefahren auskennt und die Erprobung leitet. Zu erproben sind neben Fehlerspannungs- und Fehlerstrom-Schutzeinrichtungen, Isolationsüberwachungseinrichtungen, NOT-AUS-Schaltern, Sicherheitsverriegelungen, Grenzwächtern auch Melde- und Anzeigeeinrichtungen.

Zu 3. Messen

Durch Messen ist festzustellen, ob Spannungsgrenzwerte, z. B. bei Schutzkleinspannung, eingehalten werden; die Leiterisolation ausreichende Werte aufweist; Leiterverbindungen von Schutz- und Potentialausgleichsleitern vorhanden sind; Erdungswiderstände hinreichend niederohmig sind; Schleifenwiderstände hinreichend niedrige Werte aufweisen, um nur einige Meßaufgaben zu nennen.

Nach DIN VDE 0100 Teil 600 und DIN VDE 0105 Teil 1

**Frage 17.3**
Gibt es für die einzelnen Schutzmaßnahmen spezielle Prüfbestimmungen?

**Frage 17.4**
Was ist bei der Messung des Isolationswiderstandes zu beachten?

**Antwort 17.3**
Mehrere Abschnitte in DIN VDE 0100 Teil 600 beziehen sich speziell auf die Prüfung einzelner Schutzmaßnahmen:

- Prüfung von netzformunabhängigen Schutzmaßnahmen, dazu zählen:
  Schutzkleinspannung*
  Funktionskleinspannung mit und ohne sichere Trennung*
  Schutzisolierung
  Schutztrennung
- Prüfung von Schutzmaßnahmen im TN-, TT- und IT-Netz:
  Prüfung des Hauptpotentialausgleichs
  Prüfung des zusätzlichen Potentialausgleichs
  Prüfung der Schleifenimpedanz
  Prüfung bei Verwendung der Fehlerstromschutzeinrichtung
  Prüfung der Drehfeldrichtung (Rechtsdrehfeld)

Nach DIN VDE 0100 Teil 600

**Antwort 17.4**
Der Isolationswiderstand muß zwischen

allen Außenleitern und dem PE,
allen Außenleitern und dem N,
und zwischen N und PE

gemessen werden.

Eine Isolationsmessung muß auch zwischen den einzelnen Außenleitern erfolgen, wenn kein geerdeter Leiter oder kein geerdeter Mantel vorhanden ist. Die Messung zwischen den Schalterleitungen kann bei Lichtstromkreisen entfallen.

Nach DIN VDE 0100 Teil 600, Abschnitt 9

---

* Bestimmungen zur neuen Bezeichnung von Schutz- und Funktionskleinspannung sind in Vorbereitung (s. Anhang A 3.5).

**Frage 17.5**
Müssen für die Messung alle Verbrauchsmittel abgeklemmt werden?

**Frage 17.6**
Welche Mindestwerte müssen die Isolationswiderstände haben?

**Antwort 17.5**
Es ist nicht unbedingt gefordert, alle Verbrauchsmittel abzuklemmen. Können allerdings die geforderten Isolationswerte mit angeschlossenen Verbrauchsmitteln nicht erreicht werden, muß die Messung ohne Verbrauchsmittel wiederholt werden. Achtung: Bei der Messung mit angeschlossenen Verbrauchsmitteln können durch die Meßspannung empfindliche elektronische Bauteile und Entstörbauteile zerstört werden!

Nach DIN VDE 0100 Teil 600, Abschnitt 9

**Antwort 17.6**
Man unterscheidet 3 Bereiche für Isolationswiderstände in Abhängigkeit von der Art der Stromkreise und der Art der Nennspannung.

Bei Schutz- und Funktionskleinspannungskreisen mit sicherer Trennung muß ein Isolationswiderstand von mindestens 250 k$\Omega$ erreicht werden. Dabei beträgt die Meßgleichspannung 250 V.

Für Stromkreise mit Nennspannungen bis 500 V muß ein Isolationswiderstand von mindestens 500 k$\Omega$ erreicht werden bei einer Meßgleichspannung von 500 V.

Bei Stromkreisen mit Spannungen über 500 V bis 1000 V muß ein Isolationswiderstand von mindestens 1 M$\Omega$ erreicht werden. Die Meßgleichspannung beträgt dabei 1000 V.

Die Isolationswiderstände für Schutztrennung dürfen 1,0 M$\Omega$ nicht unterschreiten.

Nach DIN VDE 0100 Teil 600, Abschnitt 5.5.3 und Tabelle 2

**Frage 17.7**
Bei einer Isolationsmessung wird festgestellt, daß ein Rohr-heizkörper einen Isolationswiderstand von nur 80 kΩ auf-weist. Liegt hier ein Isolationsfehler vor?

**Frage 17.8**
Die Isolationsmessung eines Leitungszuges zeigt in allen Lei-tern einen im MΩ-Meßbereich unmeßbar großen Wert an. Kann das sein, oder wurde hier falsch gemessen?

**Frage 17.9**
Die Fliesenleger haben im Badezimmer ihre Arbeit abge-schlossen. Nun soll der zusätzliche Potentialausgleich ge-prüft werden. Wie kann hier vorgegangen werden?

**Antwort 17.7**
Hier muß kein Fehler vorliegen, da Rohrheizkörper durchaus einen Ableitstrom von 5 mA haben dürfen. Bei 230 V entspricht das einem Isolationswiderstand von 46 kΩ. Das komplette Gerät darf aber nicht mehr als 10 mA Ableitstrom erreichen, das entspricht bei 230 V einem Isolationswiderstand von 23 kΩ.

Nach DIN VDE 0100 Teil 600, Abschnitt 9, und DIN VDE 0700 Teil 1, Abschnitt 13.2.

**Antwort 17.8**
Das ist bei der Isolationsmessung durchaus ein öfters vorkommender Wertebereich. Besonders bei geringen Leitungslängen werden bei guter Isolierung häufig Widerstände im oberen MΩ-Bereich oder sogar im TΩ-Bereich (1 TΩ = $10^{12}$ Ω) gemessen. Die Tabelle 2 in DIN VDE 0100 Teil 600 gibt nur untere Grenzwerte, also Mindestisolationswiderstände, an. Besser darf die Isolation sein, aber nicht schlechter!

Nach DIN VDE 0100 Teil 600, Tabelle 2

**Antwort 17.9**
Nach den geltenden DIN-VDE-Normen ist es erlaubt, durch Messen die Wirksamkeit des zusätzlichen Potentialausgleiches festzustellen. Gemessen werden muß, ob alle gleichzeitig berührbaren Körper, Schutzleiteranschlüsse und fremden leitfähigen Teile in den zusätzlichen Potentialausgleich einbezogen wurden.

Nach DIN VDE 0100 Teil 600, Abschnitt 7

**Frage 17.10**
Wie ist der Hauptpotentialausgleich zu prüfen?

**Antwort 17.10**

Auch hier sind die drei Punkte einer Prüfung anzuwenden (Besichtigen – Erproben – Messen). Auf den Punkt „Besichtigen" und „Messen" ist hierbei das Augenmerk zu legen. Durch Besichtigen muß festgestellt werden, ob die erforderlichen Maßnahmen des Hauptpotentialausgleiches durchgeführt wurden. Zunächst sind alle geforderten Verbindungen mit der Hauptpotentialausgleichsschiene zu kontrollieren. Die Verbindungen folgender Leiter mit der Hauptpotentialausgleichsschiene müssen fachmännisch hergestellt sein:

Hauptpotentialausgleichsleiter;
Hauptschutzleiter;
Haupterdungsleiter und weitere Erdungsleiter;
Erder (z. B. Fundamenterder, Blitzschutzerder, Erder von Antennenanlagen);
metallene Rohrsysteme (z. B. Heizung, Gas, Wasser);
metallene Gebäudekonstruktionen.

Außerdem ist festzustellen, ob

Abtrennvorrichtungen der Erdungsanlage zugänglich sind;
Maßnahmen gegen Korrosion sowie gegen mechanische und thermische Beschädigungen getroffen wurden;
der Leiterquerschnitt des Potentialausgleichs richtig dimensioniert wurde.

Eine Erprobung des Hauptpotentialausgleichs ist nicht erforderlich.

Falls durch Besichtigung der Hauptpotentialausgleichsschiene nicht eindeutig beurteilt werden kann, ob z. B. auch fremde leitfähige Teile mit in den Hauptpotentialausgleich einbezogen wurden, muß dies durch Messung eindeutig festgestellt werden.

Nach DIN VDE 0100 Teil 600, Abschnitt 6

**Frage 17.11**
Welche Meßmethoden sind zulässig, um den Erdungswiderstand eines Erders zu bestimmen?

**Antwort 17.11**
Es sind zwei Meßmethoden zulässig. Der Erdungswiderstand
darf nach dem Kompensations-Meßverfahren oder nach dem
Strom-Spannungs-Meßverfahren gemessen werden.

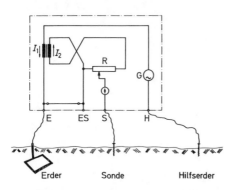

Bild 7.1 Kompensations-Meßverfahren

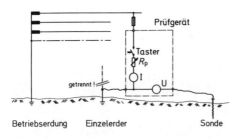

Bild 7.2 Strom-Spannungs-Meßverfahren

Nach DIN VDE 0100 Teil 600, Abschnitt 11, sowie DIN VDE
0413 Teil 5 und Teil 3 und 7

**Frage 17.12**
Auf welche Arten darf die Schleifenimpedanz (Schleifenwiderstand) gemessen werden?

**Antwort 17.12**

Zum Schutz bei indirektem Berühren muß eine ausreichend niedrige Schleifenimpedanz zwischen

Außenleiter und Schutzleiter sowie zwischen
Außenleiter und PEN-Leiter

vorhanden sein. Der Nachweis kann durch

Messung mit einem Schleifenimpedanzmeßgerät nach DIN VDE 0413 oder
Berechnung oder
Ermittlung an einem Netzmodell bei Nachbildung der gegebenen Netzverhältnisse

erbracht werden.

Für die allgemeine Installationspraxis wird in der Regel die Messung und eventuell die Berechnungsmethode ausreichen. Nur in den seltensten Fällen wird man an einem Netzmodell entsprechende Untersuchungen durchführen.

Nach DIN VDE 0100 Teil 600, Abschnitt 4.1 j) und k) sowie Abschnitt 12

**Frage 17.13**
Warum werden in den TAB LS-Schalter in Stromkreisverteilern mit mindestens 6 kA Schaltvermögen verlangt, reichen
nicht auch die LS-Schalter mit nur 3 kA Schaltvermögen völlig
aus?

**Frage 17.14**
Wo muß die Schleifenimpedanz (Schleifenwiderstand) eines
Stromkreises gemessen werden? An der Einspeisestelle oder
an der der Einspeisestelle entferntesten Stelle des Stromkreises?

**Antwort 17.13**

LS-Schalter mit 3 kA Schaltvermögen sind nicht mehr zulässig, da diese bei den heutigen leistungsstarken Niederspannungsortsnetzen in vielen Fällen überlastet wären. Vor den Hausanschlußsicherungen sind, besonders in Nähe einer Ortsnetzstation, Kurzschlußströme von 10 kA bis 20 kA und mehr keine Seltenheit. Durch die Leitungswiderstände bis zu den Unterverteilungen sowie durch den Einsatz strombegrenzender Hausanschlußsicherungen sind dann an den Unterverteilern immerhin noch Kurzschlußströme von einigen kA zu erwarten (siehe Anhang A 3.3).

Nach TAB, Abschnitt 7.2

**Antwort 17.14**

Der eigentliche Grund der Messung ist der Nachweis, daß das vorgeschaltete Überstromschutzorgan innerhalb der geforderten Abschaltzeit (0,2 s bzw. 5 s) auch auslöst. Hierfür muß ein entsprechend hoher Kurzschlußstrom zum Fließen kommen, der dann die Auslösung bewirkt. Da mit zunehmendem Abstand zur Einspeisestelle auch der Schleifenwiderstand größer wird, erhält man kleinere Kurzschlußströme. Folglich muß an der entferntesten Stelle des Stromkreises gemessen werden, da dort die Schleifenimpedanz am größten ist und damit der Kurzschlußstrom am geringsten wird.

Nach DIN VDE 0100 Teil 600, Abschnitt 12 und Erläuterungen

**Frage 17.15**
Können die gemessenen Werte als richtig angesehen werden, da ja die Messung besonders sorgfältig durchgeführt wurde, oder müssen Meßungenauigkeiten und mögliche Beeinflussungen während der Messung zusätzlich beachtet werden?

**Frage 17.16**
Welcher Nachweis ist beim Prüfen einer Fehlerstrom-Schutzeinrichtung zu erbringen?

**Antwort 17.15**

Der Gebrauchsfehler bei den Schleifenwiderstandsmeßgeräten darf bis zu $\pm 30\%$ (!) vom Meßbereichsendwert betragen.

Durch Temperaturanstieg während des normalen Betriebes wird der Schleifenwiderstand zusätzlich erhöht. Lagen bei der Messung z. B. 20 °C vor, so ergibt sich bei der üblichen Betriebstemperatur eines elektrischen Leiters von ca. 80 °C eine Widerstandszunahme von etwa 24%.

Wird bei der Schleifenwiderstandsmessung ein Wert festgestellt, der gerade noch in den Grenzbereich fällt, muß geprüft werden, ob eine sichere Auslösung des Schutzorganes im ungünstigsten Fall innerhalb der vorgegebenen Zeiten erreicht wird. Im Zweifelsfall ist z. B. eine niedrigere Absicherung der Leitung zu wählen.

Nach DIN VDE 0100 Teil 600, Abschnitt 12 und Erläuterung

**Antwort 17.16**

Durch das Erzeugen eines langsam ansteigenden Fehlerstromes ist nachzuweisen, daß der Fehlerstromschutzschalter spätestens beim Erreichen des Nenn-Fehlerstromes auslöst. Dabei darf die anlagenabhängige Grenze der Berührungsspannung nicht überschritten werden. Wenn diese Prüfung erfolgreich durchgeführt wurde, reicht es aus nachzuweisen, daß alle zu schützenden Teile einer Anlage, die durch diese Fehlerstromschutzeinrichtung geschützt werden, über einen Schutzleiter zuverlässig miteinander leitend verbunden sind, also auch mit der Stelle, an der die Prüfung erfolgte. Sind mehrere Fehlerstromschutzeinrichtungen vorhanden, müssen die genannten Prüfungen jeweils wiederholt werden.

Nach DIN VDE 0100 Teil 600, Abschnitt 13

**Frage 17.17**
Was ist zu tun, wenn der Fehlerstromschutzschalter unterhalb der zulässigen Berührungsspannung nicht auslöst?

Darf dann einfach der Fehlerstrom erhöht werden, selbst wenn die Berührungsspannung unzulässige Werte erreicht, denn es wird ja schließlich geprüft?

**Frage 17.18**
Welches Ziel wird mit den durch Verordnungen vorgeschriebenen wiederkehrenden Prüfungen verfolgt?

**Antwort 17.17**
Auch bei einer Prüfung darf die Grenze der maximal zulässigen Berührungsspannung nicht überschritten werden. Bei Anwendung moderner Prüfgeräte wird beim Erreichen unzulässiger Werte die Prüfung meistens unterbrochen und eine Fehlermeldung angezeigt. Unbedingt Geräteunterlagen beachten!

Nach DIN VDE 0100 Teil 410, Teil 600 sowie Herstellerunterlagen

**Antwort 17.18**
Mit den regelmäßig wiederkehrenden Prüfungen soll der hohe sicherheitstechnische Stand einer elektrischen Anlage, wie er nach abgeschlossener Erstprüfung vorlag, auf die gesamte Betriebszeit hin erhalten werden. So können im Laufe der Betriebszeit durch Abnutzung, Korrosion, Beschädigung, Alterung und durch Änderung der Betriebsweise sicherheitstechnische Veränderungen eingetreten sein. Diese gilt es durch die wiederkehrenden Prüfungen festzustellen und so bald wie möglich, im Gefahrenfall unverzüglich, zu beseitigen. Da bei wiederkehrenden Prüfungen nach einem ähnlichen System wie bei den Erstprüfungen vorgegangen wird, ist die Wahrscheinlichkeit hoch, möglichst alle Mängel zu entdecken. Während des laufenden Betriebes der Anlage ist dies durch ständiges Beobachten nicht mit Sicherheit möglich.

Nach DIN VDE 0105 Teil 1, Abschnitt 5.1.2 und 5.3 sowie Erläuterungen

**Frage 17.19**
Ist bei einer wiederkehrenden Prüfung immer nach dem neuesten Stand der Errichtungsbestimmungen zu prüfen, oder gilt der Stand zum Zeitpunkt der Errichtung?

**Frage 17.20**
Worauf ist bei der Sichtprüfung von instand zu setzenden Geräten besonders zu achten?

**Frage 17.21**
Wie sind Anschlußleitungen und Schutzleiter bei Geräten zu prüfen?

**Antwort 17.19**

Wird in einer Folgeausgabe der Errichtungsnorm eine Anpassung gefordert, muß bei der wiederkehrenden Prüfung kontrolliert werden, ob diese Anpassung durchgeführt wurde.

Nach DIN VDE 0105, Abschnitt 5.3.1.3 und Erläuterungen

**Antwort 17.20**

Mit der Sichtprüfung sollen beschädigte Teile, stark verschmutzte Isolierteile, die deshalb nicht mehr ausreichend isolieren, sowie beschädigte Gehäuseteile von schutzisolierten Geräten erkannt werden. Außerdem muß darauf geachtet werden, daß Auslaßöffnungen bei überdruckaufbauenden Geräten den Sollquerschnitt aufweisen und Schutzeinrichtungen nicht blockiert sind.

Nach DIN VDE 0701 Teil 1, Abschnitt 4.1

**Antwort 17.21**

Anschlußleitungen müssen auf äußere Beschädigungen, wie Schnitt-, Kerb-, Abrieb-, Knick- und Quetsch-Male, hin untersucht werden. Auch eine mögliche alters- und temperaturbedingte Sprödigkeit der Anschlußleitungen ist zu beachten.

Richtige und funktionsfähige Knick- und Biegeschutztüllen sowie eine ordnungsgemäße Zugentlastung müssen durch Besichtigen und durch Handprobe überprüft werden. Eventuelle Leiterbrüche des Schutzleiters sind durch Messung des Leiterwiderstandes zu prüfen. Tritt beim Bewegen der Zuleitung bzw. des Schutzleiters eine Widerstandsänderung auf, so liegt mindestens ein teilweiser Leiterbruch vor. Die Zuleitung muß in diesem Fall ausgewechselt werden.

Der Widerstand des Schutzleiters darf bei Leitungslängen bis zu 5 m maximal 0,3 Ω betragen. Bei Leitungslängen über 5 m darf der gemessene Widerstand des Leiters 0,1 Ω mehr betragen als der rechnerisch ermittelte Widerstand.

Nach DIN VDE 0701 Teil 1, Abschnitt 4.2 und 4.3

**Frage 17.22**
Der Schutzleiteranschluß eines 80-Liter-Heißwasserspeichers soll nach Instandsetzungsarbeiten überprüft werden. Muß der Schutzleiteranschluß hierzu von dem Speicher abgetrennt werden, da ja ansonsten die metallene Wasserleitung den Meßwert verfälscht?

**Frage 17.23**
Wie muß der Isolationswiderstand bei Geräten der Schutzklasse I (⏚) und bei Geräten der Schutzklasse II (▢) gemessen werden?

**Frage 17.24**
Sind damit alle erforderlichen Prüfungen durchgeführt, so daß das Gerät wieder an den Besitzer ausgeliefert werden kann?

**Antwort 17.22**
Das kann in solchen und ähnlichen Fällen erforderlich sein, um eindeutige Meßergebnisse zu erhalten. Nach Ende der Messung muß der Anschluß des Schutzleiters wieder ordnungsgemäß erfolgen.
Nach DIN VDE 0701 Teil 1, Abschnitt 4.3.2

**Antwort 17.23**
Der Isolationswiderstand ist zwischen den aktiven Teilen (L 1, L2, L3 und N) und den berührbaren Metallteilen bei Geräten der Schutzklasse II bzw. dem metallenen Gehäuse ($\textcircled{=}$) bei Geräten der Schutzklasse I zu messen. Geräte der Schutzklasse I müssen dabei einen Isolationswiderstand von mindestens 0,5 M$\Omega$ und Geräte der Schutzkalsse II von mindestens 2 M$\Omega$ aufweisen.
Nach DIN VDE 0701 Teil 1, Abschnitt 4.4

**Antwort 17.24**
Nein. Es muß noch durch eine Funktionsprüfung festgestellt werden, daß bei bestimmungsgemäßem Gebrauch keine Gefahren von dem Gerät ausgehen und daß keine offensichtlichen Mängel mehr bestehen. Dabei sind auch Herstellerangaben zu beachten.

Nach der Instandsetzung müssen die Geräteaufschriften vollständig vorhanden sein.

Bei Änderungen des Gerätes sind die Aufschriften zu korrigieren. Der Text „Geprüft nach DIN VDE 0701" bescheinigt dem Benutzer des Gerätes, daß die Sicherheit wiederhergestellt ist bzw. noch vorhanden ist, falls es sich um eine Wiederholungsprüfung handelte.

Nach DIN VDE 0701 Teil 1, Abschnitt 5

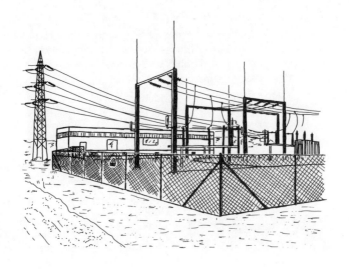

# 18 Elektrische Betriebsstätten

**Frage 18.1**
Was versteht man unter „elektrischen Betriebsstätten"?

**Frage 18.2**
Müssen elektrische Betriebsstätten gegen andere Bereiche besonders abgegrenzt sein?

**Antwort 18.1**
Unter dem Begriff „elektrische Betriebsstätte" versteht man Räume, die hauptsächlich dem Betrieb elektrischer Anlagen dienen. Man unterscheidet

- elektrische Betriebsstätten
  Hierzu zählen Schaltwarten, Steuerstellen, separate elektrische Prüffelder, Elektro-Laboratorien, Maschinenräume und Anlagen, die nur von unterwiesenen Personen betreten werden.
- abgeschlossene elektrische Betriebsstätten
  Räume, die ausschließlich dem Betrieb elektrischer Anlagen dienen und ständig unter Verschluß gehalten werden, bezeichnet man als abgeschlossene Betriebsstätten. Derartige Räume dürfen nur von unterwiesenen Personen, die zum Öffenen der Anlage beauftragt wurden, betreten werden. Zu den abgeschlossenen elektrischen Betriebsstätten zählen z. B. Schalt- und Verteilungsanlagen, Transformatorenräume, ja selbst die Niederspannungsverteiler zählen dazu.

Nach DIN VDE 0100 Teil 200, Abschnitt A 6.1 und A 6.2

**Antwort 18.2**
Ja, elektrische Betriebsstätten müssen mit einer mindestens 1,80 m hohen Abgrenzung umgeben sein. Die Maschenweite von Gittern darf maximal 40 mm betragen. Türen müssen nach außen aufschlagen und mit Schlössern versehen sein, die ein ungehindertes Verlassen der Betriebsstätte ermöglichen, unbefugten Zutritt aber sicher verhindern.

Nach DIN VDE 0100 Teil 731, Abschnitt 4.1 und 6.3

**Frage 18.3**
Sind elektrische Betriebsstätten als solche besonders zu kennzeichnen?

**Frage 18.4**
Gibt es für elektrische Betriebsstätten erleichternde Bestimmungen?

**Antwort 18.3**
Warnschilder, wie im Anhang A 8 abgebildet, müssen die elektrische Betriebsstätte deutlich kenntlich machen. Bei langen Fluren oder ausgedehnten Anlagen müssen sogar mehrere Schilder angebracht werden, um auch hier eindeutig auf die Betriebsstätte hinzuweisen.

Nach DIN VDE 0100 Teil 731, Abschnitt 4.2, und DIN VDE 0105 Teil 1, Abschnitt 3.7.2

**Antwort 18.4**
Im Gegensatz zu den allgemeinen Bestimmungen in DIN VDE 0100 Teil 410 brauchen in elektrischen Betriebsstätten erst über AC 50 V und DC 120 V Schutzmaßnahmen gegen direktes und bei indirektem Berühren getroffen zu werden. Die ansonsten erforderlichen Umhüllungen, Abdeckungen oder Isolierungen sind hier entbehrlich. Hindernisse oder Abstand sind als Schutz ausreichend. Die Hindernisse (Geländer, Schutzleisten) müssen bestimmte Bedingungen erfüllen. So muß der Schutz in mindestens 1,10 m bis maximal 1,30 m angebracht und gegen Durchbiegen ausreichend stabil sein (Bild 8.1).

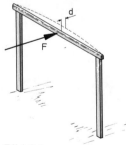

Bild 8.1

Nach DIN VDE 0100 Teil 731, Abschnitt 6.1 und Erläuterungen, sowie DIN VDE 0100 Teil 410, Abschnitt 3.3

**Frage 18.5**
Gibt es eine besondere Kennzeichnungspflicht für die Zuordnung von Anlagenteilen einer elektrischen Betriebsstätte?

**Frage 18.6**
Was muß bei der Anordnung von Betätigungselementen, wie zum Beispiel bei Schalthebeln, Tastern, Reglern und dergleichen, beachtet werden?

**Frage 18.7**
Wie ist die Fingersicherheit und wie die Handrückensicherheit definiert?

**Antwort 18.5**

Durch genaue Kennzeichnung der Anlagenteile in Übereinstimmung mit den Übersichtsschaltplänen der Gesamtanlage muß eine eindeutige Zuordnung möglich sein.

Nach DIN VDE 0100 Teil 731, Abschnitt 3.4

**Antwort 18.6**

Unmittelbar um das Betätigungselement muß ein Teilbereich der sogenannten Basisfläche fingersicher ausgeführt sein. Die Größe des Bereiches ergibt sich aus der Geometrie und der Bewegungsbahn des Betätigungselementes (z. B. Schwenkhebel) plus einem Sicherheitsabstand von 30 mm. Die gesamte Basisfläche wird aus der Bewegungsbahn plus 100 mm Abstand gebildet. Der Raum zwischen dieser Basisfläche und der Ausgangsfläche (Teil der Vorderfront des Betriebsmittels mit den Abmessungen 400 mm x 500 mm bei stehender Körperhaltung und 400 mm x 400 mm bei knieender Körperhaltung) wird Schutzraum genannt. Hier ist mindestens Handrückensicherheit verlangt.

Nach DIN VDE 0106 Teil 100

**Antwort 18.7**

Mit einem in DIN VDE 0470 Teil 1 genormten Prüffinger wird die fingersichere Anordnung möglicherweise berührbarer Teile geprüft. Können die besagten Teile nicht mit dem Prüffinger berührt werden, dann gilt das Betriebsmittel in diesem Bereich als fingersicher. Ähnliches gilt für die Handrückensicherheit. Hier wird mit einer Kugel von 50 mm Durchmesser die Berührbarkeit von aktiven Teilen überprüft. Erfolgt unter einem Druck von ca. 50 N keine Berührung aktiver Teile, ist die Handrückensicherheit gegeben.

Nach DIN VDE 0106 Teil 100

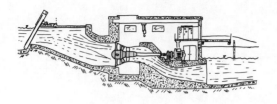

# 19 Kleinkraftwerke

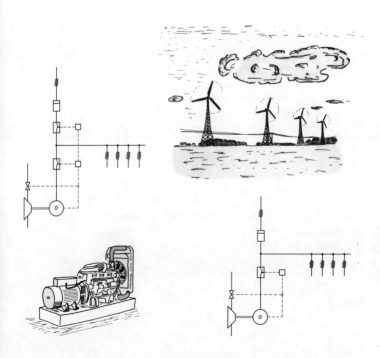

**Frage 19.1**
Was ist unter dem Begriff „Kleinkraftwerk" zu verstehen?

**Frage 19.2**
Ein Mühlenbesitzer möchte seine Wasserkraftanlage ertüchtigen und mit der verbesserten Wasserkraftausnutzung eine elektrische Leistung von ca. 80 kW in das öffentliche Netz einspeisen. Muß das EVU dem Vorhaben zustimmen?

**Antwort 19.1**

Unter den Begriff Kleinkraftwerk sind solche Kraftwerke einzuordnen, deren Abgabeleistung 1000 kVA in der Regel nicht übersteigt. Der Bereich ist allerdings nicht eindeutig festgelegt. In einigen Veröffentlichungen sind auch andere Bereiche und Begriffe genannt (z. B. Minikraftwerke, Energiezentralen usw.) [10, 16].

**Antwort 19.2**

Ja. Das EVU ist verpflichtet, die Einspeisung durch solche Anlagen zu genehmigen, die eine bessere Nutzung vorhandener Energiequellen ermöglichen. Dies können Anlagen der folgenden Art sein: Kraft-Wärme-Kopplung, Wind- und Sonnenenergie-, Biogas- u. a. Anlagen. Ein Sondervertrag zwischen den Betreibern solcher Anlagen und dem jeweiligen EVU regelt die Rechte und Pflichten der Vertragspartner.

Nach AVBEltV, § 3, und TAB, Abschnitt 11.1

**Frage 19.3**
Darf die Eigenerzeugungsanlage einfach hinter dem Hausanschluß, also auf der Kundenseite, angeschlossen werden?

**Antwort 19.3**
So einfach ist das nicht! In Abhängigkeit von der elektrischen Leistung, die eingespeist werden soll, sind unterschiedliche Anschlußpunkte erforderlich. Ganz allgemein heißt es in der VDEW-Richtlinie für den Parallelbetrieb von Eigenerzeugungsanlagen mit dem Niederspannungsnetz des Elektrizitätsversorgungsunternehmens (EVU), Abschnitt 4, daß die Eigenerzeugungsanlage an einem geeigneten Punkt angeschlossen werden soll.

Geeignete Punkte für den Anschluß werden vom EVU aufgrund betrieblicher Erfordernisse vorgegeben und können z. B. sein:

● Hausanschluß bis etwa 50 kVA;
● separates Niederspannungskabel bis zu einem Kabelverteilerschrank oder einer Transformatorenstation;
● separater Mittelspannungsanschluß für größere Anlagen ab etwa 300 bis 400 kVA.

Je nach den örtlichen Gegebenheiten (Kurzschlußleistung des Netzes, Lastdichte usw.) kann die eine oder andere Anschlußart erforderlich werden. Die angegebenen Leistungswerte sind hierbei nach freien Gesichtspunkten gewählt, wobei 40 kVA gerade noch über einen üblichen Zähler 10 (60) A gemessen werden können ohne den Einsatz von Meßwandlern und ohne Verstärkung des üblichen Hausanschlusses. Bei voller Ausnutzung der Hausanschlüsse mit 3x80 A oder gar 3x100 A sind 53 kVA bzw. 66 kVA möglich.

Ein separater Mittelspannungsanschluß wird dann sinnvoll, wenn Leistungsgrößen von 300 bis 400 kVA erreicht werden, die dann nicht mehr so einfach über ein Niederspannungskabel übertragen werden können (Verluste, Spannungsfall, große Entfernung usw.).

Nach TAB 11.1 und DIN VDE 0298 Teil 2 sowie [10, 16]

**Frage 19.4**
Welche Generatorarten sind zulässig?

**Frage 19.5**
Sind Schmelzsicherungen als Schutzeinrichtungen für den Parallelbetrieb mit dem öffentlichen Netz ausreichend?

**Frage 19.6**
Müssen Eigenerzeugungsanlagen wie andere Starkstromanlagen auch regelmäßig geprüft werden?

**Antwort 19.4**
Ob Synchron- oder Asynchrongenerator, ist weniger eine Frage der Zulässigkeit als der Zweckmäßigkeit. Asynchrongeneratoren mit Kompensation eignen sich aus Kostengründen vorwiegend für geringere Leistungen. Soll auch Inselbetrieb möglich sein, so ist ein Synchrongenerator unumgänglich. Das Parallelschalten mit dem öffentlichen Netz muß über eine automatische Synchronisiereinrichtung erfolgen.

Nach VDEW-Richtlinie für den Parallelbetrieb von Eigenerzeugungsanlagen mit dem Niederspannungsnetz des EVU, 3. Aufl. 1991 [10]

**Antwort 19.5**
Nein! Schmelzsicherungen reichen als Schutzeinrichtungen für Eigenerzeugungsanlagen, die in das öffentliche Netz einspeisen, nicht aus. Hier werden Schutzeinrichtungen mit speziellen Schutzrelais und Leistungsschalter* empfohlen, die unnormale Netzzustände sofort erkennen und den Parallelbetrieb unterbrechen. Auslösegrößen sind Über- und Unterspannung, Überstrom, Netzfrequenz, Phasenausfall u. ä. Auch das Zuschalten auf nicht normale Netzverhältnisse wird damit verhindert. Hinzu kommen Schutzeinrichtungen für den Generator gegen Erdschluß, Überdrehzahl, usw.

Nach [10]

**Antwort 19.6**
Bei Eigenerzeugungsanlagen im Parallelbetrieb mit dem öffentlichen Netz sind alle drei Jahre Prüfungen mit Prüfprotokoll der Schutz- und Schalteinrichtungen vorgeschrieben.

Nach [10]

---

\* Nach VDEW-Richtlinien ist mindestens Lastschaltvermögen gefordert.

# 20 Netzrückwirkungen

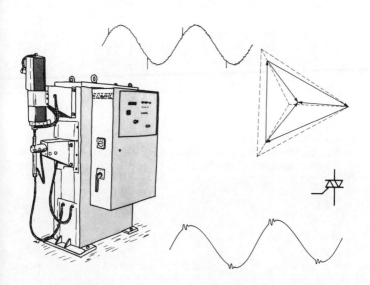

**Frage 20.1**
Welche Arten von Netzrückwirkungen von Verbraucheranlagen auf das öffentliche Stromversorgungsnetz werden unterschieden?

**Frage 20.2**
Wie entstehen Spannungsschwankungen?

**Antwort 20.1**

Es werden vier Arten von Rückwirkungen unterschieden:

- Spannungsänderungen;
- unsymmetrische Spannungen im Drehstromnetz;
- Oberschwingungsspannungen;
- Spannungen bei Zwischenharmonischen.

In Sonderfällen sind auch Frequenzschwankungen möglich.

Nach GBN* Abschnitt 1

**Antwort 20.2**

Spannungschwankungen sind zum einen auf betrieblich bedingte Vorgänge zurückzuführen und zum anderen auf starke Lastschwankungen. Betrieblich bedingte Vorgänge sind z. B. die lastabhängige Spannungsregelung in den EVU-Netzen. Durch die stufenweise Anpassung der Einspeisespannung in 1- bis 1,5-%-Stufensprüngen wird der lastbedingte Spannungsfall auf den Energieversorgungsleitungen ausgeglichen. Auf diese Weise wird eine möglichst konstante Spannung beim Kunden erreicht. Zu den betrieblich bedingten Vorgängen zählen Schalthandlungen, Kurzschlußvorgänge u. ä. Spannungsschwankungen durch starke Laständerungen können z. B. beim Ein- und Ausschalten von Heizleistungen (Speicherheizungen), durch den Betrieb von Punktschweißmaschinen, Aufzugsanlagen, Sägegattern, schweranlaufenden Motoren usw. entstehen. Der Spannungsfall auf der Leitung betrifft dabei nicht nur die verursachende Anlage selbst, sondern alle an der gleichen Leitung angeschlossenen Verbraucher.

Nach GBN Abschnitt 1

---

* GBN = Grundsätze für die Beurteilung von Netzrückwirkungen (keine offizielle Abkürzung).

**Frage 20.3**
Besteht die Möglichkeit, diese Spannungsschwankungen zu verhindern, mindestens aber zu begrenzen?


**Frage 20.4**
Wenn sich Auswirkungen des ungestörten Betriebes nicht vermeiden lassen, müssen Ersatzmaßnahmen getroffen werden. Wie sehen diese Maßnahmen aus?

**Antwort 20.3**
Die Spannungsschwankungen sind Auswirkungen der Stromschwankungen, verursacht durch die angeschlossenen Betriebsmittel und Verbrauchsgeräte. Will man die Schwankungen begrenzen, müssen Kompromisse zwischen den noch zumutbaren Störungen der Kundenanlagen und den gerade noch zulässigen Anschlußleistungen und deren Schalthäufigkeiten geschlossen werden.
Nach GBN Abschnitt 1

**Antwort 20.4**
Nach langwierigen Untersuchungen der Netzverhältnisse und der Geräte wurden Verträglichkeitspegel genormt. Bei deren Einhaltung werden in der Regel keine unzulässigen gegenseitigen Beeinflussungen auftreten. Voraussetzung ist dabei der normale Schaltzustand des Netzes und die ordnungsgemäße Betriebsweise der Geräte. Die Verträglichkeitspegel dienen auch als Grundlage bei der Ermittlung der zulässigen Störaussendung einzelner Kundenanlagen bei Anschluß an ein Versorgungsnetz. Dabei steht jeder Kundenanlage anteilig nur soviel der erlaubten Störaussendung zu, wie sie Anteil an der gesamten Netzlast hat. Ist z. B. ein Kunde mit 100 kVA Abnahmeleistung an einem Ortsnetz mit einem 400-kVA-Transformator angeschlossen, so darf der Kunde mit seinen Anlagen höchstens 25% der maximal zulässigen Gesamtstöraussendung des Niederspannungsnetzes in Anspruch nehmen.
Nach GBN Abschnitt 3

**Frage 20.5**
Gibt es Grenzwerte, bei deren Einhaltung keine weiteren
Überprüfungen der Netzverhältnisse erforderlich sind?

**Frage 20.6**
Sind bestimmte Geräte als wesentliche Verursacher von
Spannungsschwankungen bekannt?

**Antwort 20.5**

Ja, und zwar kann man bei bestimmten Verhältnissen von Kurzschlußleistung (niedrigste Kurzschlußleistung $S_K$) des Netzes zu den Gerätehöchstleistungen ($S_{Amax}$) eine Aussage machen, ob weitere, genauere Überprüfungen durchzuführen sind. Spannungsschwankungen, Oberschwingungen und Zwischenharmonische müssen nicht weiter untersucht werden, wenn $S_K/S_{Amax} > 1000$ ist; bezüglich Spannungsunsymmetrie können weitere Untersuchungen ebenfalls entfallen, wenn $S_K/S_{Amax} > 150$ ist.

Die Kurzschlußleistung des Netzes ist beim zuständigen EVU zu erfragen. Kommen zwischen der Ortsnetzstation und dem Kunden weitere Anschlußkabel hinzu, muß die Kurzschlußleistung für diesen Anschlußpunkt berechnet werden. Wenn vom Kunden Eigenstörwirkungen in Kauf genommen werden können, kann als Anschlußpunkt der Verknüpfungspunkt mit dem öffentlichen Netz (EVU-Netz), von welchem weitere Kunden versorgt werden, betrachtet werden. Dies ist allerdings stets mit dem EVU abzustimmen.

Nach GBN Abschnitt 5.8 und 6.7 sowie 7.7 und 8.7

**Antwort 20.6**

Spannungsschwankungen werden besonders von Geräten und Einrichtungen verursacht, die rhythmisch große elektrische Lastschwankungen hervorrufen oder häufig mit hohen Strömen anlaufen. Solche Geräte sind z. B. Gattersägen, Wärmepumpen, Aufzüge, Steinbrecher, Zentrifugen mit großen Hochlaufmassen, Widerstands-, Punkt- und Lichtbogenschweißmaschinen, Lichtbogenöfen, Schwingungspaketsteuerungen, Thermostatsteuerungen, Röntgenanlagen, Lichtorgeln, Forschungsanlagen. Neuerdings sind auch Laserdrucker und Kopiermaschinen als Verursacher von Spannungsschwankungen bekanntgeworden.

Nach GBN Abschnitt 5.1

**Frage 20.7**
Muß dabei auch nach der Häufigkeit der Störungen unterschieden werden, oder sind alle Störungen gleich in der Auswirkung?

**Frage 20.8**
Welche Möglichkeiten der Abhilfe gibt es, wenn sich bei der Berechnung herausstellt, daß die zulässigen Grenzwerte überschritten werden?

**Antwort 20.7**

Es ist wohl zu unterscheiden zwischen Störungen innerhalb eines Kurzzeitintervalls und Störungen, die innerhalb eines Langzeitintervalls auftreten. Unter Kurzzeitintervall versteht man eine Intervallänge von 10 min; länger andauernde Störungen werden innerhalb des Langzeitintervalls (2 h) bewertet. Treten während dieser Zeitspanne Störwirkungen zusammenhängend länger als 30 min auf, wird die Störwirkung nach dem $A_{lt}$-Wert* bewertet.

Nach GBN Abschnitt 5.3

**Antwort 20.8**

Netzseitige Möglichkeit:

- Anschluß an einem Netzpunkt mit höherer Kurzschlußleistung (z. B. separates Kabel, eigene Station, d. h. Anschluß im übergeordneten Netz).

Anlagenseitige Maßnahmen:

- zusätzlicher Anschluß einer dynamischen Blindstromkompensationsanlage;
- Motoren mit Anlaufstrombegrenzung;
- Schwungmassen zur Reduzierung von Laststößen;
- Verriegelung einzelner Vorgänge gegeneinander zur Begrenzung von Spannungseinbrüchen;
- flickermindernde Einstellung der Kurvenform;
- Verwendung von Gleichstromschweißmaschinen und -lichtbogenöfen;
- Regelung so gestalten, daß Flicker weitestgehend vermieden werden.

Nach GBN Abschnitt 5.7

---

\* Als Formelzeichen für Flickerstörfaktoren wurde das $A$ ($A$ = annoyance, Störung) gewählt. Man unterscheidet Flickerstörfaktoren für Kurzzeitintervalle $A_{st}$ (st = short term) und Langzeitintervalle $A_{lt}$ (lt = long term).

**Frage 20.9**
Wo treten Spannungsunsymmetrien am häufigsten auf?

**Frage 20.10**
Welche Gegenmaßnahmen können bei unsymmetrischen Lasten für Abhilfe sorgen?

**Frage 20.11**
Wie entstehen in einem Netz Oberschwingungen?

**Antwort 20.9**
Spannungsunsymmetrien treten durch Ein- und Zweiphasenlasten im Niederspannungsnetz und durch Zweiphasenlasten im Mittel- und Hochspannungsnetz auf. Infolge der Bauweise der Niederspannungsnetze ($S_K/S_E > 150$) und meist zufälliger Verteilung der Einphasenlasten auf die einzelnen Außenleiter sind Unsymmetrien im Niederspannungsnetz kaum von Bedeutung. In Mittel- und Hochspannungsnetzen werden die unsymmetrischen Netzverhältnisse durch leistungsstarke Verbraucheranlagen hervorgerufen.

Nach GBN Abschnitt 6.1

**Antwort 20.10**
Einphasenlasten soweit wie möglich in Drehstromlasten aufteilen. Symmetriereinrichtungen, wie Drosselspulen und Transformatoren, einsetzen. Verwendung von Umformersätzen (Drehstrommotoren mit Einphasengeneratoren). Anschluß über Stromrichter unter Einhaltung der zulässigen Oberschwingungsspannung (Anteile). Anschluß der Einphasenlast an einen Punkt mit höherer Kurzschlußleistung.

Nach GBN Abschnitt 6.6

**Antwort 20.11**
Oberschwingungen entstehen durch Bauteile mit nichtlinearen Strom-Spannungs-Kennlinien, z. B. Drosselspulen, Transformatoren, Transduktoren usw., und bei elektronischen Steuerungs- und Regeleinrichtungen zum Zwecke der Leistungsregelung mit Phasenanschnittsteuerung. Weitere Oberschwingungserzeuger sind Netzgeräte, Fernsehgeräte, Kleintransformatoren, Stromrichter, Gasentladungslampen (auch Stromsparlampen mit integriertem elektronischem Vorschaltgerät), um nur ein paar zu nennen.

Nach GBN Abschnitt 7

**Frage 20.12**
Welche Möglichkeiten bestehen, um unzulässig hohe Oberschwingungsspannungen zu vermeiden?

**Frage 20.13**
Was ist zu erwarten, wenn die Oberschwingungsspannungen doch die zulässigen Grenzwerte überschreiten?

**Antwort 20.12**

Maßnahmen beim Verursacher:

- höhere Pulszahl der Stromrichter;
- Anschluß von zwei sechspulsigen Stromrichtern über Transformatoren mit unterschiedlichen Schaltgruppen (z. B. Yy0 und Dy5). (Gegenüber dem versorgenden Netz ergeben sich die gleichen Verhältnisse, wie sie bei der Verwendung von zwölfpulsigen Stromrichtern vorliegen.)
- Einsatz von Filterkreisen;
- Anwendung der Schwingungspaketsteuerung statt der Phasenanschnittsteuerung – Verlagerung der Netzresonanz durch Verdrosseln von Kompensationskondensatoren.

Maßnahmen im Netz können ebenfalls zur Verminderung der Oberschwingungsspannungen beitragen. Diese sind z. B.:

- Erhöhung der Kurzschlußleistung durch den Einsatz von leistungsstärkeren Transformatoren oder solchen mit niedrigerer Kurzschlußspannung;
- Netzverstärkungen durch zusätzliche Leitungen oder Anschluß über separaten Transformator an das überlagerte Versorgungsnetz;
- Änderung der Netzschaltung zur Verschiebung von Netzresonanzen.

Nach GBN Abschnitt 7.6

**Antwort 20.13**

Unzulässig hohe Oberschwingungsanteile bewirken Funktionsstörungen bei elektronischen Einrichtungen, Fehlfunktionen von Rundsteuerempfängern und Netzschutzeinrichtungen der EVU, Erwärmung von Kondensatoren und Motoren, die zu vorzeitigem Ausfall dieser Bauteile führen kann. Nachteilig wirken sich hohe Oberschwingungsanteile auch auf die Erdschlußlöschung im Netz der EVU aus.

Nach GBN Abschnitt 7.1

**Frage 20.14**
Wie kann man erkennen, ob ein elektrisches Gerät, das Oberschwingungen aussendet, angeschlossen und betrieben
werden darf?

**Frage 20.15**
Ein Kunde beanstandet ständige Helligkeitsschwankungen
der Bürobeleuchtung. Wie eine Messung der Spannung
ergibt, treten Spannungsschwankungen von ca. 5% in ziem-
lich regelmäßigen Abständen von etwa 2 min in der Zuleitung
zur Beleuchtungsanlage auf. Ist das ein noch vertretbarer
Wert?

**Antwort 20.14**
Angeschlossen werden dürfen diejenigen Geräte, die in den TAB aufgeführt sind und für die eine generelle Zulassung nach DIN VDE 0838 erteilt wurde. Sonstige Geräte, die nicht unter diese Norm fallen, können nach vorheriger Überprüfung unter Beachtung der Grenzwerte ggf. zugelassen werden. Bei der Ermittlung der zulässigen Oberschwingungsanteile muß die Gesamtheit der Netze betrachtet werden, also Hoch-, Mittel- und Niederspannungsnetz, da das Zusammenwirken aller Geräte maßgeblich ist für die gerade vorhandenen Oberschwingungen. Die Summe der Teilstörpegel aus den einzelnen Netzebenen darf den Verträglichkeitspegel im Niederspannungsnetz nicht überschreiten. Auch hier wird dem einzelnen Kunden nur der Anteil an Oberschwingungserzeugung zugestanden, der seinem Lastanteil an der Gesamtlast entspricht.

Nach GBN Abschnitt 7.2 und 7.3

**Antwort 20.15**
Spannungsschwankungen in dieser Größenordnung und in solch kurzen Zeitabständen sind nicht zulässig.

Wie sich herausstellt, wurde in dem Betrieb eine neue Tiefziehpresse an einer nahegelegenen Unterverteilung angeschlossen und nach 14tägigem Probebetrieb in die Produktion mit einbezogen. Der Arbeitstakt dieser Presse liegt bei etwa 2 min und ist zeitgleich mit den beobachteten Helligkeitsschwankungen im Büro. Da die Störquelle im Netz des Betriebes liegt und sich die Spannungsschwankungen in diesem Fall nicht bis in das Versorgungsnetz auswirken, ist es Sache des Kunden, seine elektrische Anlage zu ertüchtigen. Eine separate Zuleitung von der Hauptverteilung zu der Tiefziehpresse kann das Problem beseitigen.

Nach GBN Abschnitt 5.7

# Anhang

A 5.2 Aussparungen und Schlitze in Wänden
A 5.3 Befestigungstechnik – Dübel

A 6   Ausstattungsqualität elektrischer Anlagen in Wohnge-
      bäuden

A 7   IP-Schutzarten

A 8   Sicherheitsschilder der Elektrotechnik

A 9   Prüffristen und Art der Prüfung von elektrischen An-
      lagen und Betriebsmitteln

A 10  Prüfprotokolle

A 11  Wichtige Anschriften

Der Abdruck der Prüfprotokolle in Anhang 10 erfolgt mit freund-
licher Genehmigung des Richard Pflaum Verlag GmbH & Co. KG,
Lazarettstr. 4, 80636 München.

# A 1 Rechenbeispiele

## A 1.1 Erdung
(Rechenbeispiel zu Frage 2.15 und 16.12)

### Beispiel
An einem Wohnhaus-Neubau soll der Erdungswiderstand des Fundamenterders überprüft werden. Hierfür wird der Fundamenterder nach dem Trennen von der Potentialausgleichsschiene über einen Vorwiderstand mit einem Strom von 7,5 A aus einem Außenleiter des Netzes beaufschlagt.

### Fragen
1. Welchen Wert hat der Erdungswiderstand des Fundamenterders, wenn während des Prüfens zwischen Fundamenterder und Sonde eine Spannung von 34 V gemessen wird?

2. Welcher Spannungswert wird angezeigt, wenn zwischen dem Fundamenterder und dem Hauptleitungs-PEN-Leiter gemessen wird, und in welchen Fällen wird man so messen?

3. Wie hoch wird der Spannungsfall am Vorwiderstand, wenn die Nennspannung des Netzes 230 V beträgt?

4. Wie können derartige Messungen auch ohne Strommesser durchgeführt werden?

### Antworten
1. Der Ausbreitungswiderstand des Erders errechnet sich aus

$$R_E = \frac{U}{I} = \frac{34 \text{ V}}{7,5 \text{ A}} = 4,5 \ \Omega.$$

2. Es wird etwa der gleiche Wert, $U = 34$ V, gemessen. Der mehrfach geerdete PEN-Leiter des Netzes ersetzt hier die Sonde. Besonders in dicht besiedelten Gebieten wird man so

messen, da hier der Mindestabstand zwischen der Sonde und dem zu messenden Erder oft nur schwierig eingehalten werden kann. Zudem können Streuströme im Erdboden merkliche Spannungen verursachen, die die Messung verfälschen würden.

3. Der Spannungsfall am Vorwiderstand beträgt

$U_R = U_N - U_E = 230\ V - 34\ V = 196\ V.$

Die Spannung $U_N$ ist in einer zweiten Messung bei geöffnetem Schalter am unbelasteten Außenleiter gegen Erde festzustellen. Mit dieser Prüfmethode ermitteln auch die modernen Schleifenwiderstands- und Erdungswiderstands-Meßgeräte die gesuchten Widerstände. Dabei übernehmen Analog- oder Digitalrechner die Berechnung der Widerstandswerte aus den gemessenen Strom- und Spannungswerten. Diese Methode der Widerstandsmessung ist praktisch und schnell, weil das Prüfgerät nur an zwei Punkten anzuschließen ist.

4. Ein einstellbarer und geeichter Vorwiderstand kann den Strommesser ersetzen, es braucht dann während der kurzen Prüfzeit nur der Spannungsmesser beobachtet zu werden.

Für $R_E = 4,5\ \Omega$, $U_N = 230\ V$ und $I_P = 7,5\ A$ ergibt sich der Wert des Vorwiderstandes zu

$$R_V = \frac{U_N - U}{I_P} = \frac{230\ V - 34\ V}{7,5\ A} = \frac{196\ V}{7,5\ A} = 26,1\ \Omega.$$

## A 1.2 Abschaltstrom und Stromkreislänge

(Rechenbeispiel zu Frage 2.21 und 3.4)

### Beispiel

Am Hausanschluß einer ausgedehnten Verbraucheranlage wie Sportfeld, Schießstand, Baudenkmal, Friedhof, Baustelle, Lagerhalle oder ähnlichem wurde ein Schleifenwiderstand des vorgeschalteten Ortsnetzes mit $R_{Netz}$ = 0,4 Ω gemessen. Die Nennspannung des Netzes beträgt 230/400 V. Der Wechselstromkreis soll mit dem Querschnitt 1,5 mm² Cu installiert und mit 16-A-LS-Schaltern des Typs L geschützt werden.

### Frage

Wie lang darf hier ein Wechselstromkreis höchstens sein, damit auch an seinem entferntesten Ende beim Auftreten eines Kurzschlusses innerhalb von 0,2 s abgeschaltet wird?

### Antwort

Der erforderliche Abschaltstrom für das Überstromschutzorgan wird aus der Zeit-Strom-Kennlinie bzw. aus DIN VDE 0100 Teil 600, Tabelle A1 und A2 mit 80 A entnommen.

Der höchstzulässige Schleifenwiderstand am entferntesten Schleifenende beträgt dann

$$R_{Schl} = U_N/I_A = 230\ V/80\ A = 2,88\ \Omega.$$

Der maximale Schleifenwiderstand der Leitung in der Verbraucheranlage (Installation) errechnet sich zu

$$R_{Inst} = R_{Sch} - R_{Netz} = 2,88\ \Omega - 0,4\ \Omega = 2,48\ \Omega.$$

Die höchstzulässige Länge des Stromkreises ergibt sich aus

$$l = \frac{R_{Inst} \cdot \kappa_{80} \cdot A}{2} = \frac{2,48\ \Omega \cdot 46\ m \cdot 1,5\ mm^2}{2\ \Omega \cdot mm^2} = 86\ m,$$

$\kappa_{80}$ Leitfähigkeit des Kupfers bei 80 °C.

## A 1.3 Abschaltbedingungen im TN-Netz

**Frage**

Wie kann man aus vorgegebenen Abschaltzeiten (0,2 oder 5 s) den erforderlichen Abschaltstrom einer Schmelzsicherung ermitteln?

**Antwort**

Aus den Zeit-Strom-Kennlinien von Schmelzsicherungen ist der gesuchte Abschaltstrom für die Zeiten 0,2 s oder 5 s abzulesen. Die Sicherungskennlinien sind entweder aus Datenblättern der Hersteller oder aus DIN VDE 0636 für Schmelzsicherungen zu entnehmen. Siehe auch Tabelle A 1.

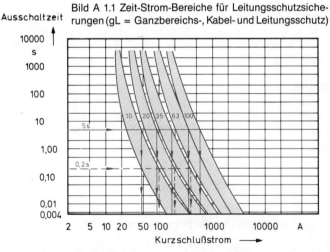

Bild A 1.1 Zeit-Strom-Bereiche für Leitungsschutzsicherungen (gL = Ganzbereichs-, Kabel- und Leitungsschutz)

Da die Sicherungen Fertigungs- und Materialtoleranzen unterliegen, ist ein Streuband (Toleranzband) vorgegeben. Für die sichere Auslösung der Schmelzsicherungen muß der maximal erforderliche Auslösestrom angenommen werden. Nach DIN VDE 0100 Teil 410, Erläuterung zu Abschnitt 4, Seite 17, und Teil 600, Tabelle A.1 und A.2

## A 1.4 Schleifenwiderstand · Kurzschlußstrom
**Beispiel**

Ein Sägewerk ist über einen langen Netzausläufer angeschlossen. Es soll ein Drehstrom-Steckdosenstromkreis mit NYM 5 × 6 mm² Cu auf die Zulässigkeit der Schutzmaßnahme durch Überstromschutzorgane im TN-Netz überprüft werden.

Am entferntesten Ende wurden folgende Spannungen zwischen Außenleitern und Schutzleiter gemessen:

$U_E$ = 235 V (unbelastet); $U_{E1}$ = 228 V (bei $I$ = 19 A Laststrom).

**Fragen**
1. Wie groß ist der Wert des Schleifenwiderstandes $R_{Schl}$?
2. Welcher maximale Kurzschlußstrom kann hier fließen?
3. Darf dieser Stromkreis mit 35-A-Schmelzsicherungen geschützt werden?

**Anworten**
1. Der Spannungsfall der Leiterschleife beträgt

$U_V = U_E - U_{E1}$ = 235 V – 228 V = 7 V.

Der Schleifenwiderstand beträgt

$R_{Schl} = U_V/I$ = 7 V/19 A = 0,368 Ω.

Werden die beiden vorstehenden Formeln zusammengefaßt, so erhält man die bekannte Formel

$$R_{Schl} = \frac{U_E - U_{E1}}{I}$$

2. Der Kurzschlußstrom der Leiterschleife beträgt

$I_k = U_E/R_{Schl}$ = 235 V/0,368 Ω = 638 A.

3. Bei 5 s max. zulässiger Abschaltzeit erhält man aus der Schmelzkennlinie der 35-A-Schmelzsicherung einen erforderlichen Kurzschlußstrom von 175 A.

Die Schutzmaßnahme durch Überstromschutzorgane im TN-Netz ist hier für eine 35-A-Sicherung gut erfüllt, weil bei einem vollkommenen Körperschluß ein Kurzschlußstrom $I_k$ = 638 A fließen kann, der größer ist als der erforderliche Abschaltstrom der Schmelzsicherungen $I_A$ = 175 A.

Da dem Querschnitt 6 mm$^2$ Cu nach Tabelle 2 Beiblatt 1 zu DIN VDE 0100, Teil 430 bei Leitungen der Verlegeart C (z. B. NYM) nur Überstromschutzorgane bis 40 A Nennstrom zugeordnet werden dürfen, sind die vorgesehenen Schmelzsicherungen erlaubt.

## A 1.5 Prüfen einer FI-Schutzschaltung

(Rechenbeispiel zu Frage 3.12 und 11.8)

### Beispiel

Ein Großviehstall ist mit einem Fehlerstromschutzschalter für $I_{\Delta N}$ = 0,5 A geschützt. Bei der Prüfung der Schutzmaßnahme am Gehäuse der Melkmaschine löst der Schalter bei $I_F$ = 400 mA aus.

### Fragen
1. Genügen hier die Widerstände des Schutzleiters und der Erdung den vorgeschriebenen Anforderungen, wenn die zwischen dem Metallgehäuse und einer etwa 20 m entfernten Sonde gemessene Fehlerspannung $U_F$ = 35 V beträgt?
2. Welchen Wert zeigt der Spannungsmesser an, wenn er parallel zum Vorschaltwiderstand, also zwischen Gehäuse und Außenleiter, angeschlossen ist ($U_E$ = 230 V)?
3. Wie groß ist der Gesamterdungswiderstand?
4. Welcher Gesamterdungswiderstand ist höchstens erlaubt?

**Antworten**

1. Nein; hier darf keine größere Berührungsspannung bestehenbleiben als $U_L = 25$ V!
2. Es wird der Spannungsverlust am Widerstand, also der Differenzwert $U_R = U_E - U_F = 230$ V $- 35$ V $= 195$ V, angezeigt.
3. Gesamterdungswiderstand (Widerstand des Erders und des Schutzleiters) $R_E = U_F/I_F = 35$ V/0,4 A $= 87,5$ Ω.
4. Höchstzulässiger Gesamterdungswiderstand $R_E = U_L/I_{\Delta N}$ $= 25$ V/0,5 A $= 50$ Ω.

## A 1.6 Belastbarkeit und Querschnitt · Erhöhte Umgebungstemperatur

(Rechenbeispiel zu Frage 5.15 und 6.18)

**Beispiel**

Zwei Drehstrom-Wärmegeräte für 230/400 V haben dieselbe symmetrische Nennleistung $P = 36,3$ kW. Die drei Heizstränge des einen Gerätes sind in Stern, die des anderen jedoch in Dreieck angeschlossen.

**Fragen**

1. Welche Nennleistung hat ein Heizstrang?
2. Welcher Nennstrom fließt in einem Heizstrang bei Sternschaltung bzw. bei Dreieckschaltung?
3. Welcher Strom fließt in der Zuleitung, und wie groß muß ihr Kupferquerschnitt sein, wenn sie als Mehraderleitung direkt unter Putz installiert wird?
4. Welcher Querschnitt ist zu wählen, wenn die PVC-kunststoffisolierte Leitung wegen einer höchsten zu erwartenden Umgebungstemperatur von 50 °C geringer belastet werden darf?

**Antworten**

1. Jeder Heizstrang hat – unabhängig von seiner Schaltung – ein Drittel der Nennleistung des gesamten Gerätes:

$P_{Strang} = P{:}3 = 36{,}3 \text{ kW}{:}3 = 12{,}1 \text{ kW}.$

2. Bei Sternschaltung liegt jeder Heizstrang an $U_{Stern} = 230 \text{ V}$, es fließt in ihm der Strom:

$$I = \frac{P_{Strang}}{U_{Stern}} = \frac{12\ 100 \text{ W}}{230 \text{ V}} = 52{,}6 \text{ A}.$$

Bei Dreieckschaltung liegt jeder Heizstrang an $U_{Dreieck} = 400 \text{ V}$, es fließt in ihm der Strom:

$$I = \frac{P_{Strang}}{U_{Dreieck}} = \frac{12\ 100 \text{ W}}{400 \text{ V}} = 30{,}25 \text{ A}.$$

3. In der Zuleitung fließt der Strom

$$I = \frac{P}{3 \cdot U_{Stern}} = \frac{P}{\sqrt{3} \cdot U_{Dreieck}} = \frac{36\ 300 \text{ W}}{690 \text{ V}} = 52{,}6 \text{ A}.$$

Für Mehraderleitungen (z. B. NYM), direkt unter Putz verlegt, gilt Verlegungsart Gruppe C mit 3 belasteten Adern nach Tabelle 3 in DIN VDE 0298 Teil 4. Für $I = 52{,}6$ A ist mindestens der Querschnitt 10 mm$^2$ Cu erforderlich; er ist bei 30 °C Umgebungstemperatur und der gewählten Verlegungsart bis 57 A belastbar.

4. Nach Tabelle 10 in DIN VDE 0298 Teil 4 ist für eine Umgebungstemperatur bis 50 °C die zulässige Dauerbelastung nur noch 71% des Wertes der Tabelle 3:

10 mm$^2$ Cu kann anstatt 57 A nur $0{,}71 \cdot 57$ A $= 40{,}5$ A, 16 mm$^2$ Cu kann anstatt 76 A nur $0{,}71 \cdot 76$ A $= 54{,}0$ A tragen.

Für $I = 52{,}6$ A ist also in diesem Fall mindestens der Querschnitt 16 mm$^2$ Cu erforderlich.

## A 1.7 Berechnung eines Hauptleitungsquerschnittes

(Rechenbeispiel zu Frage 16.10 und 16.13)

### Beispiel

Die Hauptleitung eines Wohnhaus-Neubaues soll vier voll-elektrifizierte Wohnungen (je eine in vier Geschossen) ab einem Kabel-Hausanschluß mit Drehstrom 230/400 V versorgen. Als höchster Leistungsbedarf je Wohnung wird $P_w$ = 18 kW zugrunde gelegt, wobei Durchlauferhitzer wegen ihrer kurzen Einschaltzeiten bzw. ihrer Vorrangschaltung zu den Speicherheizanlagen unberücksichtigt bleiben. Alle Leitungen werden direkt im Putz verlegt (Verlegungsart C mit 3 belasteten Adern).

### Fragen

1. Welchen Querschnitt muß die Hauptleitung haben, wenn sie als Mehraderleitung (z. B. NYM) verlegt ist und der zu erwartende Gleichzeitigkeitsfaktor $G$ = 0,85 beträgt?
2. Welches Ergebnis hat die Überprüfung des Spannungsfalls bis zum letzten Zähler, d. h. darf für die Versorgung der oberen Wohnungen ein kleinerer Querschnitt gewählt werden, wenn die Leitungslängen zwischen Hausanschluß und Erdgeschoß $l_1$ = 12 m, zwischen den folgenden Stockwerken $l_{2,3,4}$ = 3 m betragen?

### Antworten

1. Strom einer Wohnung je Außenleiter:

$$I_w = \frac{P_w}{\sqrt{3} \cdot U} = \frac{18\ 000\ \text{W}}{690\ \text{V}} = 26,1\ \text{A}.$$

Strom je Hauptleitungs-Außenleiter:

$$I_H = G \cdot 4 \cdot I_w = 0,85 \cdot 4 \cdot 26,1\ \text{A} = 88,7\ \text{A}.$$

Der Querschnitt, der nach Tabelle 3 der DIN VDE 0298 Teil 4 damit belastet werden darf, ist 25 mm$^2$ Cu.

2. Der Widerstand eines Hauptleitungs-Außenleiters beträgt je Meter:

$$R_{1m} = \frac{l}{\kappa \cdot A} = \frac{1 \text{ m} \cdot \text{mm}^2}{56 \text{ S} \cdot \text{m} \cdot 25 \text{ mm}^2} = 0{,}0007 \text{ }\Omega \text{ ,}$$

das ergibt, auf die Sternspannung bezogen, zwischen Hausanschluß und Erdgeschoß einen Spannungsfall von

$$\frac{4}{4} \cdot 88{,}7 \text{ A} \cdot 12 \text{ m} \cdot 0{,}0007 \text{ }\Omega/\text{m} = 0{,}745 \text{ V};$$

zwischen Erdgeschoß und 1. Stock

$$\frac{3}{4} \cdot 88{,}7 \text{ A} \cdot 3 \text{ m} \cdot 0{,}0007 \text{ }\Omega/\text{m} = 0{,}14 \text{ V};$$

zwischen 1. Stock und 2. Stock

$$\frac{2}{4} \cdot 88{,}7 \text{ A} \cdot 3 \text{ m} \cdot 0{,}0007 \text{ }\Omega/\text{m} = 0{,}093 \text{ V und}$$

zwischen 2. Stock und 3. Stock

$$\frac{1}{4} \cdot 88{,}7 \text{ A} \cdot 3 \text{ m} \cdot 0{,}0007 \text{ }\Omega/\text{m} = 0{,}047 \text{ V}.$$

Bis zum obersten Zähler beträgt also der Spannungsfall $U_v = 0{,}745 \text{ V} + 0{,}14 \text{ V} + 0{,}093 \text{ V} + 0{,}047 \text{ V} = 1{,}025 \text{ V}$, d.h. in Prozent:

$$\frac{1{,}025 \text{ V} \cdot 100\%}{230 \text{ V}} = 0{,}45\%.$$

Das ist knapp an der nach TAB, Abschnitt 7.1, zulässigen Grenze von 0,5%; es darf also – obwohl belastungsmäßig bereits ab Erdgeschoß möglich – der Querschnitt nicht verringert werden.

## A 1.8 Leiterquerschnitt bei zyklischen Wechsellasten

**Beispiel**

Eine Industriemaschine wird von drei Drehstrommotoren mit je 15 kVA (23 A) angetrieben.

Motor 1 läuft ständig mit Nennstrom.

Motor 2 läuft ebenfalls mit Nennstrom, wird aber alle 30 s mit einem Belastungsstoß von 10 s Dauer und dem 2fachen Nennstrom belastet.

Motor 3 läuft annähernd im Leerlauf ($I$ = 4 A) und wird alle 15 s mit einem Belastungsstoß von 5 s Dauer mit dem 4fachen Nennstrom belastet.

**Fragen**

1. Mit welchem quadratischen Mittelwert wird die Zuleitung belastet?
2. Welchen Cu-Querschnitt muß die Zuleitung (Mehraderleitung) zur Maschine haben?
3. Wieviele Sekunden Einschaltdauer (des Spitzenstroms) sind für diesen Querschnitt nach dem quadratischen Mittelwert des Stromes zulässig?

**Antworten**

1. Für die Berechnung sind zur besseren Übersicht Belastungsdiagramme zu empfehlen.

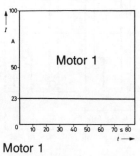

Motor 1

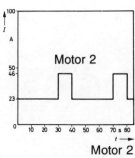

Motor 2

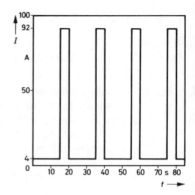

Motor 3

Aus diesen einzelnen Diagrammen erhält man durch Addition das folgende Diagramm:

Summenstrom in der
Zuleitung

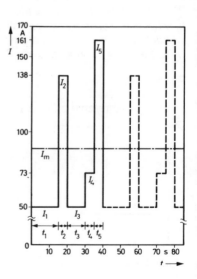

Der quadratische Mittelwert des Summenstromes wird nach folgender Gleichung ermittelt:

$$I_m = \sqrt{\frac{I_1^2 \cdot t_1 + I_2^2 \cdot t_2 + \ldots + I_n^2 \cdot t_n}{t_1 + t_2 + \ldots + t_n}}$$

Die Abkürzungen bedeuten:

| | |
|---|---|
| $I_m$ | quadratischer Mittelwert des Stromes |
| $I_1, I_2 \ldots I_n$ | Summe des Leitungsstromes zu den Zeiten $t_1, t_2 \ldots t_n$ |
| $t_1, t_2 \ldots t_n$ | Einschaltdauer des Leitungsstromes $I_1, I_2 \ldots I_n$ |
| $t_1 + t_2 + \ldots t_n$ | gesamte Einschaltdauer eines Spieles. |

Zunächst müssen noch die einzelnen Zeitabschnitte ($t_1$ bis $t_5$) gekennzeichnet werden.

Nun zur Berechnung durch Einsetzen der Werte in die Gleichung

$$I_m = \sqrt{\frac{(50\ A)^2 \cdot 15\ s + (138\ A)^2 \cdot 5\ s + (50\ A)^2 \cdot 10\ s + (73\ A)^2 \cdot 5\ s + (161\ A)^2 \cdot 5\ s}{15\ s + 5\ s + 10\ s + 5\ s + 5\ s}}$$

$$I_m = \sqrt{\frac{314\ 000\ A^2\ s}{40\ s}} = \sqrt{7\ 850\ A^2} = \underline{\underline{I_m = 89\ A.}}$$

Die Zuleitung wird mit einem quadratischen Mittelwert des Stromes von $I_m = 89$ A belastet.

2. Nach DIN VDE 0298 Teil 4, Tabelle 3, Verlegungsart B2 in Elektroinstallationskanälen mit 3 belasteten Adern ist für einen Strom von 89 A ein Querschnitt von 25 mm² Cu erforderlich. Bei Häufung von Kabeln oder Leitungen muß die Belastung der einzelnen Leiter reduziert werden; d. h. es muß bei gleicher Last ein größerer Querschnitt gewählt werden.

3. Die maximal zulässige Einschaltdauer des Spitzenstromes beträgt für den Leiterquerschnitt von 25 mm² Cu nur 8 s.

(Nach DIN VDE 0100 Teil 523 Tabelle 5)

Der Spitzenstrom ($I_s$) von 161 A fließt in diesem Beispiel nur 5 s; somit ist die Bedingung aus DIN VDE erfüllt. Wird die zulässige Einschaltdauer des Spitzenstromes überschritten, muß ein größerer Querschnitt gewählt werden, der von Fall zu Fall zu berechnen ist.

## A 1.9 Spannungsschwankungen · Beeinflussungsprobleme

(Rechenbeispiel zu Frage 16.10, 16.15 und 20.7)

### Beispiel

Planung einer Aufzuganlage für einen Gewerbebetrieb, angetrieben von einem 15-kW-Drehstrommotor mit einer Anlaßvorrichtung, die den Anzugstrom auf $I_a = 1,8 \cdot I_N$ begrenzt; sein Nennstrom beträgt $I_N = 30$ A, seine Nennspannung $U_N = 400$ V. Er soll an der Hauptverteilung (Zählerplatz) über ein eigenes, 70 m langes Kabel 4 × 10 mm² Al (z. B. NAYY) angeschlossen werden.

### Fragen

1. Wie hoch darf der maximal zulässige Spannungseinbruch, wenn mit 65 Anläufen pro h gerechnet wird?
2. Welcher max. Netzinnenwiderstand ist dann noch zulässig?

### Antworten

1. Nach den „VDEW-Richtlinien für den Anschluß von Aufzugsanlagen an das Niederspannungsnetz des Elektrizitätsversorgungsunternehmens (EVU)", VDEW 1990, Abschnitt 3.1, ist der max. zul. Spannungsfall $\Delta U = k \cdot 3\%$,

wobei der $k$-Faktor für typische Aufzugsanwendungen vorgegeben ist. Für Einfamilienhäuser mit bis zu 6 Anläufen/h ist $k = 1$; für Mehrfamilienhäuser mit bis zu 50 Anläufen/h ist $k = 0,5$; für Büro- und Geschäftshäuser mit über 100 Anläufen/h ist $k = 0,4$. Da in unserem Beispiel 65/h angegeben sind, muß der $k$-Faktor nach folgender Gleichung berechnet werden:

$$k = \sqrt[3]{\frac{6/h}{r_{typ}}}\,.$$

Für $r_{typ}$ sind 65 Änderungen/h vorgegeben. Der $k$-Faktor ist also

$$k = \sqrt[3]{\frac{6/h}{65/h}} = \sqrt[3]{0,09231}$$

$$\underline{\underline{k = 0,452.}}$$

Der max. zul. Spannungseinbruch beträgt dann $0,452 \cdot 3\% = 1,36\%$. Wenn diese beiden Werte, $r_{typ} \leq 65/h$ und $\Delta U \leq 1,36\%$, als Grenzwerte eingehalten werden, ist sichergestellt, daß die Langzeitflickerstörwirkung $A_{lt} = 0,1$ nicht überschritten wird. Die Flickerstörwirkung ist somit im zulässigen Bereich (s. Antwort 20.7).

2. Aus der Gleichung

$$I_{a\,zul} = \frac{k \cdot 0,03 \cdot 230\,V}{|Z_k|}$$

erhält man durch Umstellen die Bestimmungsgleichung für $|Z_k|$:

$$|Z_k| = \frac{k \cdot 0,03 \cdot 230\,V}{I_{a\,zul}}.$$

Setzt man $I_{a zul}$ gleich dem maximal auftretenden Strom des Aufzuges ($1{,}8 \cdot I_N$, da strombegrenzende Steuerung), ergibt sich der Betrag

$$|Z_k| = \frac{0{,}452 \cdot 0{,}03 \cdot 230 \text{ V}}{1{,}8 \cdot 30 \text{ A}} = \frac{3{,}119 \text{ V}}{54 \text{ A}}$$

$$\underline{\underline{|Z_k|}} = 57{,}8 \cdot 10^{-3} \ \Omega = \underline{\underline{57{,}8 \text{ m}\Omega}}.$$

Für das 70 m lange Kabel 4 × 10 mm² Al ist der ohmsche Anteil

$$R_L = \frac{l}{\kappa \cdot A} = \frac{70 \text{ m} \cdot \Omega \cdot \text{mm}^2}{35 \text{ m} \cdot 10 \text{ mm}^2}$$

$$\underline{\underline{R_L = 200 \text{ m}\Omega}}.$$

Da dieser Wert den zulässigen Betrag von $Z_k$ bereits erheblich überschreitet, ist ein größerer Querschnitt für die Zuleitung zu wählen. Bei einem Leiterquerschnitt von 50 mm² Al beträgt der ohmschen Anteil des Kabels rund 40 m$\Omega$. Hinzu kommt die Transformatorenimpedanz von ca. 20 m$\Omega$ (z. B. 400-kVA-Trafo). Als Gesamtimpedanz erhält man somit

$$|Z_k| = \sqrt{R_{Kabel}^2 + X_{Trafo}^2} = \sqrt{40^2 + 20^2} \text{ m}\Omega$$

$$\underline{\underline{|Z_k| = 45 \text{ m}\Omega}}.$$

# A 2 Strombelastbarkeit

## A 2.1 Abschaltstrom und Schleifenimpedanz

Die erforderlichen Abschaltströme von Schmelzsicherungen bei 0,2 s und 5 s Abschaltzeit wurden der Zeit-Strom-Kennlinie von Schmelzsicherungen (gL) aus DIN VDE 0636 Teil 1 für den ungünstigsten Fall entnommen. Sie sind in Tabelle A 1 zusammengestellt.

## Tabelle A 1  Abschaltstrom und Schleifenimpedanz

Erforderlicher Abschaltstrom $I_a$ und maximale Schleifenimpedanz $Z_s$ für Abschaltzeiten $\leq$ 0,2 s.

| Nenn-strom | Sicherungen Typ gL | | Leitungsschutzschalter und Leistungsschalter Typ L ($I_a = 5 \cdot I_N$) | | G bzw. U ($I_a = 10 \cdot I_N$) | |
|---|---|---|---|---|---|---|
| $I_N$ A | $I_a$ A | $Z_s$ $\Omega$ | $I_a$ A | $Z_S$ $\Omega$ | $I_a$ A | $Z_S$ $\Omega$ |
| 6  | 60  | 3,67 | 30  | 7,3 | 60  | 3,67 |
| 10 | 100 | 2,2  | 50  | 4,4 | 100 | 2,2  |
| 16 | 148 | 1,5  | 80  | 2,8 | 160 | 1,4  |
| 20 | 191 | 1,2  | 100 | 2,2 | 200 | 1,1  |
| 25 | 270 | 0,8  | 125 | 1,8 | 250 | 0,9  |
| 35 | 367 | 0,6  | 175 | 1,3 | 350 | 0,65 |
| 50 | 578 | 0,4  | 250 | 0,9 | 500 | 0,45 |
| 63 | 750 | 0,3  | 315 | 0,7 | 630 | 0,35 |

Erforderlicher Abschaltstrom $I_a$ und maximale Schleifenimpedanz $Z_a$ für Abschaltzeiten $\leq$ 5 s.

| Nenn-strom | Sicherungen Typ gL | | Nenn-strom | Sicherungen Typ gL | |
|---|---|---|---|---|---|
| $I_N$ A | $I_a$ A | $Z_S$ $\Omega$ | $I_N$ A | $I_a$ A | $Z_S$ $\Omega$ |
| 6  | 28  | 7,86 | 80  | 452   | 0,5  |
| 10 | 47  | 4,7  | 100 | 573   | 0,4  |
| 16 | 72  | 3,1  | 125 | 751   | 0,3  |
| 20 | 88  | 2,5  | 160 | 995   | 0,2  |
| 25 | 120 | 1,8  | 200 | 1 300 | 0,17 |
| 35 | 173 | 1,3  | 250 | 1 700 | 0,13 |
| 50 | 260 | 0,8  | 315 | 2 100 | 0,1  |
| 63 | 351 | 0,6  | 400 | 2 800 | 0,08 |

Zur Berechnung der maximal zulässigen Schleifenimpedanzen wurde die Spannung $U_0$ = 220 V gegen geerdete Leiter angenommen. Zur Berechnung des kleinsten Kurzschlußstromes ist der Spannungsfaktor mit $c$ = 0,95 einzusetzen (DIN VDE 0102, Tabelle 1).

## A 2.2 Verlegungsarten von Leitungen

Man unterscheidet 4 (5) Gruppen von Verlegungsarten für fest verlegte Leitungen:

**Verlegungsart Gruppe A** – In wärmedämmenden Wänden
Hierzu zählen Aderleitungen oder mehradrige Leitungen im Elektroinstallationsrohr, mehradrige Leitungen in der Wand, bei Verlegung in wärmegedämmten Wänden.

**Verlegungsart Gruppe B1, B2** – In Elektrorohren oder -kanalen
Dazu zählen Aderleitungen oder einadrige Mantelleitungen im Elektroinstallationsrohr oder -kanal auf oder in der Wand (B1) oder mehradrige Leitungen im Elektroinstallationsrohr oder -kanal auf der Wand oder auf dem Fußboden (B2).

**Verlegungsart Gruppe C** – Direkte Verlegung
Mehradrige Leitung auf der Wand oder auf dem Fußboden, einadrige Mantelleitung auf der Wand oder auf dem Fußboden, mehradrige Leitung in der Wand oder unter Putz, Stegleitung unter Putz.

**Verlegungsart Gruppe E** – Frei in Luft
Bei Abstand der Leitung von der Wand, nebeneinander- oder übereinanderliegende Leitungen mit min. 2fachem Abstand des Leitungsdurchmessers untereinander.

Aus den einzelnen Verlegungsarten und aus den unterschiedlichen Leiterquerschnitten lassen sich die maximal zulässigen Strombelastbarkeitswerte für dauernde Belastung bei einer Umgebungstemperatur von 30 °C ermitteln. Daraus ergeben sich dann auch die maximal zulässigen Absicherungen (Nennströme der Überstromschutzeinrichtungen). Ausführliche Angaben werden hierzu in DIN VDE 0298 Teil 4 und DIN VDE 0100 Teil 430 gemacht. In Tabelle A 3 sind für die wichtigsten Querschnitte die Strombelastbarkeitswerte $I_r$ der Überstromschutzeinrichtung aufgeführt.

Den in DIN VDE 0298 Teil 4 Tabelle 3 genannten Belastbarkeitswerten liegen Dauerbetrieb, die einzelnen Verlegungsbedingungen und eine Umgebungstemperatur von 30 °C zugrunde.

Treten abweichende Bedingungen auf, wie andere Umgebungstemperatur, Häufung, vieladrige Leitungen, aufgewickelte Leitungen, so ändert sich die zulässige Belastbarkeit. In DIN VDE 0298 Teil 4 sind hierzu Tabellen mit den Umrechnungsfaktoren enthalten.

Als geänderte Strombelastbarkeit erhält man

$$I_z = I_r \cdot \Pi f \, .$$

Darin bedeuten:

$I_z$ = Strombelastbarkeit unter Berücksichtigung der abweichenden Betriebsbedingungen;

$I_r$ = Strombelastbarkeitswerte bei den vereinbarten Betriebsbedingungen (Tabellenwerte aus DIN VDE 0298 Teil 3);

$\Pi f$ = Produkt aller für den Anwendungsfall zutreffender Umrechnungsfaktoren.

Hierzu ein Beispiel:

In einem Elektroinstallationskanal werden zur Versorgung eines Bürokomplexes 20 mehradrige Leitungen (NYM) verlegt.

**Frage**
Welche Belastbarkeit ergibt sich für eine Mantelleitung NYM 5 × 6 mm$^2$ bei einer Umgebungstemperatur von 25 °C und Dauerlast bei Drehstromversorgung?

**Antwort**
Die Belastbarkeit nach Tabelle 3 in DIN VDE 0298 Teil 4 für die Verlegungsart B2 beträgt für 3 belastete Adern $I_r$ = 33 A.

Für besondere Bedingungen erhält man nach
- Tabelle 11 den Umrechnungsfaktor für Häufung bei 20 mehradrigen Leitungen $f_H$ = 0,38
- Tabelle 10 den Umrechnungsfaktor für abweichende Umgebungstemperaturen $f_T$ = 1,06 für PVC-isolierte Leitungen und eine Umgebungstemperatur von 25 °C.

Die tatsächliche Belastbarkeit für die Leitung beträgt nach o. g. Gleichung:

$$I_z = I_i \cdot f_T \cdot f_H = 33\ A \cdot 1,06 \cdot 0,38$$

$$\underline{\underline{I_z = 13,3\ A}}$$

Wie dieses einfache Beispiel zeigt, sollten Häufungen möglichst vermieden werden, weil dadurch ein Wärmestau entstehen kann. Dies hat sich in den Bestimmungen in dem niedrigen Umrechnungsfaktor für Häufung von hier nur 0,38 niedergeschlagen.

**Frage**
Welchen Nennstrom darf die vorgeschaltete Sicherung, die auch gegen Überlast schützen soll, haben?

**Antwort**
Zum Schutz bei Überlast müssen nach DIN VDE 0100 Teil 430 folgende Bedingungen erfüllt sein:

$I_B \leq I_N \leq I_z$ (Regel 1 für den Betriebsstrom),

$I_2 \leq 1,45 \cdot I_z$ (Regel 2 für die Auslösung).

Der Betriebsstrom darf in unserem Beispiel also maximal 13,3 A betragen, damit die Regel 1 noch erfüllt ist.

Zur Überprüfung der 2. Regel muß bekannt sein, daß es für gL-Sicherungen nach DIN VDE 0636 je nach Sicherungsnennstrom unterschiedliche Faktoren für den sogenannten

„großen Prüfstrom" gibt. Der große Prüfstrom ist der Strom, bei dem die Sicherung unter festgelegten Zeiten mit Sicherheit auslösen muß.

**Tabelle A 2**  Großer Prüfstrom für gL-Sicherungen

| Nennstrom $I_N$ | Großer Prüfstrom $I_2$ |
|---|---|
| bis 4 | 2,1 $I_N$ |
| über 4 bis 10 | 1,9 $I_N$ |
| über 10 bis 25 | 1,75 $I_N$ |
| über 25 | 1,6 $I_N$ |

Künftig soll der „große Prüfstrom" $I_2$ einheitlich $1,45 \cdot I_N$ betragen.

Zur Überprüfung der Regel 2 kann man nun einsetzen

$$1,9 \cdot I_N \leq 1,45 \cdot I_z$$
$$1,9 \cdot 10\ A \leq 1,45 \cdot 13,3\ A$$
$$19\ A \leq 19,27\ A$$

Die Leitung darf also unter den gegebenen Bedingungen nur mit max. 10 A abgesichert werden.

## A 2.3 Strombelastbarkeit · Überstromschutz

Die Stromangaben und Sicherungsnennströme beziehen sich auf **20 °C bis 25 °C Umgebungstemperatur** bei **Dauerlast** und **PVC-isolierte Leitungen** wie z. B. NYM, NYBUY, NYIFY, H07V-U mit **Kupferleiter.**

**Tabelle A 3**  Strombelastbarkeit $I_r$ festverlegter isolierter Leitungen nach DIN VDE 0298 Teil 4

| Nenn-querschnitt in mm² Cu | Belastbarkeit $I_r$ bei 2 belasteten Adern in A | Sicherungsnennstrom $I_N$ in A | | Belastbarkeit $I_r$ bei 3 belasteten Adern in A | Sicherungsnennstrom $I_N$ in A | |
|---|---|---|---|---|---|---|
| | | (1) | (2) | | (1) | (2) |
| **Verlegungsart A**  In wärmegedämmten Wänden | | | | | | |
| 1,5 | 16,4 | 6 | 16 | 13,8 | 6 | 10 |
| 2,5 | 20,7 | 10 | 20 | 19 | 10 | 16 |
| 4 | 27,6 | 16 | 25 | 25,4 | 10 | 25 |
| 6 | 36 | 20 | 35 | 32,8 | 16 | 25 |
| 10 | 49 | 25 | 40 | 44,5 | 25 | 40 |
| 16 | 65 | 35 | 63 | 59 | 35 | 50 |
| 25 | 85 | 50 | 80 | 77 | 35 | 63 |
| 35 | 105 | 63 | 100 | 94 | 50 | 80 |
| 50 | 126 | 80 | 125 | 114 | 63 | 100 |
| 70 | 160 | 100 | 160 | 144 | 80 | 125 |
| 95 | 193 | 100 | 160 | 174 | 100 | 160 |
| 120 | 223 | 125 | 200 | 199 | 125 | 200 |

(1) Sicherungen mit früherer Auslösecharakteristik (großer Prüfstrom $I_2$ nach Tabelle A 2)
(2) Sicherungen mit neuer Auslösecharakteristik (großer Prüfstrom $I_2 \leq 1{,}45 \cdot I_N$)

## Tabelle A 3   Fortsetzung

| Nennquerschnitt in mm² Cu | Belastbarkeit $I_r$ bei 2 belasteten Adern in A | Sicherungsnennstrom $I_N$ in A | | Belastbarkeit $I_r$ bei 3 belasteten Adern in A | Sicherungsnennstrom $I_N$ in A | |
|---|---|---|---|---|---|---|
| | | (1) | (2) | | (1) | (2) |

**Verlegungsart B1**   Aderleitungen in Rohren oder Kanälen in oder auf der Wand

| | | | | | | |
|---|---|---|---|---|---|---|
| 1,5 | 18,6 | 10 | 16 | 16,4 | 10 | 16 |
| 2,5 | 25,4 | 20 | 25 | 22,3 | 16 | 20 |
| 4 | 34 | 25 | 25 | 29,6 | 20 | 25 |
| 6 | 44 | 35 | 40 | 38 | 25 | 35 |
| 10 | 60 | 50 | 50 | 53 | 40 | 50 |
| 16 | 81 | 63 | 80 | 72 | 63 | 63 |
| 25 | 107 | 80 | 100 | 94 | 80 | 80 |
| 35 | 133 | 100 | 125 | 118 | 100 | 100 |
| 50 | 160 | 125 | 160 | 142 | 125 | 125 |
| 70 | 204 | 160 | 200 | 181 | 160 | 160 |
| 95 | 246 | 200 | 250 | 219 | 200 | 200 |
| 120 | 285 | 250 | 250 | 253 | 200 | 250 |

**Verlegungsart B 2**   Mehradrige Leitungen in Rohren oder Kanälen auf der Wand

| | | | | | | |
|---|---|---|---|---|---|---|
| 1,5 | 16,4 | 10 | 16 | 14,8 | 10 | 10 |
| 2,5 | 22,3 | 16 | 20 | 20,1 | 16 | 20 |
| 4 | 29,7 | 20 | 25 | 27,6 | 20 | 25 |
| 6 | 39,2 | 35 | 35 | 35 | 25 | 35 |
| 10 | 53 | 40 | 50 | 49 | 40 | 40 |
| 16 | 72 | 63 | 63 | 65 | 50 | 63 |
| 25 | 95 | 80 | 80 | 82 | 63 | 80 |
| 35 | 117 | 100 | 100 | 101 | 80 | 100 |

(1) Sicherungen mit früherer Auslösecharakteristik (großer Prüfstrom $I_2$ nach Tabelle A 2)
(2) Sicherungen mit neuer Auslösecharakteristik (großer Prüfstrom $I_2 \leq 1{,}45 \cdot I_N$)

## Tabelle A 3  Fortsetzung

| Nenn-querschnitt in mm² Cu | Belastbarkeit $I_r$ bei 2 belasteten Adern in A | Sicherungsnennstrom $I_N$ in A | | Belastbarkeit $I_r$ bei 3 belasteten Adern in A | Sicherungsnennstrom $I_N$ in A | |
|---|---|---|---|---|---|---|
| | | (1) | (2) | | (1) | (2) |

**Verlegungsart C**  Direkt verlegte einadrige Mantel- und mehradrige Leitungen auf und in der Wand, Stegleitungen

| | | | | | | |
|---|---|---|---|---|---|---|
| 1,5 | 20,7 | 16 | 20 | 18,6 | 10 | 16 |
| 2,5 | 27,6 | 20 | 25 | 25,4 | 20 | 25 |
| 4 | 37 | 25 | 35 | 34 | 25 | 35 |
| 6 | 49 | 40 | 50 | 43 | 35 | 40 |
| 10 | 67 | 50 | 63 | 60 | 50 | 63 |
| 16 | 90 | 80 | 80 | 81 | 63 | 80 |
| 25 | 119 | 100 | 100 | 102 | 80 | 100 |
| 35 | 146 | 125 | 125 | 126 | 100 | 125 |

**Verlegungsart E**  Frei in Luft

| | | | | | | |
|---|---|---|---|---|---|---|
| 1,5 | 21,2 | 16 | 20 | 19,6 | 16 | 20 |
| 2,5 | 28,6 | 20 | 25 | 26,5 | 20 | 25 |
| 4 | 39 | 35 | 35 | 36 | 25 | 35 |
| 6 | 51 | 40 | 50 | 46 | 40 | 40 |
| 10 | 70 | 63 | 63 | 64 | 50 | 63 |
| 16 | 94 | 80 | 80 | 85 | 63 | 80 |
| 25 | 125 | 100 | 125 | 107 | 80 | 100 |
| 35 | 153 | 125 | 160 | 134 | 100 | 125 |

(1) Sicherungen mit früherer Auslösecharakteristik (großer Prüfstrom $I_2$ nach Tabelle A 2)

(2) Sicherungen mit neuer Auslösecharakteristik (großer Prüfstrom $I_2 \leq 1,45 \cdot I_N$)

Für Altanlagen, die vor dem 1. Februar 1988 errichtet wurden, gilt weiterhin die nachstehende Tabelle A 4.

**Tabelle A 4**   Strombelastbarkeit $I_z$ und Zuordnung der Überstromschutzorgane bei isolierten Leitungen nach DIN VDE 0100 Teil 523

| Nenn-quer-schnitt in mm² Cu | Gruppe 1 | | Gruppe 2 | | Gruppe 3 | |
|---|---|---|---|---|---|---|
| | Strom-belast-barkeit | Siche-rungs-nenn-strom | Strom-belast-barkeit | Siche-rungs-nenn-strom | Strom-belast-barkeit | Siche-rungs-nenn-strom |
| | $I_z$ | $I_N$ | $I_z$ | $I_N$ | $I_z$ | $I_N$ |
| 1 | 11 | 6 | 15 | 10 | 19 | 10 |
| 1,5 | 15 | 10 | 18 | 10/16 | 24 | 20 |
| 2,5 | 20 | 16 | 26 | 20 | 32 | 25 |
| 4 | 25 | 20 | 34 | 25 | 42 | 35 |
| 6 | 33 | 25 | 44 | 35 | 54 | 50 |
| 10 | 45 | 35 | 61 | 50 | 73 | 63 |
| 16 | 61 | 50 | 82 | 63 | 98 | 80 |
| 25 | 83 | 63 | 108 | 80 | 129 | 100 |
| 35 | 103 | 80 | 135 | 100 | 158 | 125 |
| 50 | 132 | 100 | 168 | 125 | 198 | 160 |
| 70 | 165 | 125 | 207 | 160 | 245 | 200 |
| 95 | 197 | 160 | 250 | 200 | 292 | 250 |
| 120 | 235 | 200 | 292 | 250 | 344 | 315 |

Gruppe 1: Einadrige Leitungen im Rohr; Gruppe 2: Mehraderleitungen, Stegleitungen; Gruppe 3: Einadrige Leitungen frei in Luft.

## A 2.4   Erhöhte Umgebungstemperatur

Die Werte der Tabelle A 3 gelten bei 20 bis 25 °C Umgebungstemperatur, die der Tabelle A 4 bei 25 bis 30 °C bei Belastung mit annähernd Nennstrom. Wenn abweichende Umgebungsbedingungen auftreten, müssen diese durch Umrechnungsfaktoren in die geänderte Belastbarkeit eingerechnet werden. So müssen z. B. für höhere Umgebungstemperaturen über 30 °C bis 55 °C die in Tabelle A 5 angegebenen Umrechnungsfaktoren berücksichtigt werden.

Eine Gummischlauchleitung beispielsweise darf bei einer Umgebungstemperatur von 40 °C nur noch mit 82% der ursprünglichen Belastung beansprucht werden.

**Tabelle A 5** Umrechnungsfaktor für erhöhte Umgebungstemperatur über 30 °C

| Isolier-material der Leitung | Umgebungstemperatur in °C | | | | |
|---|---|---|---|---|---|
| | 30 °C ... | 35 °C ... | 40 °C ... | 45 °C ... | 50 °C ... 55 °C |
| Gummi* | 0,91 | 0,82 | 0,71 | 0,58 | 0,41 |
| PVC** | 0,94 | 0,87 | 0,79 | 0,71 | 0,61 |
| EPR*** | 0,95 | 0,89 | 0,84 | 0,77 | 0,71 |

Bei Umgebungstemperaturen über 55 °C müssen wärmebeständige Leitungen verwendet werden. In diesen besonderen Anwendungsfällen ist im Prinzip genauso zu verfahren wie bei den allgemein verwendeten Leitermaterialien, nur sind die zulässigen Betriebstemperaturen entsprechend höher. Es ergeben sich hier auch Verminderungen der Belastbarkeit bei höheren Temperaturen. Im Bereich von 55 °C bis 65 °C (bei manchen wärmebeständigen Leitungen sogar bis 145 °C) beträgt die Strombelastbarkeit der Leitung 100%. Bei wärmebeständigen Leitungen vermindern erst Temperaturen über 90 °C bis 95 °C (170 °C bis 175 °C) die Strombelastbarkeit auf 38%.

---

* Natur- und synthetischer Kautschuk; zul. Betriebstemperatur: 60 °C.
** Polyvinylchlorid; zul. Betriebstemperatur: 70 °C.
*** Ethylen-Propylen-Kautschuk (EMP) oder Ethylen-Propylen-Dien-Kautschuk (EPDM); zul. Betriebstemperatur: 90 °C.

# A 3 Hauptstromversorgungssysteme

## A 3.1 Planung · Hauptleitungen und Stromkreisverteiler

*Hauptleitungen*

Die Planung des Hauptstromversorgungssystems, der Haupt-leitungen und Stromkreisverteiler ist nach TAB unter Beach-tung von DIN 18015 durchzuführen (DIN 18015 Teil 1 „Elektri-sche Anlagen in Wohngebäuden – Planungsgrundlagen"; Teil 2 „Elektrische Anlagen in Wohngebäuden – Art und Umfang der Mindestausstattung"; Teil 3 „Elektrische Anlagen in Wohngebäuden – Leitungsführung und Anordnung der Betriebsmittel").

Hinter der Übergabestelle (in der Regel ist das der Hausan-schlußkasten) ist es Sache des Elektroinstallateurs, die elek-trische Anlage zu planen und auszuführen. Unter Beachtung bestimmter Vorgaben des EVU sind die Maßgaben aus DIN 18015 sowie der TAB anzuwenden.

Grundsätzlich gilt:

- Kabel und Leitungen sind im Wohnbereich unter Putz, im Putz, hinter Verkleidungen oder im Mauerwerk zu verle-gen. Dies gilt auch für Hauptleitungen.
- Bei Freileitungsanschlüssen muß ein Leerrohr mit min. 36 mm Innendurchmesser bis ins Kellergeschoß verlegt werden. Es ermöglicht eine problemlose Umstellung auf einen eventuellen später folgenden Kabelanschluß.
- Hauptleitungen sind als Drehstromleitungen auszuführen und müssen so bemessen werden, daß sie einem Stoß-kurzschlußstrom von 25 kA standhalten. Für Einfamilien-häuser ist ein Leiterquerschnitt, der eine Belastung von 63 A erlaubt, ausreichend.

In Mehrfamilienhäusern sind die Hauptleitungen so auszulegen, daß die Bemessungsgrundlagen nach DIN 18015 Teil 1 erfüllt werden (siehe Tabelle A 6).

Man unterscheidet hierbei Anlagen mit und ohne Warmwasserbereitung. So muß z. B. für Wohngebäude mit bis zu 10 Wohnungen die Hauptleitung mit mindestens 80 A belastbar sein, wenn keine elektrische Warmwasserbereitung erfolgt. Bei elektrischer Warmwasserbereitung muß die Hauptleitung bereits mit 160 A belastbar sein.

– Die Leiterquerschnitte sind außerdem so zu wählen, daß vor der Meßeinrichtung (Zähler) kein höherer Spannungsfall als 0,5% auftritt. Dies gilt bis zu einem Leistungsbedarf von 100 kVA, darüber hinausgehender Leistungsbedarf kann in Abhängigkeit von der Leistung einen noch zulässigen Spannungsfall von 1,0%, 1,25% und max. 1,5% verursachen.

Hinter der Meßeinrichtung soll der Spannungsfall 3% nicht übersteigen.

– Die maximal zulässige Sicherung (gL) vor der Meßeinrichtung darf 100 A nicht überschreiten. Sind höhere Werte erforderlich, ist das EVU zu befragen.
– Meßeinrichtungen und Steuergeräte sind an gut zugänglichen Stellen (besondere Räume, Treppenräume u. ä.) vorzusehen. Für eine zentrale Steuerung von Mehrtarifzählern sind zu jedem Zählerplatz ggf. Leerrohre mit mindestens 29 mm Innendurchmesser zu verlegen.
– Je Wohnung ist eine Meßeinrichtung vorzusehen.
– Die Zuleitungen zu Stromkreisverteilern müssen für eine Belastbarkeit von mindestens 63 A ausgelegt sein und als Drehstromleitungen ausgeführt werden, die einem Stoßkurzschlußstrom von 10 kA standhalten.
– Für Licht- und Steckdosenstromkreise sollen als Überstrom-Schutzorgane möglichst LS-Schalter mit einem Schaltvermögen von mindestens 6 kA vorgesehen werden.

– Schutzbereiche von Räumen mit Duschen, Badewannen und Schwimmbädern sind zu beachten und einzuhalten. Dies bedingt wiederum die Abgrenzung der Schutzbereiche, Verbote und Einschränkungen bei der Leitungsführung sowie beim Anbringen von Steckdosen und festinstallierten Geräten, außerdem mindestens erforderliche Restwanddicken im Schutzbereich.

– Hauptleitungen dürfen nicht zusammen mit anderen Rohrleitungen, Wasserverbrauchs- und Heizungsleitungen u. ä. verlegt werden. Es sei denn, geeignete Schottungsmaßnahmen in Kanälen und Schächten verhindern eine gegenseitige Beeinflussung.

– Zum Freischalten von Stromkreisverteilern müssen Trennvorrichtungen vorgesehen werden.

Wichtige Angaben zur Planung von Fernmelde-, Informations- und Gefahrenmeldeanlagen sind ebenfalls in DIN 18015 enthalten, werden hier aber nicht weiter behandelt. Für die Planung von größeren Betriebsstätten, industriellen Anlagen und ähnlichen Großanlagen sind besondere Berechnungen und weitere Abstimmungen mit dem zuständigen EVU erforderlich.

*Stromkreisverteiler*

Im Lastschwerpunkt der Wohnung wird ein Stromkreisverteiler angeordnet, der nicht zu klein bemessen werden sollte. Geht man von DIN 18015 Teil 2 aus, so ergeben sich für die dort festgelegten Mindestausstattungen einer Wohnung mit

50 bis  75 m² mindestens 3 Licht- und Steckdosenstromkreise,

75 bis 100 m² mindestens 4 Licht- und Steckdosenstromkreise,

100 bis 125 m² mindestens 5 Licht- und Steckdosenstromkreise.

Hinzu kommen weitere Stromkreise für Verbrauchsgeräte mit Anschlußleistungen über 2 kW, wie z. B. Waschmaschinen, Trockner, Spülmaschinen, Elektroherd, Heißwasserbereiter u. ä. Außerdem ist für eventuell erforderliche Fehlerstromschutzschalter (FI-Schalter), Klingeltransformatoren und sonstige Schaltelemente Platz in der Verteilung vorzusehen. Einige Reserveplätze sind ebenfalls empfehlenswert. DIN 18015 Teil 1 schreibt für Mehrraumwohnungen mindestens zweireihige Verteiler vor, so daß je nach Ausstattungsumfang zwei- bis vierreihige Stromkreisverteiler erforderlich sind.

Randbedingungen für den Gültigkeitsbereich der Tabelle A 6:

– Kabel in Erde verlegt (Dauerlast)
– Kabel auf einer Länge von maximal 6 m in der Luft verlegt mit Befestigung auf der Wand und einer maximalen Umgebungstemperatur von 15 °C (Dauerlast und EVU-Last)
– Kabel auf nicht brennbaren Baustoffen verlegt
– Überstromschutzeinrichtungen der abgehenden Hauptleitungen müssen sicherstellen, daß das Kabel nicht über die Werte der Tabelle hinaus belastet werden kann. Als Faustregel gilt, daß die Summe der Nennströme der Überstromschutzeinrichtungen der abgehenden Hauptleitungen gleich oder kleiner sein muß als der Nennstrom der Überstromschutzeinrichtung für das Hausanschlußkabel.
– Gilt nur für Hausanschlüsse in öffentlichen Kabelnetzen

Treten andere Betriebs- und Verlegebedingungen auf, muß die zulässige Belastbarkeit des Hausanschlußkabels nach DIN VDE 0298 Teil 2 ermittelt werden. Die Schutzeinrichtung gegen Überstrom ist ebenfalls danach neu festzulegen.

**Tabelle A 6** Hausanschlußkabel nach DIN VDE 0100 Teil 732, Tabelle 1, für PVC-Kabel, wie NYY, NAYY u. ä.

| Anzahl der Wohnungen | Ohne Warmwasserbereitung | | | Mit Warmwasserbereitung für Bade- und Duschzwecke | | |
|---|---|---|---|---|---|---|
| | Nennstrom in A | Leiterquerschnitt Kupfer in mm$^2$ | Aluminium in mm$^2$ | Nennstrom in A | Leiterquerschnitt Kupfer in mm$^2$ | Aluminium in mm$^2$ |
| 1 | 63 | 10 | – | 63 | 10 | – |
| 2 | 63 | . | – | 80 | 10 | – |
| 3 | 63 | . | – | 100 | 16 | 25 |
| 4 | 63 | . | – | 125 | 25 | 50 |
| 5 | 63 | . | – | 125 | . | . |
| 6 | 80 | . | – | 125 | 25 | 50 |
| 7 | 80 | . | • – | 160 | 35 | 70 |
| 8 | 80 | . | – | 160 | . | . |
| 9 | 80 | . | – | 160 | . | . |
| 10 | 80 | 10 | – | 160 | . | . |
| 11 | 100 | 16 | 25 | 160 | 35 | 70 |
| 12 | 100 | . | . | 200 | 70 | 95 |
| . | . | . | . | . | . | . |
| . | . | . | . | . | . | . |
| . | . | . | . | . | . | . |
| 19 | 100 | 16 | 25 | 200 | . | . |
| 20 | 125 | 25 | 50 | 200 | . | . |
| 21 | 125 | . | . | 200 | 70 | 95 |
| 22 | 125 | 25 | 50 | 250 | 95 | 120 |

Weitere Daten siehe Diagramm in DIN 18 015 Teil 1 und DIN VDE 0100 Teil 732 Tabelle 1

## A 3.2 Zulässiger Spannungsfall

Die AVBEltV schreibt in § 12 (5) vor, daß der zulässige Spannungsfall zwischen dem Hausanschluß und der Meßeinrichtung, unter Zugrundelegung des Nennstromes der vorgeschalteten Schutzeinrichtung, nicht mehr als 0,5% betragen darf. Gestaffelt nach der beanspruchten Leistung ist gemäß TAB ein Spannungsfall von

> 1%     zwischen 100 und 250 kVA
> 1,25% zwischen 250 und 400 kVA
> 1,5%  über 400 kVA

zulässig.

In der Verbraucheranlage, also hinter der Meßeinrichtung, darf der Spannungsfall 3% nicht überschreiten (nach DIN 18015 Teil 1, Abschnitt 4.3.1 (6)).

Die maximal zulässigen Leitungslängen in m lassen sich wie folgt berechnen:

für Drehstrom: $l_m = \dfrac{\Delta u \cdot U \cdot A \cdot \kappa}{100 \cdot \sqrt{3} \cdot l \cdot \cos\varphi}$

für Wechselstrom: $l_m = \dfrac{\Delta u \cdot U \cdot A \cdot \kappa}{100 \cdot 2 \cdot l \cdot \cos\varphi}$

In diesen Formeln bedeuten: $l_m$ maximale Leitungslänge in m; $\Delta u$ Spannungsfall in %; $U$ Leiterspannung in V; $l$ Strom in A (hier Nennstrom des vorgeschalteten Schutzorganes); $\cos\varphi$ Leistungsfaktor; $A$ Leiterquerschnitt in mm$^2$; $\kappa$ Leitfähigkeit in m/$\Omega$mm$^2$ (siehe Literaturhinweis [22] und [23]).

## A 3.3 Kurzschlußfestigkeit elektrischer Anlagen

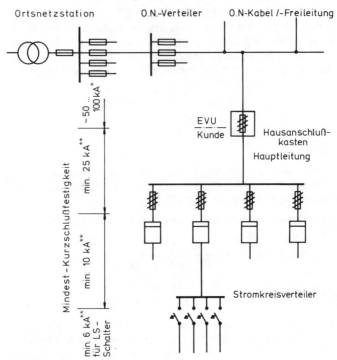

Bild A 3.1 Kurzschlußfestigkeiten

---

\* Diese Werte sind direkt von den verwendeten Betriebsmitteln und den Leitungslängen abhängig. Sie müssen im Bedarfsfall ermittelt werden.
\*\* Werte nach TAB Abschnitt 7.2.

## A 3.4 Kurzschlußleistungen an den niederspannungsseitigen Transformatorenklemmen

Die Näherungswerte bei Einspeisung aus einem 20-kV-Netz wurden mit den angenommenen Kurzschlußleistungen (A: 250 MVA, B: 100 MVA und C: 50 MVA) auf der 20-kV-Seite berechnet.

Die Kurzschlußleistungen auf der 20-kV-Seite sind Anhaltswerte für

A: in Umspannanlagennähe bei Einspeisung aus einem Leistungstransformator mit 40 MVA Bemessungsleistung und $u_k = 12\%$,

B: Durchschnittswerte bei Abständen von ca. 8 km im Mittelspannungsnetz und gutem Netzausbau,

C: Durchschnittswerte bei weiten Netzausläufern und geringem Netzausbau.

| Kurzschluß-leistung des 20-kV-Netzes in MVA | Bemessungsleistung des Verteilungstransformators in MVA für | | | | | | |
|---|---|---|---|---|---|---|---|
| | $S_{rT}$ in kVA | 100 | 250 | 400 | 630 | 1000 | 1250 | 1600 |
| | $u_k$ in % | 4 | 4 | 4 | 6 | 6 | 6 | 6 |
| | $u_r$ in % | 2 | 2 | 2 | 1,5 | 1,5 | 1,5 | 1,5 |
| A: 250 | | 2,22 | 5,5 | 8,7 | 9,8 | 15,2 | 18,7 | 23,5 |
| B: 100 | | 2,19 | 5,3 | 8,3 | 9,3 | 14 | 16,9 | 20,7 |
| C: 50 | | 2,15 | 5,1 | 7,7 | 8,5 | 12,3 | 14,5 | 17,2 |

## A 3.5   Baustromverteiler (zu Fragen 10.2 und 10.5)

Sie werden unterteilt in

1. Anschlußschrank

   Er enthält den Einspeisepunkt zum Anschluß an das öffentliche Netz oder einen Generator der Baustelle sowie plombierbare Zählerplätze zur Messung der verbrauchten elektrischen Energie.

   Eingangsseitig dürfen Schalter mit Trennfunktion und Überstromschutzeinrichtungen vorgesehen werden. Das Stromversorgungsunternehmen kann dies verlangen. Der Klemmenraum der Zuleitung muß ebenfalls plombierbar sein.

   Abgangsseitig ist mindestens ein abschließbares Schaltgerät mit Trennfunktion, das alle Außenleiter gleichzeitig schaltet, vorzusehen. Dieses Schaltgerät darf gleichzeitig den Überstromschutz übernehmen.

2. Hauptverteilerschrank

   Er ist dem Anschlußschrank nachgeschaltet und ist mit Anschlußmöglichkeiten für den Anschluß von Hauptkabeln zur Versorgung der Baustelle ausgerüstet.

   Eingangsseitig sind zum Anschluß des Speisekabels nur Klemmen erlaubt. Zum Schutz bei Kurzschluß muß eine Kurschlußschutzeinrichtung vorgesehen sein. Der Kurzschlußschutz kann entfallen, wenn diese in einem vorgeschalteten Anschlußschrank gewährleistet wird. Ein abschließbares Schaltgerät mit Trennfunktion ist ebenfalls vorgeschrieben.

   Der Bemessungsstrom ist für Hauptverteilerschränke mit mindestens 630 A festgelegt.

   Die abgehenden Stromkreise müssen alle mit Schaltgeräten ausgestattet sein, die zum Trennen und Schalten unter Last geeignet sind sowie den Überstromschutz und den Schutz bei indirektem Berühren sicherstellen. Die Schaltgeräte sollen leicht zugänglich sein. Alle Außenleiter müssen gleichzeitig geschaltet werden.

3. Verteilerschrank

Hier enden die vom Hauptverteilerschrank ausgehenden Kabel.

Es können weitere Verteilerschränke oder auch Maschinen angeschlossen werden.

Auch hier sind eingangsseitig zum Anschluß des Speisekabels nur Klemmen erlaubt. Ein Schaltgerät mit Trennfunktion sowie eine Kurzschlußschutzeinrichtung sind vorzusehen. Der Kurzschlußschutz ist allerdings freigestellt, wenn über einen Anschlußschrank oder über einen Hauptverteiler eingespeist wird.

Selbstverständlich ist auch hier eine Sicherungsmöglichkeit des Schaltgerätes in der AUS-Stellung.

Der Bemessungsstrom muß größer als 125 A sein; maximal jedoch 630 A.

Wie bei den Hauptverteilerschränken müssen auch hier alle abgehenden Stromkreise mit Schaltgeräten ausgestattet sein, die zum Trennen und Schalten unter Last geeignet sind sowie den Überstromschutz und den Schutz bei indirektem Berühren sicherstellen.

Die Abgänge dürfen als Klemmen oder Steckdosen ausgeführt sein. Für Steckdosen in TT- und TN-S-Netzen sind bis 16 A im Einphasenbetrieb FI-Schutzeinrichtungen mit 30 mA Fehlerstrom und für sonstige Steckdosen FI-Schutzeinrichtungen mit 500 mA Fehlerstrom vorgeschrieben.

4. Transformatorenschrank

Er enthält Transformatoren zur Versorgung der Baustelle. Der Transformatorenschrank muß in eine Einspeiseeinheit und in eine oder mehrere Transformatoreneinheiten aufgeteilt sein.

Die Eingangsseite darf nur Klemmen zum Kabelanschluß enthalten. Schaltgeräte mit Trennfunktion und zum Kurzschlußschutz müssen vorgesehen werden.

Der Bemessungsstrom muß größer als 125 A sein, darf aber 630 A nicht überschreiten.

Bei den Transformatoreneinheiten unterscheidet man

LV/ELV-Transformatoreneinheiten (bisher: Schutzkleinspannung)

→ Schutzkleinspannung (extra-low voltage)

→ Niederspannung (low voltage)

LV/SELV-Transformatoreneinheiten (bisher: Schutzkleinspannung)

→ Schutzkleinspannung mit sicherer Trennung (ungeerdete sek. Stromkreise) (separated extra-low voltage)

→ Niederspannung (low voltage)

LV/FELV-Transformatoreneinheiten (bisher: Funktionskleinspannung)

→ Schutzkleinspannung ohne sichere Trennung (geerdete sek. Stromkreise) (functional extra-low voltage)

→ Niederspannung (low voltage)

LV/LV-Transformatoreneinheiten (bisher: Trenntransformator)

→ Niederspannung (low voltage)

Anmerkung: Die internationale Normung für die Bezeichnung der Schutzkleinspannung ist z. Z. noch nicht abgeschlossen. Daraus ergeben sich bis zur endgültigen Festlegung in DIN VDE 0100 Teil 410 abweichende Bezeichnungen in den einzelnen Normen.

Hier die geplante Bezeichnung nach DIN VDE 0100 Teil 410 A2/Entwurf 08.88:

SELV – Sicherheitstransformator mit ungeerdeten Stromkreisen (separated extra-low voltage)

PELV – Sicherheitstransformator mit geerdeten Stromkreisen (protective extra-low voltage)

FELV – keine sicher getrennte Stromquelle mit geerdeten Stromkreisen (functional extra-low voltage)

DIN VDE 0804 Teil 100 nennt außerdem noch die TELV-Kleinspannung

5. Endverteilerschrank

Hier werden die tragbaren Elektrowerkzeuge und Betriebsmittel der Baustelle angeschlossen.

Die Einspeisung enthält zum Anschluß des Speisekabels Klemmen oder Gerätestecker. Der Bemessungsstrom beträgt maximal 125 A.

Die abgehenden Stromkreise müssen alle mit Schaltgeräten ausgestattet sein, die zum Trennen und Schalten unter Last geeignet sind sowie den Überstromschutz und den Schutz bei indirektem Berühren sicherstellen. Die Schaltgeräte sollen leicht zugänglich sein. Alle Außenleiter müssen gleichzeitig geschaltet werden.

Jede Einheit kann mehrere Stromkreise enthalten.

Die abgehenden Kabel oder Leitungen dürfen über Stecker oder Klemmen angeschlossen werden.

Die Auslösung der Schutzeinrichtungen des Endverteilerschrankes muß unverzögert erfolgen.

Zum Schutz bei indirektem Berühren ist eine FI-Schutzeinrichtung mit 30 mA Fehlerstrom (Ansprechstrom) vorgeschrieben, an die maximal 6 Steckdosen angeschlossen werden dürfen.

6. Steckdosenverteiler

Der Anschluß des Steckdosenverteilers erfolgt über Stecker oder über eine Zuleitung mit Gerätestecker am Endverteilerschrank, am Transformatoren- oder am Verteilerschrank.

Der Bemessungsstrom darf maximal 63 A betragen.

Als Abgänge sind ausschließlich Steckdosen zulässig.

Jede einzelne Steckdose muß einen eigenen Überstromschutz haben. Eine Ausnahme ist nur möglich, wenn der Stecker der Zuleitung den gleichen Bemessungsstromwert hat wie der kleinste Bemessungsstrom der kleinsten Steckdose des Steckdosenverteilers. Hier ist dann der kleinste Bemessungsstrom für den Überstromschutz maßgebend. Alle Steckdosen müssen über eine Fehlerstromschutzeinrichtung geschützt sein. Eine Fehlerstromschutzeinrichtung darf für maximal 6 Steckdosen verwendet werden.

Nach DIN VDE 0660 Teil 501, Abschnitt 2.9 und 9

## A 3.6 Anschlußleistungen von Maschinen[1])

**Montage- und Kleinschweißgeräte**

Nach TAB Abschnitt 8.1.5 sind Geräte mit Anschlußwerten bis zu 2 kVA zulässig (Heimwerkergeräte). Überschreitet ein Gerät diesen Wert, sind die Anschlußmaßnahmen mit dem EVU abzustimmen.

| Dauer-leistungs-aufnahme in kVA | Höchst-leistungs-aufnahme in kVA | Anschluß-spannung | Schweiß-strom-bereich in A | bei % ED | Anmerkung |
|---|---|---|---|---|---|
| Profi-Geräte für Baustelleneinsatz | | | | | |
| 4,9 | 8 | 2phasig | 5...150 | 40 | WIG-Schweißen |
| 4,9 | 8 | 2phasig | 20...120 | 60 | Elektroden-Hand-schweißen |
| Lichtbogenschweißmaschinen | | | | | |
| | 39 | | 6...460 | 100 | WIG-Schweißen |
| | 39 | | 6...550 | 80 | Elektroden-Hand-schweißen |

**Schweißzangen**

Tragbare Punktschweißzangen werden vor allem in Karosseriewerkstätten verwendet. Hängeschweißzangen hängen an einem Seilzug; die Zufuhr von elektrischer Energie, Druckluft und Kühlwasser erfolgt von der Decke her.

---

1) Diversen Herstellerangaben entnommen.

| Scheinleistung bei 50 % ED in kVA | Anschluß-leistung in kVA 2) | Sekundär-Kurzschluß-stromstärke in kA | Höchst-schweiß-leistung in kVA | bei % ED |
|---|---|---|---|---|
| tragbare Punktschweißzangen | | | | |
| 3 | 7 | 6,5 | 12 | 6 |
| 4 | 15 | 8 | 26 | 3 |
| Hängeschweißzangen | | | | |
| 4 | 7 | 5,2 | 11,5 | 6 |
| 18 | 28 | 14 | 48 | 7 |
| 31 | 50 | 19,5 | 84 | 6,5 |

## Widerstandsschweißmaschinen

| | | | | |
|---|---|---|---|---|
| Punktschweißmaschinen (zweiphasiger Anschluß) | | | | |
| 50 | 48...75 | 20...25 | 80...100 | 19,1...12,2 |
| 80 | 94...147 | 22...35 | 123...196 | 21,2...8,4 |
| 120 | 109...253 | 31...41 | 181...338 | 21,7...6,3 |
| 170 | 172...317 | 25...46 | 123...423 | 27,0...8,0 |
| 200 | 330...407 | 54...67 | 440...542 | 10,4...6,8 |
| Punktschweißmaschinen (Drehstrommanschluß) | | | | |
| 75 | 170 | 40...45 | 243...270 | 6 ...4,7 |
| 120 | 425...439 | 60...62 | 566...585 | 3,7...3,4 |
| Buckelschweißmaschinen (zweiphasiger Anschluß) | | | | |
| 50 | 84 | 28 | 112 | 9,7 |
| 80 | 168 | 40 | 224 | 6,5 |
| 120 | 340 | 55 | 453 | 3,5 |
| 170 | 450 | 65 | 600 | 4,0 |
| 250 | 530 | 70 | 710 | 6,3 |
| 315 | 680 | 80 | 900 | 6,1 |
| Buckelschweißmaschinen (Drehstromanschluß) | | | | |
| 120 | 375 | 70 | 660 | 2,4 |
| 200 | 780 | 105 | 1060[3] | 4,6 |
| Nahtschweißmaschinen | | | | |
| 100 | 100 | 20...23 | – | – |
| 170 | 170 | 20...29 | – | – |

2) Werte veränderlich je nach Ausladung der Schweißarme.
3) In der industriellen Anwendung sind Höchstschweißleistungen über 2000 kVA üblich.

## Schweißroboter

werden mit den unterschiedlichsten Schweißeinrichtungen bestückt, vom einfachen Lichtbogenschweißen bis hin zu leistungsstarken Buckelschweißmaschinen.

Die Daten der einzelnen Schweißverfahren können daher auch hier verwendet werden. Für die Auswirkungen von Netzrückwirkungen ist die meist höhere Häufigkeit der Schweißvorgänge allerdings eher als nachteilig zu betrachten.

Handbediente Punktschweißmaschinen erreichen je nach Material, Abmessungen und Schwierigkeitsgrad der Schweißpunktjustierung bei 2 s Punktabstand rund 30 Schweißpunkte/min. Leitungsstärkere Anlagen mit anderen Schweißaufgaben werden auch nur mit 2...3 Schweißungen/min betrieben. Die Schweißfolge ist also stark produktabhängig und kann daher nur vom Anwender der Schweißanlage genauer beziffert werden.

Beim Punkt- und Buckelschweißen sind Schweißzeiten von 1 bis 99 Perioden von 50 Hz üblich. In Schweißzeit je Schweißpunkt bzw. Schweißvorgang sind das 20 bis 1980 ms. Das Netz wird also nur während dieser relativ kurzen Zeiten mit stoßartigen Leistungen belastet. Was für derartige Vorgänge an der Anschlußstelle (Verknüpfungspunkt) mit dem EVU-Netz benötigt wird, ist Kurzschlußleistung.

Diese kann nur durch große Leitungsquerschnitte bis hin zur nächsten Umspannstation oder durch geringen Abstand von einer solchen Umspannstation erreicht werden. In gewissem Maße spielen natürlich auch die eingesetzten Verteilungstransformatoren eine Rolle. Mit größerer Leistung und möglichst geringen Kurzschlußspannungen steigt die Kurzschlußleistung an.

Kurzschlußleistungen an den Sekundärklemmen von Verteilungstransformatoren am Beispiel eines 20-kV-/0,4-kV-Tranformators

| Kurzschluß-leistung des vorgeschal-teten Netzes in MVA | Kurzschlußleistung im Niederspannungsnetz in MVA für | | | | | | |
|---|---|---|---|---|---|---|---|
| | $S_{rT}$ in kVA $U_k$ in % | 100 4 | 250 4 | 400 4 | 630 6 | 1000 6 | 1250 6 | 1600 6 |
| 250 | | 2,22 | 5,48 | 8,67 | 9,8 | 15,2 | 18,7 | 23,5 |
| 100 | | 2,19 | 5,32 | 8,28 | 9,27 | 14 | 16,9 | 20,7 |
| 50 | | 2,15 | 5,08 | 7,69 | 8,5 | 12,3 | 14,5 | 17,2 |

Ersatzstromanlagen oder auch Notstromaggregate, wie sie zur schnellen Wiederversorgung bei Netzstörungen oder zur kurzzeitigen Stromversorgung bei Netzbauarbeiten eingesetzt werden, können in aller Regel diese hohe erforderliche Kurzschlußleistung nicht aufbringen. Für die Schutzeinrichtungen dieser Geräte bilden die Schweißmaschinen eine kurzschlußähnliche Belastung. Dies führt zum eigentlich korrekten Ansprechen der Schutzeinrichtung im Ersatzstrom- oder Notstromaggregat.

Weitere techniche Details sind den jeweiligen Herstellerunterlagen zu entnehmen.

Siehe auch Merkblätter des Deutschen Verbandes für Schweißtechnik e. V. (DVS 1918).

## Laser

Laseranlagen werden nach ihrer Lichtausgangsleistung bezeichnet. Dazu muß man für den Anschluß wissen, daß der Wirkungsgrad von Lasern nur knapp 10% beträgt. Hinzu kommen Hilfseinrichtungen und Zubehör für den Betrieb.

Der Einsatz von Lasern ist inzwischen sehr vielseitig geworden, entsprechend sind die Leistungsunterschiede von Lasern sehr groß: vom kleinsten Laser mit nur einigen Milliwatt für nachrichtentechnische Anwendungen bis hin zu den Leistungslasern in der industriellen Anwendung für Markierungs-, Abgleich- und Schneidarbeiten. Neuerdings werden Laser auch bei Dreh- und Fräsmaschinen zur Erwärmung von sehr harten Werkstoffen verwendet. Bei diesem Verfahren wird der Werkstoff punktuell vor der Schneidplatte des Drehmeißels oder Fräsers bis zur Rotglut erwärmt und sofort mit dem Werkzeug abgetragen. Moderne verschleißfeste und harte Werkstoffe lassen sich nur so bearbeiten.

Schneid- und Erwärmungslaser

| | 6-kW-Laser | | 14-kW-Laser | | 25-kW-Laser | | 45-kW-Laser | |
|---|---|---|---|---|---|---|---|---|
| | $S$ in kVA | $P$ in kW | $S$ in kVA | $P$ in kW | $S$ in kVA | $P$ in kW | $S$ in kVA | $P$ in kW |
| Leistungsteil | 88 | 74 | 176 | 148 | 352 | 296 | 528 | 444 |
| Frequenz-umformer | 11 | 10 | 22 | 20 | 44 | 40 | 66 | 60 |
| Hilfsaggregate | 8 | 9 | 11 | 10 | 18 | 16 | 25 | 22 |
| Summenleistung | 108 | 92 | 209 | 178 | 414 | 352 | 619 | 526 |

# Röntgengeräte für den Einsatz in Arztpraxen und Kliniken

| Typ | An-schlußlei-stung in kVA | max. Leistung bei Auf-nahme in kVA | max. Blind-leistung in kvar | cos φ | Belich-tungszeit | Serien-aufnah-men in Bildern/s |
|---|---|---|---|---|---|---|
| Röntgenkugel | 1,3 | 2,2 | – | 0,5 | – | – |
| Ergophos 4 | 7,7 | 26 | – | 0,82 | – | – |
| Polyphos 30 M | 23 | 68,4 | – | – | 4 ms...10 s | 3 |
| Polyphos 50 E | 33 | 118 | – | – | 2 ms...10 s | 8 |
| Polydoros SX 50 | 43 | 130 | – | – | 2 ms...5 s | 8 |
| Heliophos 4 S S S | 12 kW | 65 | 57 | 0,5 | 20 ms...5 s | 3 |
| Triomat 2 | 23 kW | 66 | 59 | 0,45 | 10 ms...5 s | 3 |
| Tridoros 5s | 23 kW | 86 | 70 | 0,58 | 3 ms...– | 8 |
| Garantix 1000 | 33 | 170 | 163 | 0,3 | 3 ms...– | 8 (200) |
| Gigantos-Optimatic | 42 | 230 | 207 | 0,43 | – | |
| Pandoros-Optimatic | 66 | 442 | 416 | 0,34 | 0,3 ms | bis 500 |

Die in der Tabelle angegebenen Werte wurden aus verschiedenen Herstellerangaben zusammen-getragen. Alle Angaben sind Zirkawerte.

## Schaustellerbetriebe

| Bezeichnung | Anschlußleistung in kW |
|---|---|
| Auto-Scooter | 35 ... 60 |
| Ketten-Karussell (klein) | 4 |
| Kinder-Karussell | 4 ... 6 |
| Helikopter | 45 ... 70 |
| Riesenrad | 15 ... 120 (300) |
| Schiffschaukel | 1 ... 2 |
| Schießstand | 2 ... 4 |
| Achterbahn | 90 |
| Wellenflieger | 100 |
| UFO | 160 |
| Verlosungsstand | 10 |
| kleiner Imbißstand | 15 |
| Imbißstand | 80 ... 100 |
| Festzelt | 25 ... 80 |
| moderne Großanlagen | 420 und mehr |

Der Gleichzeitigkeitsfaktor der Schaustelleranlagen liegt erfahrungsgemäß bei etwa 0,8.

# A 4 Leitungen

## A 4.1 Leitungsbezeichnungen

### Tabelle A 7 Typenkurzzeichen-Schlüssel

Beispiel | H07 | RN-F | 3G1.5

**Kennzeichen der Bestimmung**
Harmonisierte Bestimmung _____ H
Anerkannter nationaler Typ _____ A

**Nennspannung $U_0/U$**
300/300 V _____ 03
300/500 V _____ 05
450/750 V _____ 07

**Isolierwerkstoff**
PVC _____ V
Natur- und/oder Styrol-Butadienkautschuk _____ R
Silikon-Kautschuk _____ S

**Mantelwerkstoff**
PVC _____ V
Natur- und/oder Styrol-Butadienkautschuk _____ R
Polychloroprenkautschuk _____ N
Glasfasergeflecht _____ J
Textilgeflecht _____ T

**Besonderheiten im Aufbau**
flache, aufteilbare Leitung _____ H
flache, nicht aufteilbare Leitung _____ H2

**Leiterart**
eindrähtig _____ –U
mehrdrähtig _____ –R
feindrähtig bei Leitungen für feste Verlegung _____ –K
feindrähtig bei flexiblen Leitungen _____ –F
feinstdrähtig bei flexiblen Leitungen _____ –H
Lahnlitze _____ –Y

**Aderzahl** _____ . . .

**Schutzleiter**
ohne Schutzleiter _____ X
mit Schutzleiter _____ G

**Nennquerschnitt des Leiters** _____ . . .

**Beispiele für vollständige Leitungsbezeichnungen**
PVC-Verdrahtungsleitung, 0,75 mm² feindrähtig, schwarz: H05V-K 0,75 sw
Schwere Gummischlauchleitung, 3adrig, 2,5 mm² ohne grün-gelben Schutzleiter: A07RN-F 3 X 2,5 mm²

541

## Tabelle A 8   Harmonisierte kunststoffisolierte Leitungen

| Typenkurzzeichen nach DIN VDE 0281 | Bezeichnung | Typenkurzzeichen der abgelösten Typen nach VDE 0250 |
|---|---|---|
| H03VH–Y | Leichte Zwillingsleitungen | NLYZ |
| H03VH–H | Zwillingsleitungen | NYZ |
|  | Leichte Schlauchleitungen |  |
| H03VV–F | – runde Ausführung | NYLHYrd |
| H03VVH2–F | – flache Ausführung | NYLHYfl |
| H05VV–F | Mittlere PVC-Schlauchleitungen | NYMHY |
|  | PVC-Verdrahtungsleitungen mit |  |
| H05V–U | eindrähtigem Leiter | NYFA, NYA |
| H05V–K | feindrähtigem Leiter | NYFAF, NYAF |
|  | PVC-Aderleitungen mit |  |
| H07V–U | eindrähtigem Leiter | NYA |
| H07V–R | mehrdrähtigem Leiter | NYA |
| H07V–K | feindrähtigem Leiter | NYAF |

## Tabelle A 9   Harmonisierte gummiisolierte Leitungen

| Typenkurzzeichen nach DIN VDE 0282 | Bezeichnung | Typenkurzzeichen der abgelösten Typen nach VDE 0250 |
|---|---|---|
| H05SJ–K | Wärmebeständige Silikon-Gummiaderleitungen | N2GAFU |
| H03RT–F | Gummiaderschnüre | NSA |
| H05RR–F* | Leichte Gummischlauchleitungen | NLH, NMH |
| H05RN–F* | Leichte Gummischlauchleitungen mit Polychloroprenmantel | NMHöu |
| H07RN–F* | Schwere Gummischlauchleitungen | NMHöu und NSHöu |

\*   Je nach (z. B. mechanischer) Beanspruchung, der erforderlichen Aderzahl und der Nennspannung.

**Tabelle A 10** Leitungsbauarten und Anwendungsgebiete
(nach DIN VDE 0298 Teil 3)

| Bauart | Kurz-zeichen | Nenn-spannung $U_0/U$ in V | Schutz-isoliert | Anwendungsbeispiele |
|---|---|---|---|---|
| PVC-Man-telleitung | NYM, NYMZ, NYMT | 300/500 | ja | Feste Verlegung über, auf, in und unter Putz und im Beton*, in trockenen, feuchten und nassen Räumen sowie im Freien*; in explosionsgefährdeten Bereichen (siehe DIN VDE 0165); in Lagerräumen; in landwirtschaftlichen Betriebsstätten; in feuergefährdeten Betriebsstätten; in Hohlwänden; in Holzhäusern u. ä. Nicht im Erdreich. |
| | | | | Die Bauarten im Traggeflecht (NYMZ) und Tragseil (NYMT) sind für Spannweiten bis 50 m geeignet. Es müssen aber witterungsbedingte Einflüsse beachtet werden, wie etwa Zusatzlasten durch Eisbelag. |
| Stegleitungen | NYIF | 230/400 | nein | Nur für trockene Räume bei fester Verlegung im und unter Putz. |
| Zwillingsleitung | H03VH–Y H03VH–H | 300/300 | ja | Anschlußleitung für leichte Handgeräte wie Rasierapparate, Radio, Uhren, Kaffeemühlen usw. bei geringer mechanischer Beanspruchung. |

---

\* NYM eingeschränkt verwendbar.

| Bauart | Kurz-zeichen | Nenn-spannung $U_0/U$ in V | Schutz-isoliert | Anwendungsbeispiele |
|---|---|---|---|---|
| Leichte PVC-Schlauch-leitung | H03VV−F | 300/300 | ja | Nur in trockenen Räumen bei geringer mechani-scher Beanspruchung, z. B. für Haushaltsgeräte |
| Mittlere PVC-Schlauch-leitung | H05VV−F | 300/500 | ja | In trockenen, feuchten, nassen und in explosions-gefährdeten Bereichen. |
| Gummi-schlauch-leitung | H05RR−F | 300/500 | ja | In trockenen Räumen bei geringer mechanischer Beanspruchung für Haus-haltsgeräte und Werk-zeuge. Auch für feste Ver-legung in Möbeln und Dekorationsverkleidungen zulässig. |
| | H05RN−F | 300/500 | ja | In trockenen, feuchten und nassen Räumen bei geringer mechanischer Beanspruchung sowie im Freien. Zur festen Verle-gung in Möbeln, Hohlräu-men von Fertigbauteilen u. ä. Anwendungen. Zum Anschluß von Haus-haltsgeräten und Garten-geräten. |
| | H07RN−F | 450/750 | ja | In trockenen, feuchten und nassen Räumen, im Freien. Bei mittlerer mechanischer Beanspru-chung für Geräte in gewerblichen Bereichen, in der Landwirtschaft, auf Baustellen usw. |

| Bauart | Kurz-zeichen | Nenn-spannung $U_0/U$ in V | Schutz-isoliert | Anwendungsbeispiele |
|---|---|---|---|---|
| | | | | Zur festen Verlegung ist diese Leitung ebenfalls zugelassen. So z. B. auf Maschinen, Hebezeugen, in Wohnbaracken u. ä. |
| | NSSHöu | 0,6/1 kV | ja | In trockenen, feuchten und nassen Räumen und im Freien. Bei hoher mechanischer Beanspruchung auf Baustellen in der Industrie, im Tagebau usw. Auch zur festen Verlegung auf Putz zulässig. Sowie in explosionsgefährdeten Bereichen. |
| Sonder-gummi-aderleitung | NSGAöu NSGAFC-Möu | 0,6/1 kV... 3,6/6kV | nein nein | In trockenen Räumen. In Verteileranlagen zur erd- und kurzschlußsicheren Verlegung. |
| Leuchtröh-renleitung | NYL, NYLRZY | 4/4kV 8/8kV | – – | Leuchtröhrenleitung Leuchtröhrenleitung mit Metallumhüllung. Nur für Leuchtröhrenanlagen zulässig (DIN VDE 0128) |
| Leitungs-trossen | NT..., NTS, NTM | 0,6/1 kV bis 18/30kV | ja | Leitungen für besonders hohe mechanische Beanspruchung auf Baustellen, Untertagebergbau, im Tagebau und in der Industrie. |

## Tabelle A 11  Kabelbauarten und Anwendungsgebiete (nach DIN VDE 0293 Teil 3)

| Bauart | Kurz-zeichen | Nenn-spannung $U_0/U$ in kV | Schutz-isoliert | Anwendungsbeispiel |
|---|---|---|---|---|
| Kunststoff-isolierte Kabel ohne Metall-mantel | NYY NAYY NYCY NYCWY | 0,6/1 | | Energie- und Steuerkabel in Innenräumen, in Kabelkanä-len im Freien und im Erd-reich, wenn mechanische Beschädigungen nicht zu erwarten sind. In Erde kann ein mechanischer Schutz erforderlich sein, wenn mit Beschädigung zu rechnen ist. Für Industrie- und Orts-netze, für Hausanschlüsse und als Straßenbeleuch-tungskabel einsetzbar. |
| Kabel mit Aluminium-mantel und äußerer Kunststoff-schutzhülle | NKLY NAKLEY NHEKLY | 0,6/1 | | Kabel für Ortsnetze; in Innenräumen nicht üblich. |
| Papierblei-kabel | NKBA NAKBA NEKBA | 0,6/1 | | Kabel für Ortsnetze mit Erderwirkung des Bleiman-tels (Korrosionsschutz beachten); in Innenräumen nur mit flammwidriger Schutzhülle erlaubt oder es muß die Juteschutzhülle entfernt werden. |
| Kunststoff-isolierte Kabel mit Bleimantel | NYK NYKY | 0,6/1 | | Energie- und Steuerkabel; für Tankstellen und Raffine-rien geeignet. |
| Gummiiso-lierte Kabel mit Blei-mantel | NGK NGKA NGKY | 0,6/1 | | Energie- und Steuerkabel |

## A 4.2 Mechanische Festigkeit · Mindestquerschnitte von Leitungen

Einen Mindestquerschnitt müssen Kabel und Leitungen haben, um auch eine ausreichende mechanische Festigkeit zu gewährleisten (neben der elektrischen Belastbarkeit).

In DIN VDE 0100 Teil 520 wurden deshalb Mindestquerschnitte festgelegt.

**Tabelle A 12**  Mindestquerschnitte

| Mindest-querschnitt in mm² Cu | Anwendung |
|---|---|
| 0,1 | Bewegliche Leitungen für leichte Handgeräte mit einer Stromaufnahme von max. 1 A und einer Leitungslänge von max. 2 m. |
| 0,5 | In Schaltanlagen und Verteilern bis max. 2,5 A Belastung sowie für bewegliche Anschlußleitungen bis 2 m Länge und max. 2,5 A Belastung. Außerdem für Lichterketten zwischen den einzelnen Lampen. Die Anschlußleitung der Lichterkette muß aber mind. 0,75 mm² Cu aufweisen. |
| 0,75 | In Schaltanlagen und Verteilern zwischen 2,5 A und 16 A Belastung. Für bewegliche Geräteanschlußleitungen bei max. 10 A Belastung. Des weiteren für Fassungsadern und für die Anschlußleitung von Lichterketten. |
| 1,0 | In Schaltanlagen und Verteilern über 16 A. Für bewegliche Geräteanschlußleitungen. Mehrfachsteckdosen mit einer Belastung zwischen 10 und 16 A. |
| 1,5 | Für feste Verlegung. |
| 2,5 | Separate Schutzleiter bei zusätzlichem mechanischem Schutz. Leiter für zusätzlichen Potentialausgleich mit zusätzlichem mechanischem Schutz. |

| Mindest-querschnitt in mm² Cu | Anwendung |
|---|---|
| 4 | Separate Schutzleiter ohne zusätzlichen mechanischen Schutz.<br>Leiter für zusätzlichen Potentialausgleich ohne zusätzlichen mechanischen Schutz. |
| 6 | Mindestquerschnitt für Hauptpotentialausgleich (in der Regel werden aber Leiter mit einem Querschnitt von 0,5mal dem Querschnitt des Hauptschutzleiters angewendet). |
| 10 | Mindestquerschnitt für PEN-Leiter im TN-Netz. |
| 16 | Verzinntes Kupferseil zum Überbrücken des Wasserzählers. |

Für explosionsgefährdete Bereiche und ähnliche besondere Anlagen können in den einzelnen Bestimmungen andere Mindestquerschnitte festgelegt sein.

# A 5 Installation

## A 5.1 Installationszonen in Räumen

Vorgegebene Installationszonen sollen spätere Beschädigungen der unsichtbar unter oder im Putz verlegten Leitungen und Kabel vermeiden helfen. Grundsätzlich ist an Wänden senkrecht und waagrecht zu installieren. In Fußböden und Decken darf der kürzeste Weg gewählt werden.

Man unterscheidet:

– *Waagrechte Installationszonen (ZW)* mit einer Breite von 30 cm. Die obere waagrechte Installationszone (ZWo) verläuft im Bereich von 15 bis 45 cm unterhalb der fertigen Decke und eine untere waagrechte Installationszone (ZWu) im Bereich von 15 bis 45 cm über dem fertigen Fußboden. In Küchen und sonstigen Arbeitsräumen kommt eine mittlere waagrechte Installationszone (ZWm) in einer Höhe von 90 bis 120 cm über dem fertigen Fußboden hinzu.

– *Senkrechte Installationszonen (ZS)* mit einer Breite von 20 cm. Hier verlaufen die senkrechten Installationszonen 10 bis 30 cm neben den Rohbaukanten von Türen (ZSt), von Fenstern (ZSf) und von den Rohbauecken (ZSe).

Schalter sollen möglichst in den senkrechten Installationszonen neben den Türen etwa 105 cm über dem fertigen Fußboden angeordnet werden. Über Arbeitsflächen soll der Abstand zum fertigen Fußboden etwa 115 cm für Steckdosen und Schalter betragen.

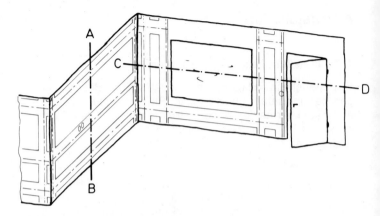

Bild A 5.1-1 Installationszonen

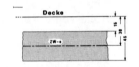

 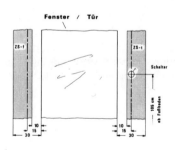

Details bei C–D

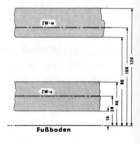

Details bei A–B

## A 5.2 Aussparungen und Schlitze in Wänden

Das Unterputzverlegen von Kabeln, Leitungen, Rohrleitungen und dgl. erfordert in der Regel Aussparungen und Schlitze im Mauerwerk. Bei Installationsarbeiten kommt es daher häufig vor, daß Schlitze und Aussparungen nachträglich herausgearbeitet werden müssen. Damit die Stabilität von Wänden nicht in unzulässiger Weise beeinträchtigt wird, müssen folgende grundsätzliche Punkte beachtet werden:

- Aussparungen und Schlitze sind nur zulässig, wenn die Standfestigkeit nicht beeinträchtigt wird.
- Das Stemmen von Aussparungen und Schlitzen ist ausdrücklich verboten!
- In Schornsteinwangen ist das Anbringen von Aussparungen und Schlitzen nicht zulässig.

Ohne weiteren Nachweis sind folgende gefräste Schlitze und Aussparungen im gemauerten Verband nach DIN 1053 Teil 1 bei Rezeptmauerwerk zulässig (Tab. A 13).

**Tabelle A 13** Senkrechte, gefräste Aussparungen und Schlitze (Maße in cm)

| Wanddicke | $\geq 11,5$ | $\geq 17,5$ | $\geq 24$ | $\geq 30$ | $> 36,5$ |
|---|---|---|---|---|---|
| Tiefe[1] | $\leq 1$ | $\leq 3$ | $\leq 3$ | $\leq 3$ | $\leq 3$ |
| Einzelschlitzbreite[2] | $\leq 10$ | $\leq 10$ | $\leq 15$ | $\leq 20$ | $\leq 20$ |
| Gesamtbreite der Schlitze je 2 m Wandlänge[2] | – | $\leq 26$ | $\leq 38,5$ | $\leq 38,5$ | $\leq 38,5$ |

[1] Unter Beachtung besonderer Bedingungen sind auch tiefere Schlitze möglich.
[2] Je 2 m Wandlänge darf die Gesamtbreite aller dort befindlichen Schlitze 26 cm bzw. 38,5 nicht überschreiten.

Der Mindestabstand zu Öffnungen beträgt hier 11,5 cm. Einzelheiten siehe DIN 1053.

**Tabelle A 14** Waagrechte und schräge Schlitze
(Maße in cm)

| Wanddicke | $\geq 11,5$ | $\geq 17,5$ | $\geq 24$ | $\geq 30$ | $\geq 36,5$ |
|---|---|---|---|---|---|
| Tiefe[1] | – | – | $\leq 1,5$ | $\leq 2$ | $\leq 2$ |
| Tiefe bei max. 1,25 m Länge | – | $\leq 2,5$ | $\leq 2,5$ | $\leq 3$ | $\leq 3$ |

[1] Unter Beachtung besonderer Bedingungen sind auch tiefere Schlitze möglich.

Der Abstand zu Öffnungen beträgt hier mindestens 49 cm. Genaue Randbedingungen siehe DIN 1053.

Alle anderen Abmessungen von Schlitzen und Aussparungen müssen bei der Stabilitätsberechnung des Mauerwerks unbedingt berücksichtigt werden.

Nach DIN 1053 Teil 1, Abschnitt 8.3
Siehe auch [34].

## A 5.3 Befestigungstechnik - Dübel

Zu den Hauptbefestigungsaufgaben des Elektroinstallateurs gehört das sichere Anbringen von Gehäusen, Verteilern, Kabelträgern u. ä. Bauteilen und Betriebsmittel nach bauaufsichtlichen Vorschriften. Je nach Art der Befestigungsaufgabe sind Dübel unterschiedlichster Bauart erforderlich. Wichtig bei der Auswahl der richtigen Dübelart ist der Mauerwerkstoff. Vom Mauerwerkstoff hängt die zulässige Belastbarkeit der Dübelverbindung im wesentlichen ab. Die nachstehende Tabelle soll einen Überblick geben, welche Zugkräfte auf Dübelverbindungen wirken dürfen.

**Tabelle A 15   Allgemeine Befestigungen**

| Dübeltyp | Bohrerdurchmesser | Mindest-Bohrlochtiefe | Mindest-Einbautiefe | Dübellänge | Schraubendurchmesser (× -länge) | Beton ≥ B 15 | Kalksandvollstein ≥ KS 12 | Hochlochziegel ≥ HLz 12 | Gasbeton G 4 |
|---|---|---|---|---|---|---|---|---|---|
| | Maße in mm | | | | | zul. Zugkräfte in N | | | |
| Dübel S6 | 6 | 40 | 30 | 30 | 5 | 640 | 500 | 440 | 160 |
| Dübel S8 | 8 | 55 | 40 | 40 | 6 | 900 | 820 | 600 | 250 |
| Dübel S10 | 10 | 70 | 50 | 50 | 8 | 1860 | 880 | 920 | 640 |
| Dübel S12 | 12 | 80 | 60 | 60 | 10 | 2280 | 890 | 940 | 760 |
| Nageldübel N 5 × 50 Z | 5 | 35 | 25 | 50 | 3,5 × 55 | 240 | 250 | – | 110 |
| Nageldübel N 6 × 60 Z | 6 | 40 | 30 | 60 | 4 × 65 | 280 | 300 | – | 160 |
| Nageldübel N 8 × 80 Z | 8 | 50 | 40 | 80 | 5 × 85 | 480 | 500 | – | 200 |
| Nageldübel N 8 × 100 Z | 8 | 50 | 40 | 100 | 5 × 105 | 480 | 500 | – | 200 |
| Automatic-Stahldübel FA 8 | 8 | 60 | 50 | 65 | – | 1500 | – | – | – |
| Automatic-Stahldübel FA 10 | 10 | 70 | 60 | 75 | – | 2100 | – | – | – |
| Schwerlastdübel SL M 6 N/S 50 | 10 | 50 | 42 | 42 | M6 × 50 | 2000 | – | – | – |
| Schwerlastdübel SL M 8/S 60 | 12 | 60 | 52 | 52 | M8 × 60 | 3200 | – | – | – |

**Tabelle A 16** Hohlraumbefestigungen

| Dübeltyp | Bohrerdurchmesser | Klemmdicke | Mindest-Hohlraumtiefe | Schraubendurchmesser (x-länge) | Gipskarton 12,5 mm | 20 mm | Spanplatte 13 mm | 16 mm | Sperrholz 6 mm |
|---|---|---|---|---|---|---|---|---|---|
| | Maße in mm | | | | zul. Zugkräfte in N | | | | |
| Metallhohlraumdübel HM 6 × 50 | 11 | 8…20 | 30…42 | M6 × 60 | 100 | 180 | 310 | 400 | – |
| Kippdübel K 54 | 10 | ≤ 70 | 58 | 4 | 200 | 200 | 200 | 200 | 200 |
| Federklappdübel KDH 3 | 12 | ≤ 50 | 30 | M3 | 50 | 50 | 50 | 50 | 50 |
| Federklappdübel KDH 4 | 14 | ≤ 35 | 35 | M4 | 150 | 150 | 150 | 150 | 150 |

Quelle: Fischer-Dübel, Broschüre – Der Baustoff und sein Dübel [35]. Siehe auch [36].

## A 6 Ausstattungsqualität elektrischer Anlagen in Wohngebäuden

Eine einheitliche Kennzeichnung der Ausstattung von Wohnungen mit Elektroinstallationsanlagen ist erstmals von der Hauptberatungsstelle für Elektrizitätsanwendung (HEA) zusammen mit dem Institut für Bauforschung (IfB) erarbeitet worden. Folgende drei Stufen kennzeichnen die Ausstattungsqualität der Elektroinstallation:

– *Ausstattungsqualität 1* (∗)
Diese Ausstattung entspricht etwa den Mindestanforderungen an eine Elektroinstallation nach DIN 18015 Teil 2.

4 Steckdosen- und Beleuchtungsstromkreise; je 1 Gerätestromkreis für Elektroherd, Geschirrspülmaschine und Waschmaschine, ggf. 1 Stromkreis für ein Heißwassergerät und einen zweireihigen Stromkreisverteiler im Belastungsschwerpunkt der Wohnung sowie Rundfunkempfangsantennenanlage, Fernmeldeanlage und Klingel- und Türöffneranlage.

– *Ausstattungsqualität 2* (∗ ∗)
Sie entspricht mittleren Anforderungen an die Elektroinstallation.

7 Steckdosen- und Beleuchtungsstromkreise (mindestens aber 1 Stromkreis je Raum); je 1 Gerätestromkreis für Elektroherd/Kochplatten, Backofen/Grillgerät, Geschirrspüler, Kochendwassergerät, Waschmaschine, Wäschetrockner, ein weiteres Elektrogerät, ggf. Heißwassergerät und einen dreireihigen Stromkreisverteiler im Belastungsschwerpunkt der Wohnung sowie Rundfunkempfangsanlage, Fernmeldeanlage und eine Türsprechanlage.

*– Ausstattungsqualität 3 (\* \* \*)*
Sie entspricht den gehobenen Anforderungen an eine Elektroinstallation.

9 Steckdosen- und Beleuchtungsstromkreise (mindestens aber 1 Stromkreis je Raum); je 1 Gerätestromkreis für Elektroherd/Kochplatten, Backofen/Grillgerät, Geschirrspüler, Kochendwassergerät, Waschmaschine, Wäschetrockner, Bügelmaschine und ggf. Heißwassergerät sowie Rundfunkempfangsanlage und eine Türsprech-, Einbruch- und Überfallmelde-Anlage.

**Tabelle A 17** Stufen der Ausstattungsqualität nach RAL-RG 678

| Raum | RAL-RG 678 | Anzahl[1] der Steckdosen | Anzahl[1] der Auslässe f. Leuchten |
|---|---|---|---|
| Wohnzimmer | \* | 4 ... 5 | 1 ... 2 |
| | \*\* | 8 ... 10 | 2 ... 3 |
| | \*\*\* | mehr als 10 | mehr als 3 |
| Schlafzimmer | \* | 3 ... 5 | 1 |
| Eltern/Kinder | \*\* | 5 ... 9 | 1 ... 2 |
| | \*\*\* | 6 ... 11 | 2 ... 3 |
| Küche | \* | 6 ... 7 | 2 ... 3 |
| | \*\* | 10 ... 12 | 3 ... 4 |
| | \*\*\* | mehr als 12 | mehr als 5 |
| Hausarbeitsraum | \* | 7 | 1 |
| | \*\* | 9 | 2 |
| | \*\*\* | mehr als 11 | 3 |
| Bad | \* | 3 | 2 |
| | \*\* | 4 | 3 |
| | \*\*\* | mehr als 5 | 4 |
| WC, Flur, Diele, | \* | 1 | 1 |
| Loggia, Terrasse | \*\* | 1 ... 2 | 1 ... 2 |
| | \*\*\* | mehr als 2 | 1 ... 3 |

[1] Die Anzahl kann geringfügig von den HEA-RAL-RG 678 Angaben abweichen, da hier eine etwas andere Aufteilung gewählt wurde.

# A 7 IP-Schutzarten

**Tabelle A 18**  Schutzartenübersicht, 1. Teil

| 1. Kennziffer: | Berührungsschutz – Fremdkörperschutz |
|---|---|
| IP 0X | Kein besonderer Schutz – keine Prüfung |

| | | |
|---|---|---|
| IP 1X | Kugel ⌀ 50 mm<br>F = 50 N | Schutz gegen das Eindringen fester Fremdkörper über 50 mm Durchmesser. Kein Schutz gegen absichtliches Berühren, größere Körperteile werden jedoch ferngehalten. (Schutz gegen große Fremdkörper) |
| IP 2X | Kugel<br>F = 30 N<br>VDE-Prüffinger | Schutz gegen das Eindringen fester Fremdkörper über 12,5 mm Durchmesser. Finger* und ähnliche Fremdkörper werden von sich bewegenden Teilen und unter Spannung stehenden Teilen ferngehalten. (Schutz gegen mittelgroße Fremdkörper) |
| IP 3X | Stahldraht ⌀ 2,5 mm<br>F = 3 N | Schutz gegen das Eindringen fester Fremdkörper über 2,5 mm Durchmesser. Drähte, Werkzeuge und dergleichen mit größeren Abmessungen werden ferngehalten. (Schutz gegen kleine Fremdkörper) |
| IP 4X | Stahldraht ⌀ 1 mm<br>F = 1 N | Schutz gegen das Eindringen fester Fremdkörper über 1 mm Durchmesser. Drähte, Werkzeuge usw. mit größeren Abmessungen werden ferngehalten. (Schutz gegen kornförmige Fremdkörper) |

\* Der gegliederte VDE-Prüffinger darf bis zur vollen Länge (80 mm) in das Gehäuse eindringen. Dabei muß ein ausreichender Abstand zu gefährlichen Teilen eingehalten werden.

| 1. Kennziffer | Berührungsschutz | – | Fremdkörperschutz |
|---|---|---|---|

IP 5X

Stahldraht ⌀ 1 mm
F = 1 N

Schutz gegen schädliche Staubablagerungen im Inneren; die Arbeitsweise des Betriebsmittels darf dabei nicht beeinträchtigt werden. Vollständiger Berührungsschutz. Prüfung in der Staubkammer.

IP X6

Stahldraht ⌀ 1 mm
F = 1 N

Schutz gegen das Eindringen von Staub. Prüfung in der Staubkammer. Vollständiger Berührungsschutz. (Staubdicht)

## Tabelle A 19  Schutzartenübersicht 2. Teil

2. Kennziffer:  Wasserschutz

IP X0                    Kein besonderer Schutz – keine Prüfung

IP X1

Schutz gegen tropfendes Wasser, das senkrecht fällt (Tropfwasser).

IP X2

15°

Schutz gegen tropfendes Wasser, das senkrecht fällt. Keine schädliche Wirkung bei 15° gekippter Lage (Schrägfallendes Tropfwasser).

IP X3

60°

Schutz gegen fallendes Wasser bis zu einem Winkel von 60° (Sprühwasser).

| | | |
|---|---|---|
| IP X4 ⚠ | | Schutz gegen Wasser, das aus allen Richtungen gegen das Gehäuse spritzt (Spritzwasser). |
| IP X5 ⚠⚠ | | Schutz gegen einen Wasserstrahl, der aus allen Richtungen gegen das Gehäuse gerichtet wird (Strahlwasser). Der Wasserstrahl darf keine schädliche Wirkung haben. |
| IP X6 | | Schutz gegen starken Wasserstrahl. Wasser darf nicht in schädlichen Mengen eindringen. |
| IP X7 | | Schutz gegen Wasser, wenn das Betriebsmittel unter festgelegten Druck- und Zeitbedingungen in Wasser getaucht wird (Eintauchen). Wasser darf nicht in schädlichen Mengen eindringen. |
| IP X8 | | Das Betriebsmittel ist geeignet zum dauernden Untertauchen in Wasser gemäß Herstellerangaben bzw. Vereinbarung (Untertauchen). |

Allgemein sind folgende Schutzarten üblich IP 11, IP 21, IP 22, IP 23, IP 44, IP 54, IP 55 und IP 56.

Dem IP-Code (zwei Ziffern oder X) können zusätzliche und ergänzende Buchstaben angefügt werden [33]. Sie bedeuten:

Schutz für Personen:
Zugang zu gefährlichen Teilen mit
A  Handrücken
B  Finger
C  Werkzeug
D  Draht
ist verhindert

Schutz des Betriebsmittels (ergänzende Informationen):
H  Hochspannungsgerät
M  Bewegung während der Wasserprüfung
S  Stillstand während der Wasserprüfung
W  Wetterbedingungen

# A 8 Sicherheitsschilder der Elektrotechnik

## Verbotsschilder

Schwarzes Symbol auf weißem Grund mit roter Umrandung und rotem Querbalken

Verbotsschild VS1
nach DIN 40 008
Teil 2 / 04.88
Nicht schalten

Verbotsschild VS1
mit Zusatzschild ZS1
nach DIN 40 008
Teil 2 / 04.88
Nicht schalten

Verbotsschild nach
DIN 40 022 / 06.85
Verbot, dieses Gerät
in der Badewanne,
Dusche oder über mit
Wasser gefülltem
Waschbecken zu
benutzen

Verbotsschild VS2
nach DIN 40 008
Teil 2 / 04.88
Nicht berühren, Gehäuse unter Spannung

Verbotsschilder mit Texten auf dem Schild sind nach DIN 4844 nicht mehr zulässig, so daß Texte nun durch graphische Symbole ersetzt werden müssen. Eine internationale Harmonisierung ist bei IEC und ISO im Gange.

561

## Warnschilder

Schwarze Schrift auf gelbem Grund und schwarze Umrandung

Warnschild WS1
nach DIN 40 008
Teil 3 / 02.85

Warnung vor ge-
fährlicher elektrischer
Spannung

Warnschild WS1 mit
Zusatzschild ZS2
nach DIN 40 008
Teil 3 / 02.85

Warnung vor gefähr-
licher elektrischer
Spannung mit zusätz-
lichem schriftlichen
Hinweis

Warnschild WS2
nach DIN 40 008
Teil 3 / 02.85

Warnung vor Ge-
fahren durch
Batterien

Warnschild WS3
nach DIN 40 008
Teil 3 / 02.85

Warnung vor Laser-
strahl

Warnschild WS4
nach DIN 40 008
Teil 31 / 02.86

Warnung vor elektro-
magnetischen Feldern

Warnschild WS5
nach DIN 40 008
Teil 32 / 05.87

Warnung vor
magnetischen
Feldern

Warnschild nach DIN 40 012, Teil 3 / 05.84

Warnschild zur Kennzeichnung explosionsgefährdeter Bereiche – Warnung vor explosionsfähiger Atmosphäre

## Gebotsschilder

Weiße Schrift auf blauem Grund

Gebotsschild GS1
nach DIN 40 008
Teil 5 / 02.85

Vor Öffnen Netzstecker ziehen

Gebotsschild G2
nach DIN 40 008
Teil 5 / 02.75
Ersetzt durch HS3

Gebotsschild G1
nach DIN 40 008
Teil 5 / 02.75
Ersetzt durch HS4

## Hinweisschilder

Weiße Schrift auf blauem Grund

Hinweisschild HS1
nach DIN 40 008
Teil 6 / 02.85

**Teil kann im Fehlerfall unter Spannung stehen**

Hinweisschild HS2
nach DIN 40 008
Teil 6 / 02.85

5 Sicherheitsregeln

Vor Beginn der Arbeiten

- Freischalten
- Gegen Wiedereinschalten sichern
- Spannungsfreiheit feststellen
- Erden und kurzschließen
- Benachbarte, unter Spannung stehende Teile abdecken oder abschranken

Hinweisschild HS3
nach DIN 40 008
Teil 6 / 02.85

**Vor Berühren:**
- **Entladen**
- **Erden**
- **Kurzschließen**

Hinweisschild HS4
nach DIN 40 008
Teil 6 / 02.85

## Zusatzschilder

Farbgestaltung ähnlich dem Hauptschild

**Es wird gearbeitet!**
Ort:
Entfernen des Schildes
nur durch:

Zusatzschild ZS1
nach DIN 40 008
Teil 2 / 04.88

**Hochspannung Lebensgefahr**

Zusatzschild ZS2
nach DIN 40 008
Teil 3 / 02.85

# A 9 Prüffristen und Art der Prüfung von elektrischen Anlagen und Betriebsmitteln

## Tabelle A 20 Prüffristen und Prüfungen

| Art des Betriebsmittels | Prüffrist | Art der Prüfung |
|---|---|---|
| Elektrohandwerkzeuge auf Baustellen | 3–6 Monate evtl. kürzer* | Inaugenscheinnahme (Prüfung auf mech. Beschädigung), Prüfung der angewendeten Maßnahme zum Schutz bei indirektem Berühren |
| Elektrohandwerkzeuge im stationären Betrieb | 6 Monate | wie vor |
| Büromaschinen | 1–2 Jahre | wie vor |
| Fertigungseinrichtungen | 1–2 Jahre | Sichtkontrolle und Prüfung des Schutzleiteranschlusses in Steckdosen mittels Prüfgerät |
| Elektrische Anlagen und ortsfeste elektrische Betriebsmittel | mind. alle 4 Jahre | Schleifenwiderstand messen, (Außenleiter L1, L2, L3 gegen Neutralleiter N und Außenleiter L1, L2, L3 gegen Schutzleiter) |
| Fehlerstrom-Schutzschaltungen<br>– bei fliegenden Bauten<br>– übrige nichtstationäre Anlagen | arbeitstäglich<br>monatlich | Messung der Fehlerspannung, Erdungswiderstandsmessung |
| FI- und FU-Schutzschalter<br>– bei nichtstationären Anlagen<br>– bei stationären Anlagen | täglich<br>alle 6 Monate | Durch Betätigen der Prüfeinrichtung |
| Isolierende Schutzbekleidung | alle 6 Monate und vor jeder Benutzung | |
| Isolierte Werkzeuge<br>Isolierte Schutzvorrichtungen<br>Betätigungs- und Erdungsstangen<br>Spannungsprüfer | vor jeder Benutzung<br>vor jeder Benutzung<br>vor jeder Benutzung<br>vor jeder Benutzung | Auf augenfällige Mängel |

* im rauhen Baustellenbetrieb oder auf Mehrschicht-Baustellen.

# A 10 Prüfprotokolle

## Prüfprotokoll für elektrische Anlagen

Blatt-Nr.:

Gesamte Blatt-Zahl:

| | |
|---|---|
| Bez. der Anlage: | |
| Ort/Firma: | |
| Grund der Überprüfung: | |

| Prüfer 1: | Prüfer 2: | Anwesende: |
|---|---|---|
| Netz: | Schutzmaßnahme: | Zust. EVU: |

### Verteiler/Schaltschränke

| Nr. | Bezeichnung/Ort | Art | Zahl der Stromkreise | Zuleitung A | mm² | Sonder-bereiche | bes. Schutz-maßnahmen | 1 ↓ | 2 ↓ | 3 ↓ |
|---|---|---|---|---|---|---|---|---|---|---|
| | | | | | | | | 0 | 0 | 0 |
| | | | | | | | | 0 | 0 | 0 |
| | | | | | | | | 0 | 0 | 0 |

### Stromkreise

**Messungen** nach DIN VDE 0100 Teil 600

| Verteiler-Nr. | Stromkreis-Nr. | Stromkreis Bezeichnung Ort | Stromart | $I_N$ Schutzorgan A | $R_{iso}$ Mindestwiderst. MΩ | $R_{iso}$ zwischen N-PE MΩ | $R_x$ Durchgang PE Ω | $R_E$ Erdungs-widerstand Ω | $Z_s$ Impedanz der Fehlerschl. oder $I_k$ Kurzschlußstrom Ω A | $U_f$ Fehlerspannung $U_P$ Prüf- oder $U_N$ Nennspannung V | Sonderbereiche ↓ | besondere Schutzmaßnahmen ↓ | Besicht. mangel 1 ↓ | Brandgefahr 2 ↓ | Lebensgefahr 3 ↓ |
|---|---|---|---|---|---|---|---|---|---|---|---|---|---|---|---|
| | | | | | 0 | 0 | 0 | 0 | 0 | 0 | 0 | | 0 | 0 | 0 |
| | | | | | 0 | 0 | 0 | 0 | 0 | 0 | 0 | | 0 | 0 | 0 |
| | | | | | 0 | 0 | 0 | 0 | 0 | 0 | 0 | | 0 | 0 | 0 |
| | | | | | 0 | 0 | 0 | 0 | 0 | 0 | 0 | | 0 | 0 | 0 |
| | | | | | 0 | 0 | 0 | 0 | 0 | 0 | 0 | | 0 | 0 | 0 |
| | | | | | 0 | 0 | 0 | 0 | 0 | 0 | 0 | | 0 | 0 | 0 |
| | | | | | 0 | 0 | 0 | 0 | 0 | 0 | 0 | | 0 | 0 | 0 |
| | | | | | 0 | 0 | 0 | 0 | 0 | 0 | 0 | | 0 | 0 | 0 |
| | | | | | 0 | 0 | 0 | 0 | 0 | 0 | 0 | | 0 | 0 | 0 |
| | | | | | 0 | 0 | 0 | 0 | 0 | 0 | 0 | | 0 | 0 | 0 |
| | | | | | 0 | 0 | 0 | 0 | 0 | 0 | 0 | | 0 | 0 | 0 |
| | | | | | 0 | 0 | 0 | 0 | 0 | 0 | 0 | | 0 | 0 | 0 |
| | | | | | 0 | 0 | 0 | 0 | 0 | 0 | 0 | | 0 | 0 | 0 |
| | | | | | 0 | 0 | 0 | 0 | 0 | 0 | 0 | | 0 | 0 | 0 |
| | | | | | 0 | 0 | 0 | 0 | 0 | 0 | 0 | | 0 | 0 | 0 |
| | | | | | 0 | 0 | 0 | 0 | 0 | 0 | 0 | | 0 | 0 | 0 |
| | | | | | 0 | 0 | 0 | 0 | 0 | 0 | 0 | | 0 | 0 | 0 |
| | | | | | 0 | 0 | 0 | 0 | 0 | 0 | 0 | | 0 | 0 | 0 |
| | | | | | 0 | 0 | 0 | 0 | 0 | 0 | 0 | | 0 | 0 | 0 |

© 1992 Richard Pflaum Verlag GmbH & Co. KG · Formulardienst · Postfach 19 07 37· 8000 München 19    Bestell-Nr. 940    04/92

| Prüfprotokoll | Bezeichnung der Anlage | Blatt-Nr.: |
|---|---|---|
| **Erprobungsmängel** | | Gesamte Blatt-Zahl: |
| Stromkreis-Nr. | Art und Fehler des Schutzschalters (Codierung der Mängel: siehe Erläuterungen) | |
| | | |
| | | |

## Besichtigungsmängel

| Stromkreis-Nr. | Beschreibung (Codierung der Mängel: siehe Erläuterungen) |
|---|---|
| | |
| | |
| | |
| | |
| | |
| | |
| | |
| | |
| | |
| | |
| | |
| | |
| | |
| | |
| | |
| | |
| | |
| | |
| Potentialausgleich | |

▌Bedeutet Mangel; ▯Kein Mangel. Auflistung der Besichtigungs- und Erprobungsmängel: Siehe oben.
Lebensgefahr: Mangel sofort beseitigen, Stromkreis außer Betrieb setzen, Beseitigung der bei Besichtigung, Erprobung und Messung festgestellten Mängel und Brandgefahren spätestens bis:

| Prüfung abgeschlossen, Bericht Anlagenbenutzer ausgehändigt: | Empfang des Prüfprotokolls u. Unterrichtung über Mängel bestätigt: |
|---|---|
| Datum: | Datum: |
| Unterschriften: | Unterschrift:      Stempel |
|      Stempel | |
| Prüfer 1 | Im Prüfprotokoll aufgeführte Mängel beseitigt: |
| | Datum: |
| | Unterschrift:      Stempel |
| Prüfer 2 | |

© 1992 Richard Pflaum Verlag GmbH & Co. KG · Formulardienst · Postfach 19 07 37 · 8000 München 19    Bestell-Nr. 940      04/92

# Übergabebericht + Prüfprotokoll

Blatt 1       ZVEH

**Übergabebericht**[①] **Nr.** 187622      **Auftrag Nr.** _____

**Auftraggeber**[②]
Herr / Frau / Firma _____

Elektroinstallationsbetrieb (Auftragnehmer)

**Anlage:** _____

**EVU** _____    Netzspannung _____ V    Schaltungsunterlagen übergeben ☐

**Netz:** ☐ TN-System    ☐ TT-System    ☐ IT-System

**Zähler-Nr.** _____    Zählerstand _____

Übergabebericht + Prüfprotokoll bestehend aus Blatt 1 bis _____

| Anzahl der Betriebsmittel | Raum ③ Anlagenteil | Wohnzimmer | Schlafzimmer | Kinderzimmer | Balkon/Terrasse | Bad | Küche | Flur | Treppe | Keller | Boden | Toilette | Garage | Außenaufenthaltsraum | Büro | Laden | Werkstatt | Lager | Hof | Stall | Scheune |
|---|---|---|---|---|---|---|---|---|---|---|---|---|---|---|---|---|---|---|---|---|---|
| Elektroinstallation | Leuchten-Auslaß | | | | | | | | | | | | | | | | | | | | |
| | Leuchten | | | | | | | | | | | | | | | | | | | | |
| | Ausschalter | | | | | | | | | | | | | | | | | | | | |
| | Wechselschalter | | | | | | | | | | | | | | | | | | | | |
| | Serienschalter | | | | | | | | | | | | | | | | | | | | |
| | Stromstoßschalter | | | | | | | | | | | | | | | | | | | | |
| | Dimmer | | | | | | | | | | | | | | | | | | | | |
| | Taster | | | | | | | | | | | | | | | | | | | | |
| | Steckdosen 1fach | | | | | | | | | | | | | | | | | | | | |
| | Steckdosen .....fach | | | | | | | | | | | | | | | | | | | | |
| Geräte | Heizgerät | | | | | | | | | | | | | | | | | | | | |
| | Warmwasserbereiter | | | | | | | | | | | | | | | | | | | | |
| | Elektroherd | | | | | | | | | | | | | | | | | | | | |
| Elektrische Maschinen | | | | | | | | | | | | | | | | | | | | | |
| | Verteiler | | | | | | | | | | | | | | | | | | | | |

Gemäß Übergabebericht elektrische Anlage funktionsfähig übernommen.

Auftraggeber ②:

Ort      Datum      Unterschrift

Richard Pflaum Verlag GmbH & Co. KG, Formulardienst, Postfach 19 07 37, 8000 München 19 – Bestell-Nr. 997

**Übergabebericht + Prüfprotokoll**  Blatt 2  ZVEH

| Prüfprotokoll[①] Nr. | 187622 | Auftrag Nr. _____ |

**Prüfung**[④] durchgeführt nach:  ☐ UVV „Elektrische Anlagen und Betriebsmittel" (VBG4)  ☐ nach DIN VDE 0100 T. 600
☐ _____  ☐ _____

Grund der Prüfung:  ☐ Neuanlage  ☐ Erweiterung  ☐ Änderung  ☐ Instandsetzung

**Besichtigung:**

| | | |
|---|---|---|
| ☐ Richtige Auswahl der Betriebsmittel | ☐ Wärmeerzeugende Betriebsmittel | ☐ Hauptpotentialausgleich |
| ☐ Schäden an Betriebsmitteln | ☐ Zielbezeichnung der Leitungen im Verteiler | ☐ Zusätzlicher (örtlicher) Potentialausgleich |
| ☐ Schutz gegen direktes Berühren | ☐ Leitungsverlegung | ☐ Schutzisolierung |
| ☐ Sicherheits-Einrichtungen | ☐ Kleinspannung mit sicherer Trennung | ☐ _____ |
| ☐ Brandschottung | ☐ Schutztrennung | ☐ _____ |

**Erprobung:** Bemerkungen: _____

| | | |
|---|---|---|
| ☐ Funktion der Schutz- und Überwachungseinrichtungen | ☐ Rechtsdrehfeld der Drehstrom-Steckdosen | ☐ _____ |
| ☐ Funktion der elektrischen Anlage | ☐ Drehrichtung der Motoren | ☐ _____ |

**Messung:** Erdungswiderstand _____ Ω  ☐ Zuverl. Verbindung Schutzleiter  Bemerkungen: _____

| Verwendete Meßgeräte nach DIN VDE 0413 | Fabrikat | Typ | Fabrikat | Typ | Fabrikat | Typ |
|---|---|---|---|---|---|---|
| | Fabrikat | Typ | Fabrikat | Typ | Fabrikat | Typ |

| Stromkreis Nr. | Ort/Anlagenteil | Leitung/Kabel | | | Überstrom-Schutzeinrichtung | | $Z_s$ *) Ω oder $I_k$ | Fehlerstrom-Schutzeinrichtung | | | | $U_L$ ≤...V |
|---|---|---|---|---|---|---|---|---|---|---|---|---|
| | | Art | Leiter-anzahl | Quer-schnitt mm² | Art/Charak-teristik | $I_n$ A | $I_k$ A | $R_{isol}$ MΩ | $I_n$/Art A | $I_{Δn}$ mA | $I_{mess}$ mA | $U_{mess}$ V |
| | Hauptleitung | | | | | | | | | | | |
| | Verteiler-Zuleitung | | | | | | | | | | | |
| | | | | | | | | | | | | |
| | | | | | | | | | | | | |
| | | | | | | | | | | | | |
| | | | | | | | | | | | | |
| | | | | | | | | | | | | |
| | | | | | | | | | | | | |
| | | | | | | | | | | | | |
| | | | | | | | | | | | | |
| | | | | | | | | | | | | |
| | | | | | | | | | | | | |
| | | | | | | | | | | | | |
| | | | | | | | | | | | | |
| | | | | | | | | | | | | |
| | | | | | | | | | | | | |
| | | | | | | | | | | | | |

☐ Prüfergebnis: Mängelfrei  ☐ Prüfplakette in Stromkreisverteiler eingeklebt

Nächster Prüfungstermin, z.B. gemäß Unfallverhütungs-vorschrift „Elektrische Anlagen und Betriebsmittel" (VBG 4): _____

*) Nichtzutreffendes streichen!

**Unterschriften**

Die elektrische Anlage entspricht den anerkannten Regeln der Elektrotechnik  Verantwortlicher Unternehmer®
Prüfer®

| Ort | Datum | Unterschrift | Ort | Datum | Unterschrift |

© 1993 Zentralverband der Deutschen Elektrohandwerke (ZVEH)  Bundesfachgruppe Elektroinstallation

Richard Pflaum Verlag GmbH & Co.KG  Formularedienst  Postfach 19 07 37  8000 München 19  Bestell-Nr. 997

Anhang

## Prüfprotokoll für instandgesetzte elektrische Geräte [1]

ZVEH

**Auftrag Nr.** _____

Auftraggeber (Kunde) [2]

Herr/Frau/Firma _____

Elektrohandwerksbetrieb (Auftragnehmer)

Geräteart _____   Hersteller _____

Typenbezeichnung _____   Schutzklasse _____   Nennstrom _____ A

Fabr.-Nr. _____   Baujahr _____   Nennspannung _____ V   Nennleistung _____ W

Annahme/
Anlieferung am: _____   Reparatur am: _____   Rückgabe/
Abholung am: _____

Kundenangaben (Fehler): _____

Durchgeführte Reparaturarbeiten: _____

**Prüfung**[3] nach Instandsetzung gemäß DIN VDE 0701 Teil 1   Besondere Bestimmung DIN VDE 0701 Teil [4]

**Besichtigung** [5]
Gehäuse i.O. ☐
sonstige mechanische Teile [6] i.O. ☐
Geräte-Anschlußleitungen einschl. Steckvorrichtungen mängelfrei ☐

**Messung**

| Schutzleiter [7] Ω | Isolationswiderstand [8] MΩ | Ersatz-Ableitstrom [9] mA |
|---|---|---|
| | | |

Funktions- und Sicherheitsprüfung mängelfrei ☐   Das Gerät kann nicht mehr instandgesetzt werden ☐
Aufschriften vorhanden bzw. vervollständigt ☐   Das Gerät hat erhebliche sicherheitstechnische Mängel,
**Nächster Prüfungstermin**   es besteht – Brandgefahr ☐
gemäß Unfallverhütungsvorschrift VBG 4 [10]   – Gefahr durch elektrischen Schlag ☐
– mechanische Gefahr ☐

Nenndaten des Gerätes stimmen mit den Hersteller-Kennwerten überein ☐

**Verwendete Meßgeräte** [11]

Fabrikat _____   Typ _____
Fabrikat _____   Typ _____

**Unterschriften**
Prüfer [12]   Verantwortlicher Unternehmer [13]

Ort   Datum   Unterschrift   Ort   Datum   Unterschrift

© 1992 Zentralverband der Deutschen Elektrohandwerke (ZVEH)
Richard Pflaum Verlag GmbH&Co.KG, München

Zutreffendes ankreuzen ☐

570

# A11 Wichtige Anschriften von Behörden und Verbänden

| Anschrift | Bezugsquelle/Info zu: |
| --- | --- |
| Bau-Berufsgenossenschaft<br>An der Festeburg 27–29<br>60389 Frankfurt am Main<br>Tel.: 069/4705-0 | Sicherheitsfragen<br>auf Baustellen |
| Berufsgenossenschaft der Feinmechanik und Elektrotechnik<br>Gustav-Heinemann-Ufer 130<br>50968 Köln<br>Tel.: 0221/3778-1 | UVV-, VBG-Schriften |
| Berufsgenossenschaft der chemischen Industrie<br>Kurfürsten-Anlage 62<br>69115 Heidelberg<br>Tel.: 06221/523-0 | Explosionsschutz-normen |
| Beuth Verlag GmbH<br>Burggrafenstr. 6<br>10787 Berlin<br>Tel.: 030/2601-0 | DIN-, IEC, EN-Normen und sonstige technische Regeln |
| Bundesverband der landwirtschaftlichen Berufsgenossenschaften<br>Weißensteinstr. 72<br>34131 Kassel<br>Tel.: 0561/9359-0 | Landwirtschaftliche Betriebsstätten |
| Deutsche Elektrotechnische Kommission im DIN und VDE (DKE)<br>Stresemannallee 15<br>60596 Frankfurt/Main<br>Tel.: 069/6308-1 | DIN-VDE-Normen |

Die Deutsche Elektrotechnische Kommission im DIN und VDE (DKE) bietet einen Telefonservice an. Unter den Telefonnummern 069/5 07 27 15 erreichen Sie Herrn Dipl.-Ing. Rudolph, Frankfurt/M., 0 72 23/90 03 01 erreichen Sie Herrn Dipl.-Ing. H. Olenik, Bühl, 0 53 32/42 00 erreichen Sie Herrn Elektromeister H. Haufe, Schöppenstedt.

Telefonische Auskünfte werden zu folgenden DIN-VDE-Normen erteilt: 0100, 0101, 0105, 0106, 0107, 0108, 0113, 0141, 0165 und 0185.

Frankfurter Versicherungs-AG — Brandschutzmerkblätter
Allianz Versicherungs-AG
    Taunusanlage 18
    60325 Frankfurt am Main
    Tel.: 069/71 26-1

Promat GmbH — Feuerschutz/Brandschutz
    Scheifenkamp 16
    40880 Ratingen
    Tel.: 0 21 02/493-0

VDE Verlag GmbH — DIN-VDE-Normen und VDE-Fachliteratur
    Bismarckstr. 33
    10625 Berlin
    Tel.: 030/34 80 01-0

Verband der Sachversicherer e. V. — V. d. S.-Merkblätter
    Riehler Str. 36
    50668 Köln
    Tel.: 02 21/77 66-0

Vereinigung Deutscher Elektrizitätswerke (VDEW) e. V. — VDEW-Schriften, wie TAB, und Fachliteratur
    Stresemannallee 23
    60596 Frankfurt am Main
    Tel.: 069/63 04-1

Zentralverband der Deutschen Elektrohandwerke e. V. (ZVEH)
    Lilienthalallee 4
    60487 Frankfurt am Main
    Tel.: 069/24 77 47-0

Zentralverband der Elektrotechnik- und Elektronikindustrie e. V. (ZVEI)
    Stresemannallee 19
    60596 Frankfurt am Main
    Tel.: 069/63 02-0

# Literaturverzeichnis

[1] Sicherheitsvorschrift für elektrische Starkstromanlagen. Elektrotechnische Zeitschrift, 2, 1896 S. 22 bis 25

[2] Weber, C. L.: Erläuterungen zu den Sicherheitsvorschriften des Verbandes Deutscher Elektrotechniker. 3. Ausgabe, Vlge. Julius Springer, Berlin und R. Oldenbourg, München 1900

[3] Grundsätze für die Zusammenarbeit von Elektrizitätsversorgungsunternehmen und Elektro-Installateuren bei der Ausführung und Unterhaltung von elektrischen Anlagen im Anschluß an das Niederspannungsnetz der EVU. Frankfurt am Main: VWEW, 1966

[4] Unfallverhütungsvorschriften Elektrische Anlagen und Betriebsmittel (VBG 4). Köln: Berufsgenossenschaft der Feinmechanik und Elektrotechnik, 1979

[5] Richtlinien für das Einbetten von Fundamenterdern in Gebäudefundamente. Frankfurt am Main: VDEW, 1987

[6] Blechschmidt, H. H.: Karmatschek, B.: Merkmale der elektrischen Versorgungsspannung für Niederspannungsverbraucher. Bericht des Forschungsausschusses „Verteilung" der Unipede, Paris. Elektrizitätswirtschaft 6 (1982) S. 185 ff.

[7] Blechschmidt, H. H.; Zobel, M.: Erhöhung der Niederspannungs-Nennspannung auf 230/400 V aus der Sicht eines regionalen EVU. Energiewirtschaftliche Tagesfragen 4 (1980) S. 266 bis 269

[8] Topp, K.-H.: DIN IEC 38 „Normspannungen" in der Deutschen Elektrotechnischen Kommission zur Norm verabschiedet. DER ELEKTRIKER 5 (1987) S. 132

[9] DIN IEC 38 /05.87, IEC-Normspannungen

[10] Richtlinien für den Parallelbetrieb von Eigenerzeugungsanlagen mit dem Niederspannungsnetz des Elektrizitätsversorgungsunternehmens (EVU). Frankfurt: VDEW, 1991

[11] VDEW-Ringbuch Schutztechnik, Kapitel 3, Richtlinien für die Kurzunterbrechung in elektrischen Netzen, Lieferung 8/1987

[12] Richtlinien zur Vermeidung von Zündgefahren infolge elektrostatischer Aufladungen. Berufsgenossenschaft der Chemischen Industrie. Weinheim: Verlag Chemie

[13] Explosionsschutz-Richtlinien. Berufsgenossenschaft der Chemischen Industrie, Heidelberg

[14] Verordnung über elektrische Anlagen in explosionsgefährdeten Räumen (ElexV) 27. Feb. 1980. BGBl I, S. 214, u. Änderung v. 31. Okt. 1990, BGBl I, S. 2422

[15] Grundsätze für die Beurteilung von Netzrückwirkungen. 3. Ausg. Frankfurt: VDEW, 1992

[16] Schäffer, K. P.: Dezentrale Netzeinspeisung aus der Sicht eines EWs. Bull. SEV/VSE 77 (1986) 6, 29. März, S. 322 ff.

[17] Heinhold, L.: Kabel und Leitungen für Starkstrom. 4. Auflage München: Siemens, 1989

[18] Kennzahlen brennbarer Industriestäube. VDI-Bericht Bd. 19, 1957

[19] Forschungsbericht Staubexplosionen. Brenn- und Explosionskenngrößen von Stäuben. Bonn: Hauptverband der gewerblichen Berufsgenossenschaften 1980

[20] Blitzschutzanlagen. Erläuterungen zu DIN VDE 0185. VDE-Schriftenreihe Bd. 44. Berlin: VDE-Verlag, 1983

[21] Hasse, P.; Wiesinger, J.: Handbuch für Blitzschutz und Erdungen. 3. Aufl. München: Pflaum Verlag; Berlin: VDE-Verlag, 1989

[22] Hösl, A.; Ayx, R.: Die neuzeitliche und vorschriftsmäßige Elektroinstallation. 15. Aufl. Heidelberg: Hüthig, 1992

[23] Ayx, R.: Projektierungshilfe für den Elektroinstallateur. 3. Aufl. Heidelberg: Hüthig, 1991

[24] Drehstromsteckvorrichtungen in der Landwirtschaft. Bundesverband der landwirtschaftlichen Berufsgenossenschaften, Kassel

[25] Hasse, P.: Schutz von elektronischen Systemen vor Gewitterüberspannungen. ETZ (1979) S. 1335

[26] Scholl, E.-W.: Staubbrände und Staubexplosionen. VDI-Richtlinie 2263, Düsseldorf: VDI-Verlag, 1990

[27] Groth, H.: Der Schlagwetter- und Explosionsschutz elektrischer Betriebsmittel. Essen: Verlag Glückauf, 1986

[28] Elektrische Anlagen in Wohngebäuden. Anforderungen RAL-RG 678/1. Deutsches Institut für Gütesicherung und Kennzeichnung, Bonn

[29] Prüfung elektrischer Anlagen und Betriebsmittel. Berufsgenossenschaft der Feinmechanik und Elektrotechnik, Köln

[30] Gesetz über technische Arbeitsmittel (Gerätesicherheitsgesetz). BGBl I v. 24. Juni 1968, S. 717, u. Änderungsgesetz v. 13. Aug. 1979, BGBl I, S. 1432

[31] Kausch, L.: Steckvorrichtungen in Elektroinstallationen. de 57 (1982) S. 133

[32] Meyer, T. R.: Gerätesicherheitsgesetz. Berlin: Verlag für Technische Regelwerke, 1979

[33] Nowak, K.: Von DIN 40450 zu EN 60529/DIN VDE 0470 Teil 1: IP-Schutzarten. de 68 (1993) 7, S. 488–494; 8, S. 620–624

[34] Thierolf, H.: Aussparungen und Schlitze in Mauerwerk zulässig. de 65 (1990) 2, S. 74

[35] Der Baustoff und sein Dübel. Broschüre der Artur Fischer GmbH, Tumlingen

[36] Apel, B.: Befestigungstechnik: Grundlagen und Anwendung. de 67 (1992) 6, S. 406

[37] Grammel, U.: Probleme mit PCB bei Transformatoren und Kondensatoren. de 65 (1990) 2, S. 77

[38] Wo steht was im VDE-Vorschriftenwerk? Stichwortverzeichnis zu allen DIN-VDE-Normen, DIN-VDE-Taschenbüchern und Büchern der VDE-Schriftenreihe. VDE-Schriftenreihe Bd. 1. 10. Aufl. Berlin: VDE-Verlag, 1993

[39] Trommer, W.; Hampe, E.-A.: Blitzschutzanlagen: Planen, Bauen, Prüfen. Heidelberg: Hüthig, 1993

# Stichwortverzeichnis

Stichwortverzeichnis

Stichwortverzeichnis

Stichwortverzeichnis

Stichwortverzeichnis

Alfred Hösl, Roland Ayx

# Hüthig

Die neuzeitliche und vorschriftsmäßige

# Elektroinstallation

**Wohnungsbau, Gewerbe, Industrie**

15., neubearbeitete Auflage
1992. XXII, 641 S., 242 Abb.,
84 Tab. Gb. DM 62,—
ISBN 3-7785-2134-9

In bewährter Weise behandelt
dieses Standardwerk die tech-
nisch-praktischen Fragen, mit
denen der Elektroinstallateur
in seiner täglichen Praxis um-
geht. Ebenso vermittelt es ihm
die neuesten gesetzlichen
Vorschriften, Normen und
Richtlinien.

Die 15., neubearbeitete Auflage zeichnet sich neben der
immer gewährleisteten Aktua-
lität besonders durch eine
verbesserte Zusammenstel-
lung der Themenkomplexe
aus, die das Nachschlagen erleichtert.

Auswahl aus dem Inhalt:
- Stromversorgung
- Leitungen und Kabel
- Elektrische Betriebs- und
  Verbrauchsmittel
- Blitzschutz, Überspan-
  nungsschutz
- Fernmeldetechnik
- Betrieb elektrischer Anlagen
- Gesetze, Verordnungen,
  Vorschriften und Richtlinien

Das unentbehrliche Standardwerk für jeden Elektroinstallateur seit über 30 Jahren!

0811869

Hüthig Buch Verlag
Im Weiher 10
W-6900 Heidelberg 1

**Hüthig**

Manfred Ochs

# SPS für die handwerkliche Ausbildung

Eine Einführung in die Grundlagen

2., überarbeitete Auflage 1992.
XIV, 326 S., 160 Abb. Gb.
DM 49,—
ISBN 3-7785-2161-6

Speicherprogrammierbare Steuerungen gehören heute zu den Grundlagen der Elektroberufe. Die breite Anwendung von SPS in allen Zweigen der Industrie hat darüberhinaus den Bedarf für ein neues Berufsbild, die „SPS-Fachkraft" geschaffen.

Das Buch vermittelt entsprechend den Anforderungen an die Ausbildung – einerseits herstellerneutral, andererseits praxisorientiert – die Grundlagen der SPS, ihre Arbeitsweise, die logischen Verknüpfungen, Programmabläufe, Programmbausteine und Programmierarten.

Mit diesem Grundwissen ist es möglich, eine Steuerung zu verstehen sowie ein SPS-Programm zu lesen und zu beurteilen – unabhängig vom SPS-Typ.

Der Autor, Bereichsleiter für SPS und elektronische Steuerungen an einem Berufsbildungszentrum und vertraut mit der Problematik, vermittelt einen praxisorientierten Einstieg, leicht verständlich und didaktisch optimal an die Ausbildungsanforderungen der Elektroberufe angepaßt.

Hüthig Buch Verlag
Im Weiher 10
W-6900 Heidelberg 1

0811870